项目资助

本书是 2022 年教育部人文社会科学研究规划基金项目"法律方法视域下常情常理常识的司法运用研究"（22YJA820021）的最终研究成果。

山东政法学院出版基金资助出版

法律现实主义裁判范式研究

王德玲◎著

FALÜ XIANSHI ZHUYI
CAIPAN FANSHI YANJIU

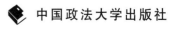 中国政法大学出版社

2024·北京

图书在版编目（CIP）数据

法律现实主义裁判范式研究 / 王德玲著.—北京：中国政法大学
出版社，2024.5
　ISBN 978-7-5764-0882-9

Ⅰ.①法… Ⅱ.①王… Ⅲ.①法律－研究－中国 Ⅳ.①D920.4

中国国家版本馆CIP数据核字(2024)第103478号

出版者　　中国政法大学出版社

地　址　　北京市海淀区西土城路 25 号

邮　箱　　fadapress@163.com

网　址　　http://www.cuplpress.com (网络实名：中国政法大学出版社)

电　话　　010-58908435(第一编辑部) 58908334(邮购部)

承　印　　固安华明印业有限公司

开　本　　880mm×1230mm　1/32

印　张　　9.25

字　数　　251 千字

版　次　　2024 年 5 月第 1 版

印　次　　2024 年 5 月第 1 次印刷

定　价　　62.00 元

章节摘要

　　疑难案件裁判是法学研究与司法实践的棘手且持续讨论的问题。司法实践在疑难案件面前，往往据法则无确定之法，不据法则无公认之理据；而与此同时，"合宪性解释""社会学解释"等极富实践价值的裁判理据却由于种种原因找不到实践入口，寂寥地散落于理论的工具箱。这是一种遗憾，也是一个问题。司法实践中，疑难案件的"法律化"思维往往因与公共意见不协调而招致业内外的批评与指责，甚至引发公共讨论；"社会化"的思维则强化了司法的常情常理常识性而弱化了司法的法理性，而最终损害法治。在疑难案件面前，强化宪法原则、法律价值的引领作用，探寻"规则"与"现实"的衡平之策，实现"法律效果与社会效果的统一"是我们必须面对的课题。而这一课题，法律界与法学界远未达成共识，对"现实"的深度关注，对"实效"的刻意追求，是法治的逆流还是法治的必然？是政治行为还是法律行为？是权宜之策还是长久之计？人们莫衷一是。如果司法可以关切现实，则如何关切才是法治的、有效的？我们更是较少深入。他山之石，可以攻玉，法律现实主义为我们提供了重要的智识资源。

　　除导论与结语外，本论题共由七部分组成。

　　第一章讨论了现实主义裁判范式兴起的社会根源。美国法律现实主义运动缘起于十九世纪后期垄断资本主义导致的经济危机，吸智于美国实用主义哲学等社科新成果，借力于破除陈旧规则，增强政府控制的罗斯福新政，盛行于二十世纪 20 年代～30 年代，被认为是美国法哲学的开端。霍姆斯是法律现实主义的奠基人，卢埃林与弗兰克是其主要代表人物，"规则怀疑论""事实怀疑论"是其核心论断。法律现实主义虽然波及法学理论、法学教育等诸多领域，但归根结底，它是与法律形式主义相对立的一种司法方法论，强调法的社会性与工具性，强调法律适用的社会效果。法律现实主义运动在二十世纪中期走向沉寂，但其思想却已深入人心，并被后来的批判法学、经济分析法学不同程度的承继。沿着"否定之否定"的发展道路，本世纪初，"新法律现实主义"思潮再度兴起，法律现实主义迎来了新发展。

第二章论述了法律现实主义对法律形式主义的解构。在法律思想史中，去发现法律现实主义所反对的东西远比去描述它所追求的东西来得容易与清晰。法律现实主义具有浓郁的"破坏"气质与"批判"色彩，它以法律形式主义的"反叛者"著称。规则怀疑论向法律形式主义提出了两大疑问："规则是自足的吗?""规则能够获得唯一正确的裁判结论吗?"事实怀疑论也有三大诘问："案件事实是客观事实吗?""法官是人吗?""案件事实是确定的吗?"在规则怀疑论与事实怀疑论的基础上，法律现实主义指出，"法律确定性"是基于人类的"恋父情结"而产生的现代法律神话。

第三章论述了法律现实主义的裁判范式架构。现实主义裁判范式呈现"工具、实用与实效"三个递进层面：法律不是先验的存在，它是实现社会目标的工具，且仅仅是工具；在工具论下，应从实用的角度看待法律，"法律就是法官的行为""法律的生命在于经验""裁判是基于事实的直觉判断"；法律实用论的核心是追求法的实效，现实主义裁判范式的思维模式是"预想在先，合理化在后"的后果主义思维，思维风格是追求"真实规则"的宏大风格，在确定性问题上追求裁判的可估量性。整体而言，法律现实主义在理论构建方面虽未尽周详，但却呈现了一种思想的大体方向，架构了现实主义裁判范式的雏形。

第四章主要对现实主义裁判范式的理论误解进行了辩护与澄清。从法律现实主义兴起的那刻起，关于它的争论就没有停止过，不管是支持者的支持还是批判者的批判，客观上都成为体现法律现实主义深远影响的一个棱面，成为对其思想进行梳理与评析的"凸透镜"。整体而言，法律现实主义是显形的毁灭者，隐形的创造者，激进与保守，浅薄与深刻并存，在法律思想的起承转合中起到了重要的纽带作用。法律现实主义开启了法律规则之外法律认识论的另一道闸门，呈现了一种裁判的新范式，完成了一种思想的重要转折。司法现实也时时提醒我们，要认真地思考"法律规则的能与不能""事实认定的客观与主观""法律适用的顺推与逆推"，在疑难案件中，致力于实现法律系统"开放的认知与封闭的运作"。

第五章论证了现实主义裁判范式对转型社会与疑难案件的价值。转型社会具有利益多元、价值多元、冲突加剧，法律制度处在守旧与趋新的冲突之中的独特性。面对频仍的疑难案件，司法需要具有更大的包容性与兼容性，回应型司法及裁判的可接受性是转型社会的必然考量。转型中国正在步入新时代，司法需要面对社会转型带来的新领域、新因素、新问题，需要关切法律的成长。在疑难案件面前，司法需要一只眼睛看法律，一只眼睛看社会，追求"法律效果与社会效果的统一"。法律与社会的勾连是内在的，法律与现实应该呈现一种深度的建构性关系，疑难案件的裁判应该追求一种真正的现实主义裁判范式，而不应是简化版的"经由形式主义的现实主义"裁判模式。

第六章论述了中国语境下的现实主义裁判范式的运行路径。由于我们不是传统法治社会，我们亟需严格规则主义的培育，形式主义裁判范式是我们必须坚守的阵地。这是中国法学的共识，也是本论题的理论前提。但是，单一的形式主义难以支撑转型社会的"司法大厦"，在疑难案件中，改良版的形式主义也很难奏效。司法应该改变疑难案件简化版的"经由形式主义的现实主义"裁判模式，而呈现真正的现实主义裁判范式。这种范式在"结果取向"下通过合宪性解释等"初阶解释"与社会学解释的"二阶解释"完成法律效果与社会效果的统一；在"宏大风格"下呈现开放与充分的法律论证，实现从内部证成到外部证成，从独白论证到对话商谈的转向。现实主义裁判范式在遵从认识论规律、丰满裁判合理性的同时也可能带来"后果泛化"、"法治"变成"法官之治"、法律的确定性丧失等变异与失范，因此它的运用必须审慎且周详。

第七章论述了常情常理常识融入裁判的范式具体。常情常理常识是人类社会在长期发展过程中逐步形成的，为社会成员普遍认同的基本情感、基本道理和基本经验，是社会理性、大众价值观的典型体现。对法律现实主义裁判范式的研究，离不开常情常理常识的司法运用。司法裁判是法律化的，也是常情常理常识化的，在法律与常情常理常识相冲突的案件中，如何在法治框架内实现法律与常情常理常识的融合，是现实主义裁判范式的典型运用。其裁判活动大致经历"基于直觉的法律结论""基于结论的法律发现""基于发现的法律解释""基于解释的法律论证""基于论证的对话商谈"五个思维驿站，完成常情常理常识向法律因素的"转码"，实现法律的包容性成长，完成法律证立。当然，现实主义裁判范式的运用除了方法论指引，还需要制度支撑，只有以稳固的司法制度作支撑，法律与常情常理常识的融合才不是一句空话。在我国现有司法体制下，人民陪审员制度的实效化、司法听证制度的规范化可以提供这种支撑。

目　录

导 论

一、选题缘起

法律现实主义（Legal Realism）通常被翻译为"现实主义法学"或"实用主义法学"。[1] 它发轫于德国的自由法运动，在美国和北欧得到发展，逐步形成了独特的法学理论体系。[2] 美国法律现实主义缘起于十九世纪后期垄断资本主义导致的经济危机，吸智于美国实用主义哲学等社科新成果，借力于破除陈旧规则，增强政府控制的罗斯福新政，盛行于二十世纪 20 年代~30 年代，被认为是美国法哲学的开端。法律现实主义的论题主要集中在司法，它大张旗鼓地向法律形式主义宣战，"规则怀疑论""事实怀疑论"是它的核心论断。它从"实用"的角度界定法律，强调法的社会性与工具性，强调司法中心主义，强调法律适用的社会效果。随着政治、经济、文化等社会情势的变化，二十世纪 40 年代~50 年代，法律现实主义

---

〔1〕 在法律思想史上，"法律现实主义"更多时候被表述为"现实主义法学"，笔者主要从方法论的角度、在司法领域探讨之，为与法律形式主义相对应，故使用"法律现实主义"这一表述。

〔2〕 法律现实主义分为两支：美国法律现实主义与斯堪的纳维亚法律现实主义。两者既有共性又有差异，相较而言，美国法律现实主义波及面更广，影响更深远。笔者所称法律现实主义仅指美国法律现实主义。

思潮逐渐走向沉寂，但现实主义思想已深入人心，后来的批判法学、经济分析法学都不同程度上吸收了现实主义思想的元素，批判法律运动被认为是"法律现实主义的直接后裔。"[1] 法律现实主义思想攀附着法律结构中的根本连续性，在思想变迁中沉淀下来，西方学者曾总结道，"法律现实主义已经死亡，但我们都成了法律现实主义者。"[2] 进入二十一世纪，在法与社会研究阵营里树起了"新法律现实主义"的旗帜，法律现实主义迎来了新发展。

规则意识的稳固，法律权威的树立对法治后发型国家至关重要，从这一点来讲，我们当下无论怎样强调法律形式主义都不为过，是我们必须要做的。但是，与此同时，社会的复杂又容不得法律的单纯，我们所处的转型社会决定了司法实践中疑难案件占比高且有其独特的"疑"与"难"。其一，我国正在经历一场全面而深刻的社会转型，新与旧的转折与跃迁蕴含着新与旧的矛盾与冲突，"传统与现代"的二元化冲突往往通过案件以集中、直观的方式呈现出来，法律规则的闭区间与社会现实的开区间张力凸显，致使法律漏洞、法律滞后、法律不明确等类型的疑难案件普遍存在。其二，实质正义代表着美好与幸福，是任何一个有良善愿景的社会都欣然向往的目标。无论是中国传统的礼法文化、德治观念，还是西方法律传统中的自然法思想，都表达了人类对于实质正义的追求。当下中国，在构建和谐社会的宏观场域下，司法要服务于和谐社会，裁判除了"定分"还要"止争"，要实现"法律效果与社会效果的统一"。其三，人工智能、大数据技术形成了人机共处、算法主导的新技术时代，引发了法律行为、法律关系、法律价值的深度

---

〔1〕 Mark Tushnet, "Critical Legal Studies: An Introduction to its Origins and Underpinnings", *Journal of Legal Educatio*, Vol. 36, 1986, p. 505.

〔2〕 Joseph William Singer, "Legal Realism Now", *California Law Review*, Vol. 76, 1988, p. 467.

变革。[1] 新技术、新产业、新领域的发展使得网络侵权、人工智能下的个人信息保护等新法律问题不断涌现，以数据和算法为基础的新型法权关系不断塑造。新兴的数字领域，需要司法发挥能动作用，一定程度上承担起填补法律空白的责任。整体来讲，我国司法在疑难案件面前，往往据法则无"法"，不据法则无"据"。"法律化"的裁判思维往往因与公共意见不协调而招致业内外的批评与指责，甚至引发公共讨论；"社会化"的裁判思维则容易导致情理的强化、法理的弱化，最终损害法治。

在疑难案件面前，关注"现实"，注重"实效"，致力于探寻"规则"与"现实"的衡平之策，实现"法律效果与社会效果的统一"是我们必须面对的课题。而这一课题，法律界与法学界远未达成共识，对"现实"的深度关注，对"实效"的刻意追求，是法治的逆流还是法治的必然？是政治行为还是法律行为？是权宜之策还是长久之计？人们莫衷一是。如果司法可以关切现实，则如何关切才是法治的、有效的？我们更是较少深入。他山之石，可以攻玉，法律现实主义为我们提供了重要的智识资源。法律现实主义在历史回眸中的功过是非，在法治长河中的前世今生，它的经验与教训，有助于我们思考当下的中国问题，探寻"规则"与"现实"的互通路径，能够对我国当下的司法改革提供启迪与借鉴，对相关司法制度的建立与完善提供论证与警示。

二、法律现实主义裁判范式的研究视域

（一）法律现实主义的学术范围

对法律现实主义的研究首先取决于学术范围的界定、原始资料的搜集、基本观点的萃取。与大多数流派、思想、学说不同，法律现实主义的性质及其所指称的学术范围，学界的界定并不明朗更不

---

[1] 参见马长山："智能互联网时代的法律变革"，载《法学研究》2018年第4期。

统一。对于法律现实主义的性质，一种观点是把它界定为一个学派，另一种观点是把它作为一种法哲学倾向，一种法学思潮。[1]相应的，对于法律现实主义所指称的学术范围，学界的认知也有较大分歧。《美国法律辞典》与《北京大学法学百科全书》对法律现实主义的性质及学术范围的界定具有一定的典型性与代表性，呈现了学界的基本认知分歧。

《美国法律辞典》的界定是：法律现实主义是一个法学流派，它轻视抽象的规则、原则对司法裁决的影响，而强调行为的、政治的因素对司法裁决的影响，霍姆斯、弗兰克、庞德是其代表人物。法律现实主义与社会法学有诸多相似，但法律现实主义更倾向从官方行为的角度认识法律，认为法律不是超验的，而是人们在司法活动中对社会力量作出反应的行为的产物。法律现实主义不重视判例规则，认为法律既不确定也不明晰，案件判决是法官运用他认为的"正确"规则并论证这种"正确"而做出的，这一切是建立在经验主义基础上的。[2]整体而言，《美国法律辞典》对法律现实主义作了较广义的解读，把它作为了一个流派，学术范围的界定也较宽泛，霍姆斯、弗兰克、庞德被认为是该流派的核心人物，注重了其与社会法学的共生性。这一界定代表了西方学界早期对法律现实主义的观点。这一界定较明显的缺陷在于忽略了卢埃林法律现实主义思想的重要影响。

《北京大学法学百科全书》把法律现实主义界定为研究法律的一种方法和思潮。法律现实主义把法律看成是一批事实、一种活的制度而非一套规则，法律官员的所作所为就是法律本身。霍姆斯与

---

〔1〕 参见张文显：《二十世纪西方法哲学思潮研究》，法律出版社1996年版，第135页。

〔2〕 参见〔美〕彼得·G.伦斯特洛姆编：《美国法律辞典》，贺卫方等译，中国政法大学出版社1998年版。

格雷是法律现实主义的奠基人，霍姆斯提出了著名的经验论与预测论，格雷认为法官不是发现法律而是创造法律。霍姆斯、卢埃林与弗兰克是法律现实主义的主要代表人物，其他代表人物还有穆尔和奥利芬特等。卢埃林对规则决定判决的传统观点表示怀疑，提出应观察法律官员的行为，以卢埃林为代表的法律现实主义者被称为"规则怀疑论者"。弗兰克把法律归纳为"实际的法律"与"大概的法律"两类，对案件事实的确定性表示怀疑，以弗兰克为代表的法律现实主义者被称为"事实怀疑论者"。[1] 整体而言，《北京大学法学百科全书》这一描述性定义对法律现实主义作了较狭义的解读，把法律现实主义界定为一种法律思潮与司法方法，把霍姆斯和格雷看作是这一思潮的奠基人，把霍姆斯与卢埃林、弗兰克看作是这一思潮的代表人物。这一观点基本代表了目前西方学界和我国学界的主流观点。

基于研究视角、研究层面的不同，法学界对法律现实主义的界定有所不同。博登海默在《法理学：法律哲学与法律方法》中指出，法律现实主义运动是社会法学派的一个激进之翼，法律现实主义运动并没有形成一个学派，它是一种独特的思考法律问题的方式。[2] 博登海默的这一观点在法学界产生了较大影响，笔者采用了这一观点。关于这一运动的代表人物，英国当代法理学家威廉·特文宁在《谈谈美国的现实主义法学》中总结道，如果将法律现实主义运动视为一种历史现象的话，粗略地讲，法律现实主义运动的先驱者有杜威、霍姆斯、庞德、霍菲尔德及科尔宾等学者；法律现实主义者有阿诺德、宾厄姆、库克、道格拉斯、弗兰克、卢埃林、

〔1〕 参见北京大学法学百科全书编委会：《北京大学法学百科全书：中国法律思想史、中国法制史、外国法律思想史、外国法制史》，北京大学出版社 2000 年版，第 235 页。

〔2〕 参见［美］E. 博登海默：《法理学：法律哲学与法律方法》，邓正来译，中国政法大学出版社 1999 年版，第 152 页。

穆尔、奥利芬特、斯特奇斯等学者。但是,名单越长越不容易发现法律现实主义的核心性与整体性陈述,越难以对法律现实主义者做出准确认识。整体而言,卢埃林、弗兰克与库克是法律现实主义的核心代表人物。[1] 笔者借鉴了特文宁的这一研究视域。

本研究主旨是探讨与形式主义相对立的现实主义裁判范式。遵循学界的普遍认知与界定,从法律现实主义与法律形式主义的二元对立出发,从本研究主旨出发,笔者对"法律现实主义"的学术范围做"中心明确、边缘模糊"的界定:法律现实主义是一场应对法律形式主义危机的变革运动,是一种以实用主义哲学为基础的法律思潮。这一思潮虽然波及法学理论、法学教育等诸多领域,但其思想的核心是司法方法,归根结底,它是与法律形式主义相对立的一种司法方法论。法律现实主义运动盛行于二十世纪 20 年代~30 年代,奥利弗·霍姆斯(Oliver Wendell Holmes, 1841-1935)是这一运动的重要启蒙者。格雷(J. Gray, 1839-1915)、约翰·杜威(John Dewey, 1859-1952)、本杰明·卡多佐(Benjamin Nathan Cardozo, 1870-1938)、罗斯科·庞德(Roscoe Pound, 1870-1964)的法学理论亦对法律现实主义产生了较大影响。法律现实主义运动没有鲜明的理论创立者,卡尔·卢埃林(Karl N. Llewellyn, 1893-1962)、杰罗姆·弗兰克(Jerome Frank, 1889-1957)是这一运动的主要代表人物,沃尔特·惠勒·库克(W. Cook, 1873-1943)也是坚定的现实主义者。笔者主要以霍姆斯、卢埃林、弗兰克的现实主义思想为轴心,并沿着实用主义哲学基底,关注法律现实主义与实用主义法学、社会法学在哲学观、核心理论及方法论上的共生性与相承性,注重思想、理论、方法的时代演变,而不过分拘泥于学者的派系定位及学术时代,对庞德、卡多佐、波斯纳等学者的观

---

[1] 参见〔英〕威廉·特文宁:"谈谈〔美国的〕现实主义法学",仁堪译,载《法学译丛》1987 年第 4 期。

点，对后续现实主义思想继承者的观点有不同程度的涉及，以期对法律现实主义裁判范式有较全面的认识与梳理。

（二）裁判范式的概念界定

"范式"（Paradigm）概念流行自美国科学哲学家托马斯·库恩。库恩在《科学革命的结构》一书中使用范式一词，范式概念由此声名大震，在自然科学与社会科学领域得到了广泛应用。在库恩那里，范式不仅是一个概念，更是一个系统的理论体系，是科学中整体性观念与方法在哲学上的反映，是一个科学共同体所共有的东西。[1] 库恩曾在多种意义、多个层面使用范式概念，为了避免范式概念的"过分可塑性"，他在学术后期曾致力于在科学哲学领域对范式概念进行收敛与限定。但意想不到的是，在库恩努力收敛范式内涵时，范式概念却在社会科学领域得以发散，获得了广泛应用。[2] 时至今日，范式概念已经远远超出了库恩运用的范围，被广泛地用来表征一种理论模型、一种框架、一种思维方式。[3] 范式也不再是唯一的，而是多元的，往往有多少流派就有多少范式。

本研究使用的"范式"一词主要是借用了库恩范式的核心内涵，即包括规律、理论、方法在内的一整套信念，[4] 也即英国学者玛格丽特·玛斯特曼对库恩范式的概括。玛斯特曼将库恩范式概括为三个层次：哲学范式（形而上学），社会学范式（理论框架），

---

〔1〕 参见托马斯·S. 库恩：《必要的张力》，纪树立等译，福建人民出版社1981年版，第291页。

〔2〕 库恩本人排斥范式理论在社会科学中的运用，但他的排斥态度并没有阻止范式理论在社会科学领域被广泛运用的趋势。

〔3〕 参见张文显、于宁："当代中国法哲学研究范式的转换——从阶级斗争范式到权利本位范式"，载《中国法学》2001年第1期。

〔4〕 参见张文显、于宁："当代中国法哲学研究范式的转换——从阶级斗争范式到权利本位范式"，载《中国法学》2001年第1期。

构造范式（方法架构）。[1] 一个完整的范式是上述三个层面相互联系的有机整体。"裁判范式"主要是指司法裁判的哲学观、司法裁判理论及司法裁判方法论的有机统一。法律现实主义是一种法哲学倾向，归根结底，是一种司法方法论。[2] "法律现实主义裁判范式"强调从哲学观、理论架构与具体操作三个层面梳理法律现实主义，强调三者的有机统一；强调法律现实主义既是认识论也是方法论，是理论与实践相融合的范式；强调从动态角度认识法律现实主义与法律形式主义，[3] 强调两者在哲学观、理论框架与方法论上的根本不同。需要说明的是，为了尊重约定俗成的用语习惯，为了便于区分，便于表述与理解，笔者正文中使用的裁判范式更多意义上指称具体操作层面的方法论，哲学层面与理论层面的表达常常直接使用实用主义哲学观、法律现实主义来指涉。

三、法律现实主义裁判范式的研究现状

（一）国外研究现状

国外法学关于法律现实主义形成了丰富的研究成果，相关成果涉及法学研究、法学教育、司法体制改革等诸多领域，但核心集中在法哲学倾向及司法方法论方面。相关研究成果强调法律现实主义与法律形式主义司法观的二元对立，疑难案件是其潜在的讨论背景。虽然少有研究直接使用"裁判范式"这一描述，但范式却无处

---

〔1〕 See Margaret Masterman, "The Nature of Paradigm?", *Criticism and the Growth of Knowledge*, *Proceedings of the International Colloquium in the Philosophy of Science*, Vol. 4, 1965.

〔2〕 法律现实主义关于法学研究、法学教育也有诸多讨论，但相关理论归根结底都是为司法服务的，整体而言，法律现实主义的研究重心在司法领域。

〔3〕 库恩建立了科学发展的动态模式，认为科学史遵循着"前科学时期→常规科学时期→反常和危机时期→科学革命时期→新的常规科学时期"的周期运动规律（参见张文显、于宁："当代中国法哲学研究范式的转换——从阶级斗争范式到权利本位范式"，载《中国法学》2001 年第 1 期）。法律形式主义与法律现实主义的发展亦遵循了这一轨迹。

不在，裁判哲学观、裁判理论及裁判方法论是法律现实主义研究的三大层面。纵观国外学者关于法律现实主义裁判范式的相关研究，大致可以概括为以下几个论题：①法律现实主义哲学观。相关研究强调法律现实主义的实用主义哲学基础（Lon Fuller，1934），法律现实主义对法律形式主义的反叛（W. Fisher，1993；M. Martin，1997），现实主义的工具、实用与实效性（Brian Leiter，2003）等。②以代表人物为着力面的法律现实主义研究。主要有卢埃林的现实主义思想、裁判观研究（William Twining，1973.1993），弗兰克的现实主义思想、裁判理论及司法改革建议研究（Robert Jerome Glennon，1985）等。③现实主义理论与方法论的评析与重构。强调对法律现实主义进行反思与重构（Hermann Kantorowicz，1934；Leiter，1997；Hanoch，2013），对现实主义与形式主义、实证主义等进行理论比较，强调学派及理论之间既有深刻的源流，又有根本的不同，更有融合的可能性与必要性（Leiter，2001；H. Pihlajamak，2004）。

近些年，西方法学关于法律现实主义的研究主要沿着以下几条进路展开：①从更直观的角度强调法律现实主义与法律形式主义的对立（Brian Leiter，2010.2015；Horatiu Margoi，2017），强调现实主义裁判范式与社会科学的密切关系（Jack Balkin，1998；Thomas Schultz，2015；Kaius Tuori，2017）。②研究法律现实主义的传播（Gil Lan，2014；Zajec Olivier，2015），研究法律现实主义的民族性与地方性（Bartosz Brożek，Julia Stanek，Jerzy Stelmach，2018）等。③新法律现实主义研究。本世纪初，新法律现实主义思潮兴起，其理论新发展及其与传统法律现实主义的关系成为研究热点（Gregory Shaffer，2015；Hanoch Dagan，2018）。概言之，西方法学认为，法律现实主义是法律思想长河里发生的一个稳定性故事，它富有极强的生命力与塑造力，是一座永不枯竭的富矿。

（二）国内研究现状

通过对国内相关研究成果的梳理发现，我国法治建设初期，法学界对法律现实主义的关注较少，相关专著、论文都屈指可数，理解也相对浅显，认为法律现实主义就是"否认法律规则"，就是主张"法官的早餐决定裁判"。随着法治进程的深入，法律现实主义逐步走进中国法学，相关论著日益增多，研究日趋深入。相关论著主要分为两大类：

1. 翻译文献

其一，法律现实主义代表论著的翻译，如：卢埃林的《普通法传统》（陈绪纲等译，2002 年）；霍姆斯的《普通法》（冉昊等译，2006 年）；《法律的生命在于经验》（明辉译，2007 年）；弗兰克的《初审法院》（赵承寿译，2007 年）；卢埃林的《荆棘丛》（明辉译，2017 年）。其二，法律现实主义研究文献的翻译，如：麦考利的《新老法律现实主义："今非昔比"》（范愉译，2006 年）；萨默斯的《美国实用工具主义法学》（柯华庆译，2010 年）；斯蒂文·伯顿（Steven J. Burden）主编的《法律的道路及其影响》（张芝梅等译，2012 年）等。

2. 国内文献

国内教材对法律现实主义思想的涉及较少，只有部分西方法律思想史或西方法哲学教材中对其进行了简要介绍。相关著作也较少见，搜集到的有周汉华的《现实主义法律运动与中国法制改革》（2002 年），苗金春的《语境与工具》（2004 年），付池斌的《现实主义法学》（2005 年），张芝梅的《美国的法律实用主义》（2008 年），于晓艺的《最忠诚的反叛者：弗兰克法律现实主义思想研究》（2014 年）。博士论文主要有刘剑的《卡尔·卢埃林法律职能理论研究》（2006 年），许庆坤的《从法律形式主义到法律现实主义——美国冲突法理论嬗变的法理》（2007 年），马聪的《霍姆斯现实主义法学思想研究》（2007 年），张娟的《弗兰克与卢埃林法律思想比较研究》（2011 年），焦海博的《美国工具主义法律观研究》（2012 届）。目前，法律现实主义研究成果的主要载体是期刊论文，除了上述博士论文作者发表的与其博士论文研究方向相关的论文外，搜集到的其他论文主要有刘星的《法律的不确定性——美国现实主义法学述评》，陈浩然的《"法现实主义"思想与证据制度的变革》，陆宇峰的《美国法律现实主义：内容、兴衰及其影响》《"规则怀疑论"究竟怀疑什么？——法律神话揭秘者的秘密》《"事实怀疑论"的浅薄与深刻——弗兰克法律现实主义再解读》，孙启东、范进学的《弗兰克法律现实主义观述论》，陈平的《美国现实主义法学评析》，曹祜的《论法律的确定性与不确定性》等。

分析上述论著发现，国内关于法律现实主义的研究成果虽日趋丰富，但整体来讲，相关研究尚不充分。主要表现为：一是相关研究的数量依然有限。在法学学科各方面论著都汗牛充栋的今天，法律现实主义的相关论著却明显稀少，学术著作、博士学位论文屈指可数，期刊论文数量也并不喜人，而且还存在一个显著特点，那就是研究者相对集中。[1] 二是研究的视角相对零散，对法律现实主义的宏观、整体研究明显缺乏。上述期刊论文大都属于微观研究，往往以某一代表人物或者以某一代表性观点为研究视角，进行观点介绍、分析与评价。相关著作也只是与法律现实主义有着某种关联，他们都不是对法律现实主义的系统研究。《现实主义法律运动与中国法制改革》是较早的著作，阐述了美国法律现实主义运动与美国政治、经济的密切关系，并论证处于社会转型期的中国同样需要这样的改革精神。法律现实主义思想不是本书的主题，作者只在第一章简要论述了法律现实主义运动。《现实主义法学》是"普及

---

[1] 指关于法律现实主义的学术著作、博士学位论文、期刊论文的作者高度重合。

性知识读物",只是知识性地介绍了现实主义法学三大派别的代表人物和主要观点。其中关于美国法律现实主义的论述显然是粗线条的。苗金春的《语境与工具》与张芝梅的《美国的法律实用主义》论述的对象都是美国法律实用主义,时间跨度较长。美国现实主义法学思潮仅仅是早期法律实用主义的一部分,相关涉及仅仅是部分章节的事情,难以深入更不体系。于晓艺的《最忠诚的反叛者:弗兰克法律现实主义思想研究》应该是目前关于美国法律现实主义最系统的论著了,虽然她的研究范围仅仅是弗兰克法律思想。从相关博士论文看,《从法律形式主义到法律现实主义——美国冲突法理论嬗变的法理》写作主题是冲突法理论,法律现实主义思想并不是论文主题。《卡尔·卢埃林法律职能理论研究》和《霍姆斯现实主义法学思想研究》,是对美国法律现实主义代表人物或奠基人的法律思想的研究。《弗兰克与卢埃林法律思想比较研究》系统地分析了弗兰克、卢埃林的法律思想,并通过比较研究揭示了法律现实主义运动的历史意义。《美国工具主义法律观研究》是着眼于工具主义,全面探讨了法律现实主义思想。虽然对美国法律现实主义而言,这四篇论文依然不是整体性研究,但已经具有了一定的体系性,为笔者系统梳理法律现实主义思想及其发展脉络,正确认识其历史意义和现实价值提供了便捷途径。我国至今尚无完整体现美国法律现实主义法律思想的博士论文或著作出现。三是相关研究与中国问题、中国实践的对接近乎缺失。目前我国对法律现实主义的研究还显粗放,相关研究大都属于观点介绍、理论梳理与学术评析,与我国实践的结合不足。《现实主义法律运动与中国法制改革》虽然把法律现实主义运动与我国法治改革实践联系了起来,但文章对法律现实主义的关注点在"运动"本身而非理论本身。

国内关于法律现实主义的研究不温不火的原因,应该与以下几方面有关:一是在西方各法学流派群星璀璨的背景下,法律现实主义思潮的光芒并不那么耀眼，尤其在它的先驱者霍姆斯思想、并行者庞德社会法学，后来者经济分析法学光芒的映衬下，现实主义的主体地位很容易被忽略，常常作为上述思想的"伴童"被提及。二是学界对"法律现实主义运动"毁誉参半的评价，尤其是早些年学术界对其"极端、浅薄"的评价消减了学者的研究热情。三是美国法律现实主义的普通法背景，使得人们对它与我国的法治实践是否能够成功对接，对我国的法治改革是否有启迪与借鉴意义存有怀疑，也削弱了学者的关注度。四是作为一场法律变革运动，法律现实主义缺乏鲜明的经典理论、稳定的研究方法，这给整体性、系统性研究带来了诸多困难。

对比来看，国外法学对法律现实主义的研究细致深入，从宏观到微观，从理论到实践，形成大量系统性的研究成果。国内法学关于法律现实主义的研究成果虽日趋丰富，但相关研究尚不充分，主要集中在对法律现实主义的译介及对局部论题的探讨上，缺少对法律现实主义的体系化研究，没有形成系统性成果，与中国司法实践的结合研究也未充分展开。相关研究的缺失对比我国欣欣向荣的法学研究盛况是一种遗憾，法律现实主义是一座待开采的富矿。地球虽然是圆的，但并不影响我们在它上面画直线，法律现实主义虽然缺乏统一而明晰的学术阵营，观点相对繁杂且多有分歧，但繁杂的背后有着统一的思想内核，一以贯之的法律理念，这种思想，这种理念恰恰应该是研究的重心。国内法学关于法律现实主义的研究趋势是：进一步译介西方学者关于法律现实主义的研究成果，为国内研究提供参考；强化法律现实主义的体系化研究，深化国内法学对法律现实主义的本体认识；在成文法背景下，运用法律现实主义理论讨论司法实践问题。基于此，系统梳理法律现实主义理论，为国内法学提供关于法律现实主义的整体概貌；系统构建中国语境下的现实主义裁判范式，为疑难案件的裁判提供方法论支持，实有必要。

本研究试图对法律现实主义进行相对整体、系统的探究，试图将法律现实主义的理论碎片整理起来，使之成为一面较完整反映法律现实主义思想的镜子，期望能够在相对宏观的层面对下列问题作出解答：法律现实主义的基本主张是什么？为什么成为罗斯福新政时期的官方理论？为什么人们对它的评价充满了矛盾？这一思潮对后世产生了什么影响？为什么说"现实主义已经死亡，如今我们都成了现实主义者"？并期望沿着这一路线继续追问，去挖掘法律现实主义的思想核心，并拭去时空的灰尘，超越制度的障碍，为我们思考当下的中国问题，为我们的法治建设提供一点点借鉴。当然，受能力与精力所限，笔者虽然试图从整体上把握法律现实主义，但还是选择了司法领域作为着力点。这种选择性论述可能产生两方面的影响：其一，司法领域是法律现实主义的主阵地，笔者选择这一主阵地作为着力点，在能力、精力有限背景下可能会实现效益最大化。其二，对法律现实主义关于法学研究、法学教育等方面理论的忽视，可能会成为整体性研究的遗憾，在现实主义裁判范式的构建过程中也难免会出现挂一漏万的情况，这是我下一步努力的方向。

四、研究内容、意义与方法

（一）研究内容

1. 论题框架

本论题拟系统化地梳理法律现实主义的解构与建构理论，勾勒法律现实主义裁判范式的整体框架；揭示法律现实主义对转型社会与疑难案件的价值，在中国语境下构建疑难案件的现实主义裁判范式，探讨合宪性解释、社会学解释、外部证成与对话商谈对这一范式的支撑作用。除导论与结语外，共分七部分。

第一部分，裁判范式嬗递：从形式主义到现实主义。法律形式主义源远流长，逻辑的确定性迎合了人们对安宁的渴望，兰代尔形式主义作为正统思想统治了美国法学近半个世纪。法律现实主义是对法律形式主义的"反叛",缘起于十九世纪后期的经济危机,吸智于美国实用主义哲学,盛行于二十世纪20年代~30年代。法律现实主义的故事是一个在变化过程中发生的稳定性故事,攀附着法律思想中的根本连续性,从传统法律现实主义到社会法学、批判法学、经济分析法学,再到新法律现实主义运动,法律现实主义渗透到了每个学派之中,也渗透进了司法实践之中。

第二部分,法律现实主义的怀疑进路:从规则到事实。在法律思想史中,去发现法律现实主义所反对的东西远比去描述它所追求的东西来得容易与清晰。法律现实主义具有浓郁的"破坏"气质与"批判"色彩。规则怀疑论向法律形式主义提出了两大疑问:"规则是自足的吗?""规则能够获得唯一正确的裁判结论吗?"事实怀疑论也有三大诘问:"案件事实是客观事实吗?""法官是人吗?""案件事实是确定的吗?"法律现实主义指出,"法律确定性"是基于人类的"恋父情结"而产生的现代法律神话。

第三部分,法律现实主义的范式架构:工具、实用与实效。法律现实主义在"破"的过程中也呈现出了"立"的影像,在后期或被动或主动地着手于替代性理论的构建,开启了现实主义裁判范式的探索之路。现实主义裁判范式的构建呈现了"工具、实用与实效"三个递进层面:主张法律工具论,认为法律是实现社会目标的工具,且仅仅是工具;应从实用的角度看待法律,"法律就是法官的行为""法律的生命在于经验""裁判是基于事实的直觉判断";实用必然追求实效,裁判的思维范式是"预想在先,合理化在后"的结果取向思维,裁判思维风格是追求"真实规则"的宏大风格,在确定性问题上追求裁判的可估量性。

第四部分,现实主义裁判范式的辩护与澄清:从"主义"到"范式"。学界对法律现实主义的评价大体呈现出"肯定—否定—

肯定"的认识轨迹。它是显性的毁灭者，隐性的创造者，激进与保守，浅薄与深刻并存，它开启了法律规则之外法律认识论的另一道闸门，构建了一种新的裁判范式，完成了一种思想的重要转折，在法律思想的起承转合中起到了重要的纽带作用。在疑难案件中，我们能够清晰检视到"法律规则的能与不能""事实认定的客观与主观""法律适用的顺推与逆推"，能够直观感受到现实主义裁判范式的实践价值。

第五部分，现实主义裁判范式的适宜场景：转型社会与疑难案件。越是社会转型时期，在传统与现代的交汇点，越是面对疑难案件中法律规则的不完整、不充分、不明确，司法对现实主义裁判范式的需求就越强烈。转型中的中国正在步入新时代，司法需要面对社会转型带来的新领域、新因素、新问题，需要关切法律的成长。在疑难案件面前，司法需要一只眼睛看法律，一只眼睛看社会，追求"法律效果与社会效果的统一"。法律与社会的勾连是内在的，法律与现实应该呈现一种深度的建构性关系，疑难案件的裁判应该追求一种真正的现实主义裁判范式，而不应是简化版的"经由形式主义的现实主义"裁判模式。

第六部分，中国语境下的现实主义裁判范式：从解释到论证。我国司法应该在疑难案件中呈现一种可复制的现实主义裁判范式。这种范式应该在"结果取向"下通过合宪性解释等"初阶解释"与社会学解释的"二阶解释"完成法律效果与社会效果的统一。这种范式应该在"宏大风格"下呈现开放与充分的法律论证，实现从内部证成到外部证成，从独白论证到对话商谈的说理转向。当然，现实主义裁判范式在遵从认识论规律、丰满裁判合理性的同时也可能带来"后果泛化"、"法治"变成"法官之治"、法律的确定性丧失等变异与失范，因此它的司法运用必须审慎且周详。

第七部分，常情常理常识融入裁判的范式具体：从范式到制度。常情常理常识是社会理性、大众价值观的典型体现，对法律现实主义裁判范式的研究，离不开常情常理常识的司法运用。司法裁判是法律化的，也是常情常理常识化的，在法律与常情常理常识相冲突的案件中，如何在法治框架内实现法律与常情常理常识的融合，是法律现实主义裁判范式的典型运用。其裁判活动大致经历"基于直觉的法律结论""基于结论的法律发现""基于发现的法律解释""基于解释的法律论证""基于论证的对话商谈"五个思维驿站，完成常情常理常识向法律因素的"转码"。当然，现实主义裁判范式的运用除了方法论指引，还需要制度支撑，人民陪审员制度的实效化、司法听证制度的规范化可以提供这种支撑。

2. 重点难点

研究重点：第一，法律现实主义裁判理论的系统搭建是本研究的重点。作为法律变革运动的产物，法律现实主义不同于其他法学思想，它缺乏鲜明的理论创立者、稳定的学术研究领域，像是一片由不同学者自由开垦的边疆地，这给整体性、系统化研究带来了困难，也是我国相关研究缺失的重要原因，法律现实主义裁判理论的系统搭建是本研究致力于解决的问题。第二，中国语境下现实主义裁判范式的具体建构是本研究的另一重点。法律现实主义重批判轻构建，它的建构性只是一种思想的大体方向，现实主义裁判范式的具体构建需要通过对文献的仔细研读，实践的细致挖掘，实现建构理论的实践化；中国语境下的现实主义裁判范式需要连接中国实践，解决中国问题，需要解析中国语境下疑难案件独特的"疑"与"难"，检视中国司法文化与司法制度。中国语境下现实主义裁判范式的具体建构是本论题的最终目的。

研究难点：第一，中国语境下现实主义裁判范式的解释路径。至少要克服两方面的困难：首先，裁判思维是复杂活动，既要删繁就简，又要剥丝抽茧，准确把握思维的核心路径并清晰表达这一路径是困难的事情。其次，现实主义裁判的法律发现秉持从外部视角审视法律系统的社科法学立场，法律解释则是法教义学的事情，清晰论证两者的一以贯之、不矛盾性是本论题的一大挑战。第二，中国语境下现实主义裁判范式的论证路径。现实主义裁判范式的正当性证明主要存在于裁判者的诠释活动中，是裁判者以融贯姿态对法律进行建构性诠释的结果。但在中国司法实践中，法官较少进行建构性诠释，这给经验获取带来了困难，是连接经验与理论的范式研究的另一挑战。

（二）研究意义与方法

1. 研究意义

（1）学术价值。第一，法律现实主义研究有利于国内法学知识体系的拓展。每一种法律思想都有其独特价值，众多法律思想的并存反映着法律的复杂性，诸多法律思想的融合则代表了法律发展的根本趋势。法律现实主义在西方法律思想史上占有一席之地，我国学界的相关研究远未细致深入，对法律现实主义进行系统化研究，对相关论题进行精耕细作，有利于追本溯源，澄清其思想本质，有利于相关研究在广度与深度上的拓展。第二，疑难案件裁判理论在法学领域具有核心意义。法律现实主义与疑难案件裁判关联密切，可以说法律现实主义的一切讨论都是围绕疑难案件展开，法律现实主义归根结底是为疑难案件裁判提供思维方向，对法律现实主义的研究是疑难案件裁判理论研究的必要前提。尽管疑难案件在数量上属于偶发现象，但其裁判理论是法学研究的核心，我国学界对它的关注远未充分。对疑难案件问题的系统研究，能够进一步丰富我国法学理论研究的基本内容。

（2）应用价值。第一，为我国司法实践提供方法论。我国处在社会转型期，疑难案件的发生率较高，且有着独特的疑与难，成为困扰中国法官的重大难题。我国学界对疑难案件裁判缺乏系统研究，理论没能及时回应现实需求，在疑难案件面前，往往据法则无"法"，不据法则无"据"，相关司法实践时时面对各种困惑与质疑。法律现实主义能够为疑难案件的裁判提供一种思维范式，为相关司法实践提供理论支持。第二，为社会治理现代化提供探索方案。党的十九届四中全会丰富了社会治理现代化的内涵，提出要完善矛盾化解机制。疑难案件如何实现实质正义与形式正义之衡平，是社会治理现代化必须面对的课题。司法如何关切现实，裁判如何在形式与实质之间实现较大交换值，是本研究期望解答的问题。

2. 研究方法

（1）文献研究法。根据选题，搜集、整理关于法律现实主义及疑难案件裁判的文献资料。主要包括法律现实主义的经典文献、中外法学界关于法律现实主义的研究成果、疑难案件的裁判理论、宪法司法化等方面。其核心目标在于：梳理从法律形式主义到法律现实主义的演变脉络，系统地把握法律现实主义的思想内涵，检视法律现实主义裁判范式，分析法律现实主义对疑难案件裁判的启迪意义。

（2）实证研究法。使用统计分析法，对我国裁判可接受性的发展水平和整体水平进行量化分析，探索提高我国裁判可接受性的路径与趋势；使用个案研究法，对我国典型疑难案件的裁判实践进行调研与分析，探索其规律与生成机理。上述实证研究法的核心目标在于：为论证法律现实主义裁判范式的中国价值提供前提与基础。

（3）比较研究法。比较中西方法学关于法律现实主义裁判范式的态度，突出传统文化、社会现实等本土资源对现实主义裁判范式的影响；比较中西不同司法体制下宪法在疑难案件裁判中的不同作用机制，关注我国疑难案件独特的"疑"与"难"及独特的裁判路径。比较研究法的核心目标在于：探析西方背景下的现实主义裁判范式与我国背景下的现实主义裁判范式的深刻不同，强调中国语境下的现实主义裁判范式的理性构建。

第一章
裁判范式嬗递：从形式主义到现实主义

一、法律形式主义的正统

法律现实主义以"反叛者"著称，是在质疑和反思法律形式主义（Legal Formalism）的过程中开疆拓土的。发生于二十世纪 20 年代~30 年代的一场法律现实主义运动把统治美国法学长达半个世纪的法律形式主义拉下了神坛，兰代尔形式主义的正统再难为继。为正本清源，去芜存菁，笔者从法律现实主义的反叛目标——法律形式主义展开叙事，期望在美国法学的谱系中找寻法律现实主义裁判范式的兴起缘由，探究法律现实主义裁判范式的核心旨趣。

（一）法律形式主义的源流

"法律形式主义"是一个指涉相对模糊且有着多重含义的词汇。"形式主义者"们并没有提出"形式主义"这一概念，也没有把自己归属于特定范畴，"形式主义"主要出现在批评者的反思之中。总体来讲，法律形式主义是一种方法论立场，是关于法官如何裁判案件的理论。[1] "形式主义"是指一种制度"使用内在于这种制度之中的决策标准"。[2]法律形式主义认为法律是先验的存在，具有整体性与自洽性；司法者是发现法律，而不是创造法律。

法律形式主义源远流长，学界普遍认为，法律形式主义起源于罗马法。罗马帝国时期，立法日趋精细，形成了较完备的法律体系，随着法律触角的不断延伸，人们对法律的信任与依赖日益加强。人们设想，只要把法律制定的足够周详，任何纠纷都可以通过法律得出唯一正解，法律开始被当作位于封闭圈地之中的女神加以崇拜，司法适用逐渐表现出严密的逻辑性和系统性。可以说，法律形式主义是人类法制发展到相对成熟阶段的产物。受罗马法复兴的影响，十八世纪的欧陆开始盛行法律形式主义，认为法律是一种人类智慧，是一种理性，只要制定出周密的法律体系，把一切社会关系都置于法律体系之中，就能实现社会秩序的完美。在法律形式主义的影响下，欧陆迎来了法典编纂运动，欧陆国家争相制定"完美"法典。与此同时，法典化运动又深刻地推动了法律形式主义的进一步传播。十八世纪末，英国对于普通法的科学性理解逐渐兴起，认为普通法是理性的、周延的、完善的，是清晰的、确定的、永恒的。[3]

美国法是对英国普通法的继受与改造。布莱克斯通被称为将英

〔1〕 See Brian Leiter, "Positivism, Formalism, Realism, Book review on Anthony Sebok, Legal Positivism in American Jurisprudence", *Colum. L. Rev*, Vol. 99（1999），p. 1144. 转引自柯岚："法律方法中的形式主义与反形式主义"，载《法律科学》2007 年第 2 期。

〔2〕 参见郑戈："韦伯论西方法律的独特性"，李猛编：《韦伯：法律与价值》，上海人民出版社 2001 年版，第 75 页。

〔3〕 See Jesse Root, The Origin of Government and Law sin Connecticut, Preface to Volumel, Root's Reports（1798），excerpted in Mark De Wolfe, Readings in American Legal History, Cambridge Mass: *Harvard Univ. Press*, 1949, pp. 16~24. 转引自焦海博：《美国工具主义法律观研究》，山东大学 2012 年博士学位论文。

国法带入新大陆的人。布莱克斯通 1756~1758 年任牛津大学校长，《英国法释义》让他声名鹊起。布莱克斯通的《英国法释义》借鉴了罗马法的逻辑建构技术，改造和诠释了英国普通法，使得普通法在形式上更加"实证"。布莱克斯通试图构建一个"纯粹"的法律体系，在此体系下，法官的裁判犹如自动售货机。布莱克斯通的法律思想奠定了美国法律形式主义的根基。美国独立战争后，获得独立的美国人在国家缔造的过程中急需一个法律体系。虽然他们从内心不愿继承来自宗主国的遗风，"法美同盟"的形成，"反英亲法"的情绪一度使他们希望采用法国式的罗马法体系，但是因为民族传统关系，为了让动荡的社会秩序尽快稳定下来，他们在争论中发现英国的普通法才是最适合他们的。而此时，布莱克斯通和他的《英国法释义》为他们呈现了一幅系统且简洁的英国法图像。就像《大英百科全书》描述的那样，布莱克斯通对法律的论述是精确且综合的，非常适合法律改革派。[1] 而且《英国法释义》最大的特点是条理清晰，这对于社会关系简单，法律实务、法学研究百废待兴的美国来讲，或许是最合适的了。总之，英国普通法借助于布莱克斯通的《英国法释义》开始了真正的"美国化"道路，普通法在美国的根基进一步稳固。

兰代尔（Langdell）接续了布莱克斯通对法律科学的渴望，提出了"法律是一门科学"的论断，将法律形式主义发展到了顶峰，也使法律形式主义成为统治美国法律界长达半个世纪的正统法律思想。兰代尔创立了影响深远的判例教学法，在实施判例教学法的同时，也彻底地把传统的"律师执教"（律师和法官兼任法学教授）变为"法学家执教"，以学术为志业的法学家阶层崛起。法学家阶层与法律实践保持着距离，法学传授的是"作为科学的法律"而不

---

[1] 转引自林海："布莱克斯通：将英国法带入新大陆的人"，载《检察日报》2013 年 6 月 4 日，第 3 版。

是"作为实践的法律"，图书馆是法学教学的核心领地。[1] 兰代尔及其追随者成功地把传统法学的"学徒式教育"变成了真正的"法学院教育"。学界普遍认为，美国现代法学教育始于 1870 年，兰代尔是美国现代法学教育的开启者。[2] 更为重要的是，兰代尔在探索教学的过程中提出的法律理论开启了美国法律史上一个全新时代。[3] 他的法律思想成为美国十九世纪后期和二十世纪早期长达半个世纪的正统法律思想。

（二）兰代尔形式主义：法律是一门科学

兰代尔认为，任何领域的知识都可以构建成由逻辑支配的科学。[4] 法律亦是一门科学，借助于科学方法，法律人可以从法律原则、概念中推演出正确的司法裁决。兰代尔的法律科学以类似几何学的面貌步入科学殿堂。兰代尔关于"邮箱规则"（Mailbox Rule）的讨论典型地体现了他的形式主义思想。当某人通过邮件方式表示他接受了一项合同要约，该合同在何时生效？是在承诺人寄出信件之时，还是在要约人收到信件之时？关于这个问题，当时大多数法律人认为邮件一经寄出，受要约人对要约的承诺就产生法律约束力，这就是"邮箱规则"。而兰代尔则认为，在合同成立之前，要约人必须已经接收到承诺，这是由基本原则所规定的，是从基本原则推演出来的结论。如果没有获得对价的支持，合同的允诺并不

---

〔1〕　See Neil Duxbury, *Patterns of American Jurisprudence*, Oxford：Clarendon Press, 1997.

〔2〕　See Patrick J. Kelley, "Holmes, Langdell and Formalism", *Ratio Juris*, Vol. 15, 2002, p. 51.

〔3〕　尽管不能把兰代尔的法律形式主义与他的判例教学法完全糅合起来，但在理解兰代尔的法律理论时绕不开他的判例教学法。兰代尔的判例教学法是建立在他的法律理论基础上的。参见李龙博："兰代尔判例教学法及其法律观"，载《法学教育研究》2014 年第 2 期。

〔4〕　See Neil Duxbury, *Patterns of American Jurisprudence*, Oxford：Clarendon Press, 1997, p. 10.

具有法律约束力。要约的对价就是受要约人反馈回来的允诺，允诺必须是意见交流的结果，向空气作出的"允诺"不是合同法上的允诺。因此，在要约人接收到并且阅读承诺信件之前，就不存在允诺，因此也就没有对价，也就无所谓合同。[1] 当时社会的主流观点认为邮箱规则可以更好地实现当事人利益与实质正义。兰代尔回应称，"当事人利益与实质正义"和规则是不相关的，[2] 法律是一种内在于制度之中的决策标准。

关于兰代尔形式主义的核心旨趣，特文宁归纳称：首先，法律是一门科学；其次，法律这门科学是一个由原则或原理组成的体系；最后，法律可以通过印刷的书本的方式在大学里被教授和习得。[3] 托马斯·格雷曾对法律体系设定了五种可能的目标：全面性（Comprehensiveness）、完整性（Completeness）、形式性（Formality）、概念的有序性（Conceptual Order）和可接受性（Acceptability），认为不同的法律理论对这些目标有不同的实现并在这些目标之间确立起不同的关系，法律理论也由此而得到定义。[4] 借鉴格雷的这种目标设定，并考虑以下两方面：其一，全面性主要是程序性目标且各法律理论争议较少，在这里不做重点考量；其二，相关概念的使用主要参考法律现实主义与法律形式主义论战中的惯用描述。笔者将形式主义的核心内涵概括为四个方面。

（1）法律自足性。形式主义认为，通过人的理性可以制定出逻

---

〔1〕 See Oliver Wendell Holmes, "Book Review", *AM. L. REV*, Vol. 14, 1880, pp. 1~15.

〔2〕 See Oliver Wendell Holmes, "Book Review", *AM. L. REV*, Vol. 14, 1880, pp. 20~21.

〔3〕 See William Twining, *Karl Llewellyn and the Realist Movement*, Norman：University of Oklahoma Press, 1973, pp. 10~12.

〔4〕 参见［美］托马斯·格雷：《美国法的形式主义与实用主义》，［美］黄宗智、田雷选编，法律出版社 2014 年版，第 40 页。

辑上无懈可击、制度上一以贯之、实践中无所不包的法律。法律是建立在规则、原则之上的内部结构上下有序、逻辑自足、不存在裂隙的完整体系。这个体系类似于金字塔，有一系列处在低层的规则和少数处在高层的原则构成。首先，规则体现为精准的术语，一般而言，生活中的每一种事实都能且只能适用于其中的一条规则。其次，如果案件所出现的事实没有现存规则可适用，则可以由更高级别的原则推演出规则来。最后，因为原则是足够抽象的，覆盖了所有可能发生的案件，所以法律体系是一个完整且不受外来因素侵扰的自足体系。"真正的法律人，就是要精通这些原则和学说，以便能够永远轻松而又准确地把它们适用于纷繁复杂的人际事务。"[1]做到精通这些原则和学说并不是困难的事情，因为它们的真实数目要比人们的感知少很多，法律著述往往是同一原则以不同的面貌不断地重复，"如果这些原则被妥善地分类与整理，使其各归其所而非杂乱无章，它们的数量就不会多得令人望而生畏。"[2]法律具有自足性是兰代尔形式主义最核心的主张。

（2）法律推理形式性。形式主义认为，法院的裁决是一个科学的逻辑运算过程，运用"科学的方法"可以根据案件事实从预先设计的法律中推演出裁判结论。演绎推理就是"科学的方法"，是裁判决策程序，每一个司法裁决都出于可展示的法律推理。司法裁决中的法律推理可能是双重性的。第一层次的法律推理是所有案件都存在的司法三段论：法律规则→案件事实→裁判结论，即以案件事实为小前提，以与小前提相适应的法律规则为大前提，将小前提涵摄于大前提之中，推导出裁判结论。第二层次的法律推理仅存在

---

〔1〕　转引自［美］托马斯·格雷：《美国法的形式主义与实用主义》，［美］黄宗智、田雷选编，法律出版社2014年版，第47页。

〔2〕　See Christopher Columbus Langdell, *A Selection of Cases on the Law of Contracts*, vii–iv (2d ed. 1879). 转引自［美］托马斯·格雷：《美国法的形式主义与实用主义》，［美］黄宗智、田雷选编，法律出版社2014年版，第127页。

于特殊案件（案件事实没有现成规则可适用）中，即在司法三段论推理前，先以"法律概念"为桥梁，通过一般性的"原则"推演出可以适用于此案件的"规则"。也就是说，在没有现成规则可适用的特殊案件中，法官通过"原则→概念→规则→事实→裁判结论"这一纯粹的逻辑推演，也能够做出无可置疑的正确判决。法律推理的形式性表明，法律体系依据演绎推理构成了一个结构有序的逻辑自足体系，一切案件，法官均能在该体系内"发现"和"宣告"规则，借助于形式性的法律推理得到完满解决。约翰·赞恩这样描述法律推理的形式性：案件裁决是由演绎推理形成的判断，该判断是对适用于案件事实的规则的具体陈述，古老的三段论描述的就是这种判断。[1] 兰代尔形式主义认为，导致司法混乱的原因在于逻辑的法律科学的缺乏，[2] 司法实践要实现确定，唯一的范式就是司法裁决出自可展示的法律推理。

（3）裁判结论的确定性。法律是封闭的逻辑自足的规则体系，在理想状态下，这种体系是无懈可击的，不管案件如何纷繁复杂，只要通过适当的逻辑推演，都能从现存的法律体系中得出唯一的正确裁决。也就是说，在融贯、完整的法律体系中，借助于形式性的司法决策程序——演绎推理，在任何案件面前，都能"发现"并"宣告"那个确定性的裁判结论。所有案件，只要进行适当的编码，就可以用计算机来得到裁决。"发现"和"宣告"理论告诉法官，正确答案就在那里，等待着被发现和宣告。每一个案件的裁判结论都是法官发现法律，并在忠实于法律下逻辑推演的结果，法官裁判时是"价值无涉"的，因此任何案件的裁判都是确定、理性、无争议的。

---

〔1〕 See M. Zane, "German Legal Philosophy", *Michigan Law Review*, Vol. 16, 1918.

〔2〕 参见［美］斯蒂芬·M. 菲尔德曼：《从前现代主义到后现代主义的美国法律思想》，李国庆译，中国政法大学出版社 2005 年版，第 193 页。

（4）拒绝裁判结论的可接受性考量。如果一个法律体系可以满足其管辖民众的理想和欲求（精神利益和物质利益），这个法律体系就是可接受性的。[1] 关于"可接受性"概念，学界存有争议，有的学者认为"可接受性"的价值是法律之外的，也有学者认为"可接受性"的价值本身就是法律内的一部分。[2] 本章使用的"可接受性"概念采其狭义，是指法律制度实现了法律以外的价值，它区别于前面三种"合法性"价值。兰代尔形式主义否认"可接受性"是裁判的要素，认为法律裁判只应适用法律内的标准，"实质正义和当事人的利益"与法律裁判是不相干的，"如果严格适用规则会导致不正义的结果，那么宁愿牺牲个案正义也要维护法律的可预测性。"[3] 裁判可能的社会效果并不是形式主义者所考虑的，他们明确主张，法律是第一位的，"正义或便利"（可接受性）可能是善意的，但是"它们没有原则作为依据"，不是法律性的，因此并没有说服力。[4] 拒绝裁判结论的可接受性考量是法律形式主义与法律现实主义最大的外在差别。

（三）兰代尔形式主义为什么成为正统？

兰代尔形式主义为什么能够吸引美国法学长达半个世纪，成为美国法学史上影响深远的正统思想？霍姆斯曾精辟的论述道，因为逻辑的方法迎合了人们对确定与安宁的渴望。[5] 弗兰克也持类似观点，认为"确定性"神话之所以被人们广泛接受，最重要的原因

---

〔1〕　参见［美］托马斯·格雷：《美国法的形式主义与实用主义》，［美］黄宗智、田雷选编，法律出版社 2014 年版，第 44 页。

〔2〕　如哈特和富勒围绕"政策是法律的一部分，还是法官造法的依据"展开的辩论。

〔3〕　See Thomas C. Gray, Langdell's Orthodoxy, *U. Pitt. L. Rev*, 45，1983. pp. 6~15.

〔4〕　参见［美］托马斯·格雷：《美国法的形式主义与实用主义》，［美］黄宗智、田雷选编，法律出版社 2014 年版，第 49 页。

〔5〕　参见［美］小奥利弗·温德尔·霍姆斯：《霍姆斯读本：论文与公共演讲选集》，刘思达译，上海三联书店 2009 年版，第 24 页。

是人们的"恋父情结"。兰代尔形式主义作出的司法可预期的承诺——每个案件都可以借助法律体系的有序性，通过无可置疑的推理去解决——带给了人们以安全与安定感。这种安定感对任何社会都极富价值，对于当时变动不居的美国社会更是弥足珍贵，它恰如其分地满足了十九世纪后期美国社会政治、经济、文化上的特定需求，成为影响深远的正统思想。

（1）兰代尔形式主义迎合了经济自由主义。美国独立后，南方种植园经济与北方资本主义之间的矛盾日趋激化，南北战争爆发。随着战争的结束，美国统一的资本市场得以确立。在早期的资本积累阶段，经济发展迫切需要自由放任的制度来推动与保障，于是亚当·斯密的经济自由主义得到了极大推崇。经济自由主义认为，每个人是自己利益的最佳判断者与维护者，国家要想实现经济的快速发展，就必须为企业和个人提供最大的发展空间，赋予最大的自主权，让他们在自由放任的环境下自由发展。在经济领域，无需公权力的强力介入，政府应该取消各种不必要的限制，让人们好不容易从神那里取回的自由延续下去。对于社会公共利益，经济自由主义认为，企业和个人在追求自身利益的时候，无形之中就会促进公共利益的实现，亦无需政府的刻意调控，政府只要在公共安全、环境保护等领域发挥好"守夜人"职责就好。具有明确性、稳定性的兰代尔形式主义恰当地满足了经济自由主义对契约自由和交易安全的需求。

（2）兰代尔形式主义强化了政治上的安定。兰代尔的法律科学区分了中立的法律与派性的政治。兰代尔形式主义者们基本上是私法学家，他们认为公法尤其是宪法不是科学研究的对象，因为公法是政治性的，而不是法律性的，公法是模糊不清的，无法得到形式化的处理，法院也不应该致力于解决这类问题，市场、私人财产体制的原则和规则才是法律性的。这种区分会带来两方面的好处：一方面，自由市场需要契约自由与交易安全，需要法律的稳定与确定，兰代尔的法律科学能够满足这种社会需求。另一方面，法律科学可以让人们相信，有关财产、合同的制度体系具有普遍性，不是一种偶然的权力和资源配置，司法对私权的保护是中立、科学的，由此安抚了民众情绪，维护了社会秩序。就如约翰·奥斯丁曾对法律中的几何学方法做过的论述那样，几何学方法可以加固现有制度，对抗民众的躁动不安。[1] 兰代尔形式主义对"中立的法律"的强调，客观上强化了政治的安定。

（3）兰代尔形式主义满足了人们对确定性的精神需求。美国内战以后，人们同时经历了生活的复杂化和世界的祛魅化。一方面，通讯和交通革命摧毁了原有生活的安全感，人们体验到了各种陌生的、无形的力量以全新的方式主宰着生活。[2] 另一方面，达尔文主义也冲击了传统宗教对人们心灵的慰藉，宗教给社会提供的基本秩序面临着挑战。此时，"法律科学"进入了人们的心灵，原本枯燥无味的法律几何学，因为向人们承诺了一个自足完满且普遍形式性的法律体系，一个确定性的结论，一种法律的新秩序图景，而有了一种准宗教的吸引力，带给了人们新的安全与安定感，成为人们的精神支柱。弗兰克指出了法的确定性神话产生的心理因素：人类有"恋父情结"，依赖万能父亲带来的安宁与稳定，法律扮演了父亲角色，于是就产生了"法是确定的"神话和"法官永不制定法律"的补充神话。[3] 人们确信，法律是完善、永远正确的，是确定、可预测的，能够在混乱中建立秩序。

---

〔1〕 转引自〔美〕托马斯·格雷：《美国法的形式主义与实用主义》，〔美〕黄宗智、田雷选编，法律出版社 2014 年版，第 68~74 页。

〔2〕 转引自〔美〕托马斯·格雷：《美国法的形式主义与实用主义》，〔美〕黄宗智、田雷选编，法律出版社 2014 年版，第 70 页。

〔3〕 参见张文显：《二十世纪西方法哲学思潮研究》，法律出版社 1996 年版，第 139 页。

二、洛克纳时代的觉醒

十九世纪后期，经济自由主义、政治保守主义、社会达尔文主义盛行，这些因素使得法律的潜能束缚于一个狭窄、静止不变的概念体系里，一个"关于法律必要限制的灾难性的夸张描述里。"[1]在这一时期，大多数法学家相信法律体系几乎是全面而完整的，大多数法官也持有这一观点。美国联邦最高法院佩卡姆大法官[2]在洛克纳案中表达道，宪法的语言已经总揽了一切，可以直接适用于具体案件，不需要作出进一步的创造性解释。[3]虽然法律形式主义在这一时期大行其道，作为正统法学存在于法律的各角各落，但与此同时，更广阔社会下的诸多要素也在逐步打破这种惯性，也在逐步唤醒法律的创造潜能。到二十世纪初，对法律形式主义的怀疑性叙述变得越来越清晰。

（一）"洛克纳"困境

二十世纪初的"洛克纳诉纽约州案（1905 年）"[4]是美国宪法史上的定义性案件（Defining Case），"洛克纳时代"[5]是美国宪法史上一个充满矛盾、饱受非议的时期。"洛克纳案"也是法律现实主义与形式主义初步交锋的象征案件，"洛克纳时代"是法律现实主义与形式主义纠葛徘徊，交织芜杂的时期。在"洛克纳案"等一系列案件中，美国联邦最高法院对联邦和州的相关立法进行了严格的宪法审查，宣布了诸多进步性立法的无效，这些判决在当时

---

〔1〕 Grant Gilmore, *The Ages of American Law*, New Haven: Yale University Press, 1977, p. 108.

〔2〕 鲁弗斯·W. 佩卡姆（Rufus W. Peckham）在"洛克纳诉纽约州案（1905年）"发表了代表性意见。

〔3〕 See Lochner v. New York, 198U. S. 45, 53 (1905). (Peckham, J. 的法律意见)

〔4〕 See Lochner v. New York, 198U. S. 45 (1905).

〔5〕 在美国宪法史上，"洛克纳时代"主要指 1897~1937 年。

及后来引发了诸多的争议。[1] 笔者主要从裁判方法的角度谈论"洛克纳案"与"洛克纳时代"。

纽约州议会 1897 年制定了一个法案，规定工人每天工作不得超过十小时。面包店老板洛克纳违反了这一规定，被法院判处了五十美元。洛克纳向联邦最高法院提出上诉，认为纽约州的这项法律剥夺了宪法赋予他的契约自由。联邦最高法院 1905 年做出判决，宣布纽约州的该项法律违宪，是对契约自由的干涉。霍姆斯大法官在本案中发表了著名异议："一般性命题不能决定具体案件"。

洛克纳案判决的年代是美国传统社会和经济观念发生转型的年代。在十九世纪 90 年代兴起的"进步运动"中，面对工业化、资本垄断带来的社会弊端，进步主义者主张发挥政府的能动性，推动政府在干预和管理经济、促进公共福利、改善社会环境等问题上发挥积极作用。这种积极的政治理念体现在了联邦和州的各项经济立法之中，诸多"进步性"法案被公布。但是这种立法行动，受到了来自司法的阻碍，司法的形式主义传统与社会发展、社会需求产生了激烈的矛盾与冲突，洛克纳案就是这场冲突的缩影。洛克纳案并非当时讨论的唯一案件，也不是第一个争议案件。从十九世纪 70 年代到二十世纪初，美国联邦最高法院否决了数百件旨在干预经济

---

〔1〕 争议涉及立法与司法审查的关系，涉及司法哲学与裁判方法等诸多方面。学界多数观点认为"洛克纳案"开启了美国联邦最高法院"司法能动"的高潮，"洛克纳"也成为司法能动的代名词。也有部分学者从法律方法的角度分析，认为"洛克纳案"是法律形式主义的代表，"洛克纳案"中霍姆斯的著名异议"一般性命题不能决定具体案件"代表了法律现实主义的雏形。参见 Roscoe Pound, "Law in Books and Law in Action", *American Law Review*, Vol. 44, 1910. 〔美〕罗伯特·S. 萨默斯：《美国实用工具主义法学》，柯华庆译，中国法制出版 2010 年版。上述两种观点的冲突是形式上的而不是实质意义上的，归根结底是由研究视角的不同带来的。前者主要以司法审查为研究出发点，倾向于宪法学研究；后者主要以裁判方法为视角，倾向于法律方法研究。笔者采取第二种立场。

的州立法。[1] 尤其在洛克纳案后，大多数重要的宪法裁决都延续了洛克纳案的形式主义立场,[2] 洛克纳案有了诸多的"同行者"与"继承者"。[3]

二十世纪初，形式主义侵染着法律方法领域，布莱克斯通的《英国法释义》仍是法学界受众最多的著作。[4] 法官们受法律形式主义的影响，把"发现"法律作为自己唯一的任务，催眠了想象力和创造力。[5] 他们宣布"法官不创设法律",[6] 应该根据规则的"直白涵义"来"字面"的解释法律。在洛克纳案等一系列案件中，在否决"禁止超时工作""禁止童工""为工伤事故受害者提供赔偿"等法令时，法官们通常声称自己别无选择。洛克纳案的判决，表明了法院对经济立法的基本态度：社会对经济有自我调整功能，工人懂得如何去关照、维护自己的权利，类似纽约州议会的立法是在多管闲事，这些事务用不着公权力越俎代庖。显然该判决深受亚当·斯密的自由主义经济思想、斯宾塞的自由放任思想的影响。同时该判决也表明了法院在裁判方法上基本立场：法律形式主

〔1〕 See J. Singer, "Legal Realism Now", *Cal. L. Rev*, Vol. 76, 1988, p. 499.

〔2〕 参见凯斯·孙斯坦："洛克纳的遗产"，田雷译，载《北大法律评论》2004 年第 0 期。

〔3〕 如"阿德金斯诉儿童医院案（1923 年）" See Adkins v. Children Hospital, 261U. S. 525 (1923).

〔4〕 See Roscoe Pound, "The Philosophy of Law in American", *Archiv fur Rechts und Wirtschaftsphilosophie*, 7 (1913), 213. 参见［美］罗伯特·S. 萨默斯:《美国实用工具主义法学》，柯华庆译，中国法制出版 2010 年版，第 137 页。

〔5〕 需要注意的是，还有一种观点认为洛克纳案的错误恰在于"司法能动"，认为是司法非法入侵了行政领域。如 J. Choper, The Supreme Court and the National Political Process (1980); J. ELy, Democracy and Distrust (1980); M. Perry, The Constitution, the Courts, and Human Rights (1982). 参见凯斯·孙斯坦："洛克纳的遗产"，田雷译，载《北大法律评论》2004 年第 0 期。

〔6〕 See Samuel Gilman Brown, ed. , The Works of Rufus Choate, 2 vols. , Boston, 1862, Vol. I, p. 436.

义的思维，法律界的社会达尔文主义。

洛克纳案引发了社会广泛的不满与质疑。批评与质疑者认为社会在进步但法官却裹足不前，案件的裁判没有对社会需求做出回应，没有考量时代观念，法官手持"保护契约自由""法律正当程序"的利剑，扼杀了社会急需的立法，阻碍了社会发展与法律进步。卢埃林称这一时期是"我们法律体系中最不快乐的日子。"[1]霍姆斯参与了洛克纳案的审理，并在本案中投了反对票。他认为纽约州的此项法律应视为多数人的意见，且每个人的自由应以不妨碍别人为限，除非侵害了宪法原则，否则，不能仅凭宪法条文中的"自由"一词而否定多数人意见。宪法不是自我定义的，条文不能涵盖所有宪法性问题。"一般命题不能决定具体案件，判决更多地取决于判断力与直觉。"[2]霍姆斯此后在许多案件中提出了异议，对形式主义判决表达了不满，被后人称为"伟大的异议者"。庞德也对宪法适用中的形式主义进行了抨击，认为形式主义的最大缺陷就是"法官试图呈现他们所认为的宪法条文的必然逻辑，然后机械地把它们适用到纷繁复杂的社会事实中去。"在合宪性审查中，"当法律仅与宪法条文的字面含义冲突时，他们就认定法律是无效的。"[3]庞德认为对宪法规范应进行创造性解释，而不是本本解释；[4]应支持"目的性"或"目标导向"法律解释。[5]他相信

---

[1]　参见［美］罗伯特·S. 萨默斯：《美国实用工具主义法学》，柯华庆译，中国法制出版 2010 年版，第 133 页。

[2]　See Lochner v. New York, 198U. S. 45 (1905). (Holmes. r. , 持不同意见).

[3]　See Roscoe Pound, "Law in Books and Law in Action", *American Law Review*, Vol. 44, 1910, p. 12.

[4]　See Roscoe Pound, "Law in Books and Law in Action", *American Law Review*, Vol. 44, 1910, pp. 12 ~ 16. See Roscoe Pound, "Liberty of Contract", *Yale Law Journal*, Vol. 18, 1909, p. 454.

[5]　See Roscoe Pound, "Common law and Legislation", *Harvard Law Review*, Vol. 21, 1908, p. 383.

法律规则会在法律适用中借助与事实的互动而演化得越来越完善。[1] 洛克纳案等一系列案件引发的对传统形式主义判决范式的思考是广泛、持久的。

美国学者罗伯特·S. 萨默斯曾讨论过一个假设的案件裁判意见，以此来展示法律形式主义的立场及反对者的"现实"立场。显然，萨默斯认为法律不能对社会现实的变化置之不理，尤其在社会高速发展时期，面对新型案件或面对案件的新背景，故步自封的法律形式主义不合时宜。他关于案件的叙述客观上反映了"洛克纳困境"，也指明了裁判理论发展的基本方向。

这是一个关于亲权的案件，艾拉试图确认哈里·卡恩斯是未成年男孩比利·卡恩斯的父亲，使其承担抚养义务。哈里·卡恩斯否认这一父子关系，并提出用验血来作证。法官援引多年前在 Watts 诉 Hart 案件判决中已建立的规则，对这类证据不予采纳。

裁判意见认为"我们受先例的约束，任何改变必须来自立法机关。我们的职责不是制定法律，而是适用法律。我们的政府体系是分权体制，只有立法机关有立法的权力。如果法律要保持确定性，法官就必须以此为前提。"

持异议的法官则表示，"我反对。法律一定要紧跟时代的发展，我们有责任帮助人们认识到此点。变化是无处不在的，法律也不会例外。即使验血或者亲子鉴定的科学基础在 Watts 诉 Hart 案件时代不能被完全接受，但现在已经不一样了。Watts 案件已经过时。"大多数人对先例原则怀有误解。"我们的法律体系不是既有先例的封闭体系，法律绝不是这样的形式体系。作为解决社会问题最后寄望之所在，我们不能完全受制于先例判决。"对分权理论的解读也不应是形式的、概念的解释。法院必须要创制法律，如果运用现实的

---

〔1〕 See Roscoe Pound, "Liberty of Contract", *Yale Law Journal*, Vol. 18, 1909, p. 454.

眼光，将看到法官都在进行着某种形态的立法。"我们可以合法地立法，可以合法地变更法律。"勿使法律故步自封，成为僵化刻板的体系，与社会进步、社会变迁相忤逆。[1]

　　萨默斯的这一假设裁判意见是对洛克纳案等一系列案件的典型概括。法院对洛克纳案等一系列案件的判决及引发的广泛质疑说明：其一，自由放任思想在十九世纪后期占据主导地位；其二，美国联邦最高法院通过一系列判决，将兰代尔形式主义在私法中的应用扩展到了公法（包括宪法），形成了法律整体上的形式主义；其三，洛克纳案的判决代表了法律界的基本观点，宣示了这个时代占统治地位的司法哲学依然是法律形式主义；其四，法官所坚守的法律形式主义暴露出越来越多的问题，对法律形式主义的质疑声已经形成氛围，争议正在堆积，似乎预示着一场更深入更广泛的思想风暴的到来。我们把十九世纪与二十世纪之交这一从法律形式主义向法律现实主义的过渡时期称为"洛克纳时代"。"洛克纳时代"用一个个具体案例，一次次理念碰撞展现出了"洛克纳困境"：恪守法律形式主义还是拥抱"现实"？洛克纳案裁判的 5：4 的相近投票，[2] 洛克纳案的判决意见与霍姆斯在本案中的著名异议，"穆勒诉俄勒冈州案（1908 年）"对洛克纳式裁判的短暂反转，[3] 社会对洛克纳案带有普遍性的批评与质疑，所有这些都从不同角度，不同层面叙述着"洛克纳困境"。在这一困境中，法律形式主义的围墙不再坚不可摧，对形式主义的质疑声越来越清晰。面对激烈的社会变革，感到有必要直面乱局的人们开始反思：法律体系真的自足

---

　　〔1〕 参见［美］罗伯特·S. 萨默斯：《美国实用工具主义法学》，柯华庆译，中国法制出版 2010 年版，第 138~139 页。

　　〔2〕 虽然反对者的具体观点不尽相同，也并非都从"现实"立论，但这些观点有着基本相同的立场：把宪法放在更大背景下去理解。

　　〔3〕 Muller v. Oregon, 208U. S. 412（1908）. 穆勒被判违反了俄勒冈州的限制女性最高工时的立法。但"穆勒式裁判"没有延续，很快又被"洛克纳式裁判"淹没了。

吗？裁判结论真的确定吗？法律真的是一门科学吗？

（二）"洛克纳"反思：法律是一门科学吗？

兰代尔的"法律科学"必然会面临理性的拷问与实践的检验。面对庞杂的普通法，为了构建起结构合理、内在一致的科学体系，兰代尔及其追随者的做法是精挑细选少量先例，[1] 从中抽象出法律原则，然后公布推理法则，设计"自动售货"程序，"法律科学"就大功告成。他们认为，简明是法学的美德，复杂是腐败的温床，海量的司法判决都是少量永恒的法律原则在社会实践中的逻辑的体现。[2] 事实上，从法律形式主义产生的那刻起，对形式主义的怀疑情愫就暗流涌动且日益聚集。法律形式主义根据法律与逻辑裁剪事实，以牺牲事实多样性为代价来获得裁判确定性，用逃避现实的方式来回应现实，必然造成法律僵化。[3] 它关注了法律的可复制性与可继承性，而忽视了法律的地方性与时代性。

十九世纪 80 年代，库利、梯德曼、哈蒙德等美国历史法学家就强调法律不是永恒体系，它将随着社会发展而处在流变之中。同一规则可以经由不同解释而呈现不同面貌，演绎推理并不能在事实上阻碍法官实现依据政治、经济、道德等观念达致的结果。[4] 在美国法典编纂的论战中，菲尔德支持纽约州制定民法典的建议，认为法官不应是立法者，应当推行法典化，法典可以赋予法律以明确性和确定性，可以使法律系统化和易于理解。而美国律师界的领袖卡特反对菲尔德的建议，卡特指出，法典也需要解释和补充，最终

---

〔1〕 这些先例有的来自英国，有的做了裁剪，有的很古老。

〔2〕 参见［美］波斯纳：《法理学问题》，苏力译，中国政法大学出版社 2002 年版，第 18~19 页。

〔3〕 参见陆宇峰："美国法律现实主义：内容、兴衰及其影响"，载《清华法学》2010 年第 6 期。

〔4〕 See Brian. Z. Tamanaha, "Understanding Legal Realism", *Texas L. Rev*, Vol. 87, 2009, pp. 748~755.

意义上还是法官制定的法；比较而言，法典具有更明显的僵化性和滞后性，规则只有在已经引起危害甚至达到一定程度时，法典才会被修改。[1] 从上述的辩论可以看出，两人虽然观点相左但都认可同一个理论前提：法律不是先验、确定、永恒的，而是可解释、可修正的。在法学理论的演进中，法律形式主义的虚假性逐步被法学界所认识，但整体来讲，他们的理论动机主要不是批判，而是理论发展。

美国社会法学在怀疑的道路上又迈进了一步。社会法学以功能主义观念取代传统的逻辑教条观念；把法律目的置于中心位置，把法律作为工具降到应有的位置；认为法律不是自给自足的，不考虑社会生活就不可能理解法律；不是假定原则高于一切，而是要求对某些原则和理论加以调整以适应现实社会；司法必须对形成和影响法律的社会因素给予充分认识，法学应该与其他社会科学相结合。社会法学将法律通向社会的大门彻底地打开了，在开放的视野中，法律科学观岌岌可危。庞德是社会法学的代表人物，他的反形式主义是审慎的，其法学思想具有明显的折中性，他指出"我们必须放弃探索某种能够使一切问题迎刃而解的单一观念的做法，现实的法律秩序绝非一种简单的理性之物。"[2] "法既是理性，也是经验。它是经过理性发展了的经验又是经过经验检验了的理性。"[3] 可以"据法司法（Justice With Law）"，[4] 也可以"不据法司法（Jus-

---

〔1〕 参见［美］E. 博登海默：《法理学：法律哲学与法律方法》，邓正来译，中国政法大学出版社1999年版，第94页。

〔2〕 ［美］罗斯科·庞德：《法律史解释》，邓正来译，中国法制出版社2002年版，第30页。

〔3〕 ［美］罗斯科·庞德：《通过法律的社会控制》，沈宗灵译，商务印书馆1984年版，第131页。

〔4〕 "据法司法"是指根据权威性的、可预测的规则进行裁判，意味着确定性。See Roscoe Pound, *Jurisprudence*（ц）, St Paul Minn：West Publishing, 1959, pp. 374~375.

tice Without Law）"，[1] 要分割法律秩序的两个领域，对涉及财产和商业交易的案件要"据法司法"，对涉及人类行为或企业行为案件可"不据法司法"。[2] 这两种司法形式在法律史上均留下了深深烙印，人类司法始终在对严苛细致规则的坚守与对自由裁量权的尊崇之间来回摇摆，良好的法律制度必定在两者之间维续了一种平衡。[3] 当然，这种平衡会被社会发展不断地打破，但通过理性与经验，被打破的平衡又会被修复成新的平衡。

卡多佐在社会法学的影响下，对司法过程进行了深入分析，他的司法理论同样呈现出了非形式主义的倾向。他强调司法必须与社会现实相适应，注重政策考量。强调司法既有"发现"的因素，也有"创造"的成分，需要权衡利益冲突，对竞争性方案作出选择，而法官的选择"必定受到他的本能、信仰、信念和社会需求的影响"。虽然遵循先例是司法原则，但是先例不是永恒不变的真理，"确定性的需求必须同进步的需求相协调"，当遵循先例会带来明显的不正义时就可以放弃先例，"对过去的崇拜与对现实的赞扬之间，人们可以找到一条安全之路。"[4] 他说，法理学的传统使人们服从于客观标准，虽然这种客观性不可能完全实现，但在力所能及的范围内，其仍是一个应当为之奋斗的理想。[5] 可以看出，卡多佐反

---

〔1〕 "不据法司法"是指不完全受规则约束，拥有较大自由裁量权的裁判。See Roscoe Pound, "Justice according to Law", *Columbia Law Review*, Vol. 13, 1913, p. 696.

〔2〕 See Roscoe Pound, "Justice according to Law", *Columbia Law Review*, Vol. 13, 1913, pp. 696~713.

〔3〕 See "Individualization of Justice", *Fordham Law Review*, Vol. 7, 1938, pp. 153. 166. 转引自〔美〕E. 博登海默：《法理学：法律哲学与法律方法》，邓正来译，中国政法大学出版社 1999 年版，第 149 页。

〔4〕 参见〔美〕E. 博登海默：《法理学：法律哲学与法律方法》，邓正来译，中国政法大学出版社 1999 年版，第 149~150 页。

〔5〕 转引自〔美〕E. 博登海默：《法理学：法律哲学与法律方法》，邓正来译，中国政法大学出版社 1999 年版，第 150 页。

形式主义的态度也是审慎的，他虽然确信在案件裁判中不可避免地存在着法官个人的主观判断，但同时认为，社会公认的客观标准与价值判断使得法律具有了相当的确定性。卡多佐的司法理论具有一定的独特性，产生了广泛的影响。

西奥多·罗斯福总统 1908 年在美国国会发表的咨文中表达道："在我们国家，主要的立法者也许是、并且经常是法官，因为他们是最后的权威。……我们民族在世纪的平稳进步，我们应将其中大多数归功于那些坚持世纪经济哲学和社会哲学的法官，而不是归功于一种早已陈旧的、其本身就是初级经济条件之产物的哲学。"[1]西奥多·罗斯福的咨文传递了一种重要的信息：对法律形式主义的怀疑已然成为一种社会常态，非形式主义的立场不再是毒蛇猛兽，人们不再对此感到恐惧与不可接受。

三、法律现实主义的勃兴

在霍姆斯、庞德、卡多佐等学者关于"法律是一门科学吗？"的持续不断的反思中，到洛克纳时代后期，抵制"形式的、静止的、保守的法律概念"的呼声逐步形成氛围。[2] 当人们对法律形式主义的怀疑与批判从不同角度、不同层面聚合起来时，预示着一场反形式主义的"暴风骤雨"的到来。终于，在二十世纪 20 年代~30 年代，一场轰轰烈烈的法律现实主义运动（Legal Realism Movement）爆发了，兰代尔形式主义彻底被拉下了神坛，它的正统再难为继。

（一）法律现实主义运动

法律思想不是自发的产物而是社会力量的产物，一种法律思想

---

　〔1〕　转引自［美］卡多佐：《司法过程的性质》，苏力译，商务印书馆 1998 年版，第 104 页。

　〔2〕　See Robert Samuel Summers, *Instrumentalism and American Legal Theory*, Ithaca and London: Cornell University Press, 1982. p. 23.

往往是它所处社会的一种反映，社会主流法律思想的重大变化往往依赖于社会力量的变化。洛克纳时代是美国的社会转型期，经济上从自由资本主义到垄断资本主义，政治上从自由放任到社会控制，思想上从达尔文主义到实用主义。法律现实主义运动就是这一特定时空的思想产物，它顺应了也反映了美国洛克纳时代的经济、政治、文化的巨大变化。

1. 法律现实主义运动的缘起

（1）经济上从自由资本主义到垄断资本主义。自由资本主义时期，由于社会生产、社会关系相对简单，市场自治能够基本完成市场调节任务，法律形式主义也能够基本完成法律解纷职能。十九世纪后期，自由资本主义逐步发展到垄断资本主义，垄断带来的新问题开始呈现。首先，工商、金融界的兼并狂潮使垄断组织迅速增多扩大，大批中小企业被吞并或破产，广大消费者的利益也受到影响。其次，旧的利益结构急剧变化，新的利益结构正在形成，新旧利益的冲突不可避免，经济活动陷入无序状态。再次，工业化带来的物质财富的增加不仅没有消除贫困，反而加剧了社会不公与社会贫困，出现了"二律背反"，使得社会现实与资产阶级提出的民主、法治理想之间的空距越来越大。分配不公、社会贫困、环境污染等社会公害引起了民众的强烈不满，不断引发社会骚动和阶级冲突，并爆发了美国工人运动。概言之，随着垄断资本主义的到来，资本市场各种弊端逐步显现，社会生产日趋复杂无序，经济危机频仍，经济发展催生的各种利益集团大量涌现，各种利益诉求纷繁复杂，社会矛盾凸显，市场自足和自立的神话开始破产。与此相呼应，法律形式主义也面临着破产的危险。

（2）政治上从自由放任到社会控制。美国在 1900～1917 年间发生了"进步运动"。"进步运动"发源于平民阶层，很快扩展到了中产阶层与社会精英阶层。平民阶层是垄断资本主义的直接受害者，垄断加剧了他们的贫困，他们要求扩大行政权力，限制经济垄断，改善劳动环境，发展社会福利，伸张社会正义。[1] 美国中产阶级在垄断背景下，经济和社会地位也相对下降，出于阶层维护及社会责任感，他们对垄断带来的一系列社会弊病予以揭露和批判。此外，垄断资产阶级中一批有远见的政治家认为，如果垄断带来的社会腐败与贫困化问题得不到解决，其统治将受到危及，也赞同实行必要的社会改革。因此"进步运动"最终发展为声势浩大的、各阶层广泛参与的改革运动，资产阶级变被动为主动，抛出了"新国家主义"思想。西奥多·罗斯福的新国家主义认为，社会生产与生活已经发生巨大变化，社会化大生产已经把个人、企业与政府三者紧密地联系在了一起，自由放任主义已不再适应社会发展，应该加强政府对经济活动的调控，通过公权力的干预，抑制垄断资本的无序扩张，实现社会公平，平息社会对垄断资产阶级的不满。[2] 二十世纪20年代的经济大萧条进一步让人们看清了市场这只"无形的手"的软弱无力。二十世纪30年代，富兰克林·罗斯福为走出经济大萧条，进一步增加了政府干预，修正陈旧的自由市场规则，减少资产阶级过多的自由与特权，增加工会力量和社会福利。政府不再只做"守夜人"了，"有形的手"开始发挥作用。

罗斯福新政无法在法律形式主义那里得到支持，相反，法律形式主义使得司法不能对急剧变化的社会现实予以正面回应，不能对新型的社会纠纷给予合理化的解决。形式主义禁锢了法官的思维与手脚，成为社会发展的羁绊，形式主义带来的司法不公激起了人们的质疑与不满。为了配合国家干预的实施，法律不能再固守形式主

---

〔1〕 参见冯伟年："论美国进步运动的历史背景及其社会影响"，载《西北大学学报》2001年第2期。

〔2〕 参见黄贤全："试论美国进步运动兴起的原因"，载《西南师范大学学报》1998年第1期。

义的阵地，需要对保障自由放任为核心的法律原则予以革新，需要及时将变化的社会因素纳入法律。而法律现实主义对形式主义的批判，对社会效果的追求顺应了罗斯福新政，其亦在罗斯福新政中得以发展。

（3）思想上从达尔文主义到实用主义。在自由资本主义时期，社会达尔文主义在美国占据主导地位。达尔文主义认为人只能适应环境，适者生存，优胜劣汰。达尔文主义表现在经济、政治领域就是自由竞争和自由放任，认为经济生活自有法则，反对政府强力干预。自由竞争和自由放任思想在自由资本主义时期对社会发展起到了重要的推动作用，但是到了垄断资本主义时期，这种思想却成为垄断资本巧取豪夺的辩护词，达尔文主义的弊端逐步显现。十九世纪 80 年代，学者们向社会达尔文主义宣战，试图重构社会价值体系，在社会科学领域，提出了反传统的进步思想。[1]

经济学领域，1885 年，理查德·伊利和约翰·康蒙斯等经济学家成立了美国经济学会，对古典经济学的教条主义以及对自由放任主义的盲目信仰进行了抨击。他们宣称，"虽然人类的进步离不开个人的进取精神与主动性，但是自由放任思想在伦理上不健全，在政治上不安全，人类的进步需要国家的积极参与。"[2] 经济学会创始人之一的亨利·亚当斯认为，人们知道垄断不可避免，因此人们对垄断本身并不抱怨，人们抱怨的是垄断特权，是垄断带来的腐败。社会应当努力实现对垄断特权与腐败的抑制，实现对垄断带来的社会进步与正向作用的维护与保障。[3] 国家应当积极地引导与

---

〔1〕 参见刘绪贻、杨生茂总主编：《美国通史》，余志森主编：《崛起和扩张的年代：1898—1929》（第四卷），人民出版社 2002 年版，第 254 页。

〔2〕 Hofstadter Richard, *Social Darwinism in American Thought*, Boston: Beacon Press, 1959, p. 147.

〔3〕 参见刘绪贻、杨生茂总主编：《美国通史》，余志森主编：《崛起和扩张的年代：1898—1929》（第四卷），人民出版社 2002 年版，第 255 页。

管理经济。

社会学领域，莱斯特·沃德等社会学家对社会达尔文主义与自由放任思想进行了猛烈抨击。沃德指出，进化论适合于自然界，自然界通过自然选择、优胜劣汰而获得进化，但进化论不应适用于人类社会，人类社会应该通过人为选择、通过保护弱者来实现社会的进步与发展。[1]"社会进步是人类有意识活动的结果，有计划的政府干预是实现社会进步，达到社会和谐的有效手段。"[2] 立法是社会凝结集体智慧设计社会制度以服务于人类、造福于社会的一种机制，是人类战胜自然的一种手段，而非仅仅是顺应自然。

哲学领域，十九世纪 70 年代，皮尔士创立了具有美国本土特色的实用主义哲学。[3] 在詹姆斯与杜威等人的理论推动下，美国实用主义哲学体系得以确立与发展。到十九世纪末二十世纪初，实用主义已成为美国影响最大的哲学流派，成为美国的官方正式哲学。年轻的美国哲学挣脱了欧洲哲学的母体，拥有了独立的哲学形态。[4] 美国实用主义哲学重行动胜过重逻辑，倡导"实践哲学"；重实践胜过重理论，"有用即真理"；重创新胜过墨守成规，认为人类不只是适应环境而且能改造环境，倡导人道主义和乐观、冒险精神。[5] 实用主义哲学的兴起孕育了法律现实主义。

---

〔1〕 Hofstadter Richard, *Social Darwinism in American Thought*, Boston：Beacon Press，1959, pp. 57~59.

〔2〕 Mary Beth Norton, *A People and a Nation：A History of the United States*, Boston：Beacon Press, 1982, p. 478.

〔3〕 詹姆斯是第一个在文献上正式使用"实用主义"一词的人。詹姆斯在 1898 年的《哲学概念与实际结果》一文中使用了"实用主义"一词，但强调是皮尔士创造了这个词及其原理。参见［美］科尼利斯·瓦尔著：《皮尔士》，郝长墀译，中华书局 2003 年版，第 35 页。

〔4〕 参见万俊人、陈亚军选编：《詹姆斯集》，上海远东出版社 2004 年版，前言第 3 页。

〔5〕 参见张之沧："从詹姆士到罗蒂的实用主义诠释"，载《广西社会科学》2003 年第 2 期。

经济学、社会学、哲学的新发展为社会变革孕育了力量，提供了方法论，在整个社会科学领域掀起了一场思维方式的革命——反对针对概念的空洞研究，主张根据变化的现实重新界定概念和命题。社会科学的新成果、新动向滋养了法学研究者的智识，启迪了他们的思维，为法律现实主义思想提供了充足的养分。此外，耶林领导的德国自由法运动——提倡"目的法学"，反对"概念法学"，要求法官根据正义与衡平去发现法律，注重直觉与情感——也给美国法学带来了诸多启示。进步法学开始认为，法是人类社会为自己的生存与发展而创造的，法必须适应人的需求与需要，法官应该摒弃完全形式主义的思维，主动运用政治、经济、道德等各种有益因素指导裁判，法律现实主义运动慢慢拉开了帷幕。

2. 法律现实主义运动的演进

在二十世纪的门槛处，反法律形式主义思潮开始取得受关注的地位，这在很大程度上归功于霍姆斯。霍姆斯通常被看作是反法律形式主义的领航人，法律现实主义的奠基人。他在"洛克纳案"中的著名异议："一般性命题不能决定具体案件"，成为法律现实主义反形式主义的战斗口号，"他将实用主义哲学应用于法学，为法律现实主义运动打下了基础。"[1] 霍姆斯1902年就任联邦最高法院大法官，"美国根据宪法实行法治的历史也掀开了新的一幕。"[2] 霍姆斯的代表作是1881年出版的《普通法》和1897年的《法律之道》，经验论与预测论是两大经典理论，经验论是对法律形式主义的批判，预测论是对法律概念的表达。

霍姆斯的"法律的生命不是逻辑，而是经验"的论断，是法律

---

〔1〕 参见〔美〕理查德·A. 波斯纳:《法理学问题》，苏力译，中国政法大学出版社2002年版，第25页。

〔2〕 参见〔美〕H. S. 康马杰:《美国精神》，南木等译，光明日报出版社1988年版。

现实主义的核心口号。[1] 霍姆斯反对形式主义使用纯粹逻辑来构建法律，认为遵守已失去功能的规则，是对过去的盲目崇拜，是对法律的背叛。[2] 法律并非永恒公理，法官的裁判也不是仅凭一套演绎推理就可完成，理性与科学的法律应是历史与分析的有机结合。法律应当建立在对社会需求的准确把握基础上，通过不断回应社会需求，不断调整与时空的关系，来促使自己成长。[3] 霍姆斯指出，"法律的生命不是逻辑，而是经验。一个时代为人们感受到的需求、主流道德和政治理论、对公共政策的直觉——无论是公开宣布的还是下意识的，甚至是法官与其同胞们共有的偏见，在决定赖以治理人们的规则方面的作用都比三段论推理大得多。"[4] 要认识法律，就要了解它的过去与现在，就要参考昨天与今天的立法理论，只有这样，才能发现真正的规则。法律蕴含着一个国家的全部历史，我们不能像对待几何学那样机械地认识它。[5] 形式逻辑迎合了人们对确定性的渴望，但确定性只是一个幻觉，"在形式逻辑的背后，存在着一个利益权衡与价值判断，这种权衡与判断通常没有被陈述出来，甚至没有被意识到，但它却是司法过程的真正根源与中枢。"[6] 经验论成功地推翻了"已成为美国法律内在生命的形

---

〔1〕 See Thomas C. Grey, "Langdell's Orthodoxy", *U. Pitt. L. Rev*, Vol. 45, 1983, pp. 6~15.

〔2〕 See Oliver Wendell Holmes, "The Path of the Law", *Harvard Law Review*, Vol. 10, 1897, p. 457.

〔3〕 See Oliver Wendell Holmes, "Law in Science and Science in Law", *Harvard Law Review*, Vol. 12, 1889.

〔4〕 ［美］小奥利弗·温德尔·霍姆斯著：《普通法》，冉昊、姚中秋译，中国政法大学出版社 2006 年版，第 1 页。

〔5〕 参见 ［美］小奥利弗·温德尔·霍姆斯著：《普通法》，冉昊、姚中秋译，中国政法大学出版社 2006 年版，第 1 页。

〔6〕 Oliver Wendell Holmes, "The Path of the Law", *Harvard Law Review*, Vol. 10, 1897, p. 457.

式主义和空洞传统主义的围墙。"[1]

1897 年，在《法律的道路》一文中，霍姆斯又提出了预测论。霍姆斯说，"法院实际上将做什么的预测，就是我认为的法律。"[2]霍姆斯批判了形式主义的概念主义，批判了形式主义的刻板僵化，批判了形式主义与社会现实的隔离。[3] 在此基础上阐述了自己的裁判观：法律的内容应该与社会的需求达成一致，规则的涵义很大程度上取决于现实的需求与公共政策；裁判过程中最重要的不是逻辑与规则而是经验与直觉，法官不应机械地适用规则，而应权衡社会利益；法律的确定性只是一种幻象。霍姆斯的言论极大地冲击了美国法律形式主义，也为法律现实主义运动的兴起提供了理论武器。

卢埃林与庞德在二十世纪 30 年代进行了一场学术论战，这是法律现实主义运动的序幕。卢埃林在《一种现实主义的法理学》一文中批判了传统的法学研究模式。卢埃林在文中论述道，庞德也没有脱离传统形式主义的窠臼，他思考的中心仍然是法律规则。事实上，法律规则远没有人们想象的那么重要，应当致力于改变传统法学的思想中心，法学研究应当更多关注法律官员的行为。作为美国法学界泰斗的庞德随后发表了《呼唤一种现实主义者的法理学》，对卢埃林的上述观点进行了回应。庞德论述道，法律现实主义与其他法学流派一样，存在着失于偏颇，以偏概全的缺陷。庞德概括了法律现实主义的五大片面：强调自己获得的数据的重要性，排斥官方数据；力图建立一种数理物理学的法律科学；只注重心理学方

---

〔1〕 Catharine Pierce Wells, "Holmes's Influence on Modern Jurisprudence", *Brooklyn Law Review*, *Spring*, 1997, p. 254.

〔2〕 Oliver Wendell Holmes, "The Path of the Law", *Harvard Law Review*, Vol. 10, 1897, pp. 457~461.

〔3〕 参见［美］理查德·A. 波斯纳:《法理学问题》，苏力译，中国政法大学出版社 2002 年版，第 20 页。

法，而忽略其他；过分强调案件的独特性；仅认为法律是实现商业目的的工具，事实上，法律是社会控制的工具。[1] 以回溯的视角看，庞德对法律现实主义的上述总结与批判总体公允但也有偏颇，较明显的不足是他批判的某些对象不是法律现实主义的核心特征。但从整篇文章可以看出，庞德对法律现实主义秉持的是开放包容的态度，并非全盘否定。他在文中写道，"我偶尔提及了法律现实主义的缺陷，但我不认为这些缺陷会让他们走不远，一个新流派需要发展的时间，我试图去理解法律现实主义的理论进路以及他们应该如何前进。"[2]

基于庞德的学术地位，他对法律现实主义的批判引起了现实主义者的重视，卢埃林对此做出了专文回应。在《关于法律现实主义的一些现实主义》一文中，卢埃林强调，该文是在弗兰克的帮助下完成的，虽然弗兰克拒绝署名，但文中的"We"指的是卢埃林与弗兰克。该文比较全面地阐述了法律现实主义，总结了法律现实主义的九大主张，整理了一份包含二十几个人的现实主义者名单，并强调法律现实主义不是一个流派。[3] 弗兰克虽然没有以自己的名义专门撰写文章回应庞德，但在其后出版的《法与现代精神》一书中及《法官是人吗？》一文中都对庞德有激烈的批判。在反对形式主义的旗帜下，与卢埃林、弗兰克持相同或类似观点的法学家也纷纷加入到这场论战中，法律现实主义的阵营基本形成。通过这场学术论战，法律现实主义正式走进了美国法学。

整体而言，法律现实主义的学术阵营较为松散，学者们基本上

---

〔1〕 See Roscoe Pound, "The call for a Realistic Jurisprudence", *Harvard Law Review*, Vol. 44, 1931.

〔2〕 Roscoe Pound, "The Call for a Realistic Jurisprudence", *Harvard Law Review*, Vol. 44, 1931.

〔3〕 See Karl N. Llewellyn, "Some Realism about Realism——Responding to Dean Pound", *Harvard Law Review*, Vol. 44, 1931.

都是在各自的兴趣领域为自己代言，在研究视角、观点主张等方面存在诸多差异，思想较庞杂。但是反对形式主义是他们的共同目标，他们因为"共同的敌人"而聚在了一起，且表现出了极强的解构力。法治变革的改革精神，实用主义哲学观、霍姆斯的思想光芒像一只看不见的手引领着他们，他们共享着一些关键性主张，他们相互补充与促进，掀起了一场轰轰烈烈的法律变革运动。这一运动最主要的特点是：对法律规则的作用表示怀疑，试图把法律的规范性因素降到最低；把法律作为实现目标的工具，坚持从法律效果来评价法律；主张法律是一套事实系统，是一种活的制度。

卢埃林是法律现实主义的代表人物。卢埃林在 1930 年发表了《一种现实主义的法理学》，出版了《荆棘丛》；1931 年发表了《关于法律现实主义的一些现实主义》，由此奠定了他在法律现实主义运动中的核心地位。卢埃林还于 1933 年出版了《美国判例法体系》，1941 年与埃德蒙斯·霍贝尔合作完成了人类学著作《晒延人方式》，1960 年出版了他的重要著作《普通法传统》，1962 年出版了《法理学：现实主义的理论和实践》。卢埃林的主要学术贡献是"规则怀疑论"，后期致力于法律"可估量性"理论的构建与论证。另外，卢埃林还制定了《美国统一商法典》，这部法典在很大程度上反映了法律现实主义思想。

规则怀疑论是卢埃林的核心观点。他在《荆棘丛》中指出，对于多数思想家来说，规则就是法律的核心，在连贯有序的体系内编制规则是法律学者的事务，而依据规则的主张，从规则中找出适合于案件的简单方法是法官和律师的事务。然而，法律规则在法律实践中所具有的意义远没有人们想象的那么重要。"在我看来，关键在于观察法律官员做什么……从中寻找某种独特的规律性。"[1] 在

---

〔1〕［美］卢埃林：《荆棘丛》，明辉译，北京大学出版社 2017 年版，第 7 页。

许多案件中，"法律官员将要做什么"的预测不可能是完全确定的，应当为其他事物留有余地。值得一提的是，卢埃林在 1950 年《荆棘丛》再版及后期一系列著述中，不同程度的沿着辩证与温和的方向解释、澄清、甚至部分修正了自己的"规则怀疑论"。他强调了规则的重要性，指出规则就是法律制度中得到社会极大确认的部分，规则可以给人们提供指引。他对律师说，"学习让法官去做那些你们希望他们做的事情是一件重要的事情"，理解法官的所作所为，"就是探寻法官眼中规则的意义的技能，也就是探寻如何尽力劝说法官实现你们想要的结果的技艺"，规则构成了律师事务明确无误的组成部分。[1] 但是，卢埃林更强调，规则不是法律的全部，也不是法律的核心，法律官员在解决纠纷时的所作所为才是法律本身。[2] 律师不仅要了解法律规则，依据对法院将要做什么的预测来理解法律规则的意义，而且还要充分了解社会生活，因为社会生活才是法律所面对的；法科学生不仅要学习法律规则，还要学习其他社会科学，因为它们可以揭示法律对于社会的意义，并指出当下法学家和社会科学家都未能在学科边缘的结合处作出有效的合作努力。卢埃林呼吁，"学习法律，不针对言辞，只关乎实践，不针对纸面理论，只关乎现实生活。就算是背叛，也要全力以赴。"[3]"宏大风格"才是普通法的传统。

　　法律现实主义的另一代表人物是弗兰克。有影响的著作主要有 1930 年出版的《法和现代精神》，1942 年出版的《假如人是天使》，1949 年出版的《初审法院：美国司法的神话和现实》。前两部著作主要是用心理学研究方法打破了法律形式主义的确定性神

<hr/>

〔1〕　参见［美］卢埃林:《荆棘丛》，明辉译，北京大学出版社 2017 年版，第 7 页。

〔2〕　参见［美］卢埃林:《荆棘丛》，明辉译，北京大学出版社 2017 年版，第 6 页。

〔3〕　［美］卢埃林:《荆棘丛》，明辉译，北京大学出版社 2017 年版，第 21 页。

话。《初审法院：美国司法的神话和现实》是弗兰克对前两部著作的补充，是他的集大成之作，强调了初审法院的极端重要性，强调了事实认定的不确定性。他在法律现实主义的道路上走得更远，他不仅主张法律的不确定性，同时也主张案件事实的不确定性，他被认为是法律现实主义的激进代表。弗兰克法学思想的基点是初审法院的事实调查，他"对规则的怀疑"和"对事实的怀疑"都是建立在这一基点之上的。弗兰克批评了"规则怀疑论"的不周全，认为案件事实的作用被忽视了，没有看到案件事实对于法律规则的"型塑"作用。

弗兰克的核心论题是法律的不确定性。他说，法律规则作为裁判的一般指导是必要的，许多规则的涵义是确定的，规则中也包含着重要的政策和道德理想。但是，规则并不是裁判的基础，规则在预测案件的裁判结果时几乎提供不了帮助，在作出裁决之前，没有人会知道该案件所适用的法律。许多时候，法官在裁判过程中所适用的，带有社会特性同时也带有个人特质的隐形规范，会形变法律规则。〔1〕弗兰克总结了法律不确定的两大原因：一是法律规则的不确定性。法律规则的缺陷使得法律规则的内容具有了相当的不确定性；二是法律适用的不确定性。法官的推理会受到特定时空下各种社会因素的影响，也会受到法官个人特质的影响，司法裁判是一个化合物的酝酿过程，因此具有了相当程度的不确定性。〔2〕弗兰克主张在个案中实现一种看得见的正义，希望给所有或绝大部分规则注入较大的自由裁量因素，使规则具有更多的活力与适应力。每

---

〔1〕 参见［美］E. 博登海默：《法理学：法律哲学与法律方法》，邓正来译，中国政法大学出版社1999年版，第153~155页。

〔2〕 参见于晓艺：《最忠诚的反叛者——弗兰克法律现实主义思想研究》，中央编译出版社2014年版，第55页。

一个案件都是独特的，不应过分的受单一规则的束缚。[1] 弗兰克把法律确定性看作是"现代法律神话"，把"人们为什么要在法律中寻求无法实现的确定性"解释为人们的"恋父情结"，人们试图发现父亲般的确定与可靠。因此，只有消除了对父亲般替代物的欲求，才会对法律有正确的认识。人们才会发现，在法院作出裁决前，唯一可获得的是法院可能如何裁判的推测。

弗兰克的另一论题是事实怀疑论。弗兰克主张司法的重心应是初审法院的事实认定，认为初审法院的事实调查是"阿其里斯的脚踵。"[2] 弗兰克对案件事实的确定性表示怀疑，认为案件事实是法官认为的事实，是建构性的主观事实，法官个性的存在决定了案件事实的不确定性。他对法院在事实认定中可能出现的错误进行了分析，认为错误的来源可能是有意或无意出错的证人，可能是人证或物证的灭失，可能是为非作歹或愚蠢的律师，有偏见的或心不在焉的陪审员，可能是固执或有偏见的初审法官。[3] 指出所有上述因素中，最为重要的是法官的个性，它会使存在冲突证据的诉讼的判决变成极为主观的事情，法官具有实际上不受控制的事实裁决权——确定接受冲突证据的哪一面。弗兰克认为，虽然可以进行某些改革，但在事实认定中永远会存在偶然因素，会使得对诉讼结果的预测成为徒劳。

除了卢埃林、弗兰克外，阿诺德、宾厄姆、库克、道格拉斯、穆尔等人也贡献了自己的现实主义主张。整体而言，法律现实主义者的研究方法不尽相同，没有形成统一的研究进路；研究对象

---

〔1〕 参见［美］E. 博登海默：《法理学：法律哲学与法律方法》，邓正来译，中国政法大学出版社 1999 年版，第 156 页。

〔2〕 "阿其里斯的脚踵"用来比喻唯一致命的弱点。希腊神话中，阿其里斯被倒提着脚踵在冥河中浸过，除了未浸到水的脚踵外，浑身刀枪不入。

〔3〕 参见［美］E. 博登海默：《法理学：法律哲学与法律方法》，邓正来译，中国政法大学出版社 1999 年版，第 155 页。

亦不一致，没有形成统一的现实主义思想体系。但是基于相同的批判对象，基于相同的实用主义哲学，他们形成了相对固定的学术共同体，法律现实主义的共识得以凝聚。其一，法律现实主义者都反对以法律规则作为研究中心，认为虽然法律规则影响法官的裁判，但这种影响不是决定性的。提倡以事实为研究中心，这里的事实包括案件事实、社会事实与法官的行为等，认为案件的裁判主要是受事实而不是规则影响。其二，法律现实主义者都反对"法律规则具有自洽性""判决可以通过法律推理来发现唯一正确答案"的观点。认为法律规则和逻辑推理既不能带来唯一正确的裁判，又不能论证这种裁判的正确。比较于"合法律性"，现实主义更注重"正当性"，比较于"是什么"，法律现实主义更关心"为什么"，注重裁判的正当性证明。其三，法律现实主义者都反对脱离现实的抽象研究，主张法学与其他学科的融合，主张经验性研究。

（二）法律现实主义的影响与承继

经历了二十世纪 20 年代~30 年代法律现实主义运动的蓬勃发展，法律现实主义不仅有诸多理论上的支持者、追随者，而且在对立派那里也留下了深深的烙痕。它成功地否定了兰代尔把法律作为"一门以法律客观性为基础的精确科学"的观念。[1] 到二十世纪中期，法律已经投入行为主义和相对主义的怀抱，有的法律文集甚至定名为"法律死亡了吗?"[2] 莱特评价说，"法律现实主义运动是美国二十世纪最重要的法律变革运动，它对法学研究、法律实践、法学教育产生了深远影响。"[3] 现实主义法学成为美国官方法学，

---

〔1〕 参见 ［美］罗伯特·斯蒂文斯:《法学院: 19 世纪 50 年代到 20 世纪 80 年代的美国法学教育》，闫亚林等译，中国政法大学出版社 2003 年版，第 208 页。

〔2〕 参见 ［美］伯纳德·施瓦茨:《美国法律史》，王军等译，法律出版社 2007 年版，第 229、280 页。

〔3〕 See Brian Leiter, *American Legal Realism: The Blackwell Guide to Philosophy of Law and Legal Theory*, oxford: Blackwell, 2005, p. 1.

在西方法律思想史上留下了重重的一笔。

在司法实践中，到二十世纪 30 年代，美国联邦最高法院对宪法案件的裁判开始转向，开始支持对工商业的监管计划，支持各类经济性立法。"西滨宾馆诉帕里什案（1937 年）"[1] 终结了洛克纳时代。休斯大法官代表的多数意见认为女性和雇主法律地位悬殊，无法订立公平的契约，为了大众健康与社会福利，对劳动契约进行适当干预是正当的。显然，该案的裁判蕴含着现实主义的思考，考量了"女性和雇主法律地位悬殊"的社会情境，考量了"女性健康"的特殊意义，考量了"大众健康和福利"的公共目标。类似的，联邦法院在 1940 年开始采纳"目的性解释"而非"文义解释"的方法来解释制定法。[2] 法官们对案件裁判中的政策考量、利益权衡变得越来越友好。

面对法律现实主义的强力解构，一方面，法律形式主义坚守着"形式主义"阵地，进行着反批判、反解构，另一方面，法律形式主义也在反思，它的"形式主义"也在悄然发生着改变。法律形式主义者们开始意识到：第一，仅仅通过规则与逻辑不足以解决案件的裁判问题，法律规则的确存在诸多的不周延。[3] 第二，规则是有漏洞的，语言具有模糊性，语义要在具体语境才能确定其真实涵义，规则难以做到自我解读。[4] 第三，法官常常需要借助法律之

---

〔1〕 See West Coast Hotel Co. v. Parrish，300 U. S. 379.

〔2〕 参见［美］罗伯特·S. 萨默斯：《美国实用工具主义法学》，柯华庆译，中国法制出版社 2010 年版，第 292 页。

〔3〕 See A. Scalia，"Common Law Courts in A Civil Law System：The Role of United States Federal Courts in Interpreting the Constitution and Law"，in Antonin Scalia Amy Gutmann，eds，*A Matter of Interpretation：Federal Courts and Law*，New Jersey：Princeton University press，1997. pp. 6~12.

〔4〕 See F. H. Easterbrook，"Text，History，and Structure in Statutory Interpretation"，*Harvard Journal of Law and Public Policy*，Vol. 176，No. 1，1994，p. 68.

外的经济的、政治的、道德的资源，来明确适用于个案的法律是什么。[1] 第四，在适用法律时，法官需要进行一定的判断。法律形式主义尽管不遗余力地进行着反批判，但法律现实主义还是在法律形式主义阵营里留下了深深的烙印，在法律形式主义的自我反思中，追求适度平衡的新法律形式主义理念开始形成。

　　法律现实主义在二十世纪中期逐步走向沉寂，原因是多方面的。其一，法律现实主义产生的制度环境是暂时的，美国法学整体上是一股连贯的高度理性的风格，现实主义难以同它形成真正的对抗。其二，经验性研究耗时耗力成本高昂，当经验性研究面临经济萧条和资金短缺时就不得不半途而废。其三，部分法律现实主义者的观点激进，使得法律丧失其独立性，导致了较多批评，在法律现实主义运动后期，主要研究学者出现流失。其四，由于法律现实主义对法律的怀疑客观上有利于纳粹专制独裁，所以二战的教训也加速了法律现实主义的沉寂。其五，哈特在对规则怀疑论的强力批判中重构了法律概念，直接导致了法律现实主义的衰落。[2] 法律现实主义走向沉寂的原因有理论自身的缺陷，也有社会与时代的根源。随着法律现实主义的沉寂，以哈特理论为基础的法律过程主义开始兴起。法律过程主义把合法性立基于法律程序，[3] 试图在法律现实主义与法律形式主义之间做出调停，它承认法律的不确定性，但认为可以通过"机构正义、充分的逻辑说理、扩大规则的范

---

〔1〕　See L. B. Solum, "The Supreme Court in Bondage: Constitutional Stare Decisis, Legal Formalism and the Future of Unenumerated Rights", *University of Pennsylvania Journal of Constitutional Law*, Vol. 9, No. 1, 2006, pp. 155~175.

〔2〕　参见 ［美］斯图尔特·麦考利: "新老法律现实主义: '今非昔比'"，范愉译，载《政法论坛》2006 年第 4 期。

〔3〕　See Stewart Macaulay, Elizabeth Mertz, "New Legal Realism and the Empirical Turn in Law", in Reza Banakar, Max Travers ed., *Law and Social Theory (Second Edition)*, Oxford and Portland, Oregon: Hart Publishing, 2013, p. 197.

围"来克服法律的不确定性，构筑对司法的信心。[1]

法律现实主义思想并没有随着法律现实主义运动的落幕而走向死亡，而是随着社会发展、思想变迁，以另一种方式呈现出来。后来的批判法学、经济分析法学均不同程度地承继了现实主义精神并创造了更广阔更深远的学术空间与智慧来源。批判法律运动被认为"是美国法律现实主义的直接后裔"，[2] 它将本已沉寂的"法律不确定性"理论再次带回法理学的讨论之中，并将不确定性理论推向极致，构筑了升级版的法律现实主义。[3] 经济分析法学将成本收益分析法引入法学，将社会福利最大化作为司法裁判的目标，对法律教义学造成进一步的冲击。当然，经济分析法学也有与法律现实主义背道而驰的一面，法律现实主义是"出"逻辑，而经济分析法学主张以逻辑推理的路径来解决相互矛盾的法律规则的选择问题，可以说是"入"逻辑。此外，女权主义法学和批判种族主义法学也对法律持怀疑态度，一定程度上延续了法律现实主义的批判性与解构性。沿着"否定之否定"的发展道路，追随着社会经济、政治、文化的发展脚步，法律现实主义在经历了社会法学、批判法学、经济分析法学等学术洗礼与冲刷之后，本世纪初，一个称之为"新法律现实主义（New Legal Realism）"的法学思潮从美国"法与社会"研究领域祭起了他们的旗帜，[4] 法律现实主义迎来了新发展。

---

〔1〕 参见邓矜婷："新法律现实主义的最新发展与启示"，载《法学家》2014年第4期。

〔2〕 See Mark Tushnet, "Critical Legal Studies: An Introduction to Its Origins and Under-pinnings", *J. Legal Educ*, Vol. 36, 1986, p. 505.

〔3〕 See Brian Leiter, *American Legal Realism*, *W. A. Edmundson and M. P. Golding eds.*, *Blackwell Guide to Philosophy of Law and Legal Theory*, Oxford: Blackwell Publishing, 2005.

〔4〕 参见范愉："新法律现实主义的勃兴与当代中国法学反思"，载《中国法学》2006年第4期。

(三) 新法律现实主义的现实主义

2004 年，美国威斯康星州举办了一场以"新法律现实主义的方法"为主题的研讨会，会议日程提到"我们像传统法律现实主义者那样，致力于寻求包括前沿的法律问题、经验性研究和政策在内的三重进路，不过我们将伴随着该领域中所有的新生代见解带来的帮助。"[1] 会议主题中的"方法"包括三方面：经验性研究方法、跨学科研究方法以及社会科学与法学的互译方法。在本次学术会议的推动下，法律现实主义再次漫进法学界的视野，与法律现实主义相关的一系列学术会议相继召开，[2] 一系列研究成果相继发表或出版。法律现实主义在新的学术范式下汇成了跨国界的新法律现实主义思潮，为法学的发展注入了新的活力。

美国学者麦考利（Stewart Macaulay）、莫兹（Elizabeth Mertz）、桑斯坦（Cass R. Sunstein）等被认为是新法律现实主义的代表人物。麦考利的《新老法律现实主义》一文被认为是新法律现实主义的宣言。文中写道，"新法律现实主义将努力克服前辈的局限性和不足，积极倡导一种自下而上的经验研究方法，强调法律的认识和制度的建构应该从事实出发，主张进一步推进法与社会的互动。"[3] 新法律现实主义可分为两支：一是科学主义进路，主张借助科学方法，将各领域的社科研究成果应用到法学，实现法学与社会科学的有效沟通。二是经验主义进路，主张实证研究方法，注重社会调查，注重数据分析，用事实说话。新法律现实主义承继了现

---

[1] See Inaugural New Legal Realism Conference, http://www. americanbarfoundation. org，最后访问时间：2018 年 6 月 12 日。

[2] 2007 年在德国、2008 年在加拿大、2012 年在丹麦、2017 年在墨西哥举办了相关学术会议。参见段海风："新旧现实主义法学的内在价值及借鉴意义辨识"，《社会科学家》2018 年第 8 期。

[3] ［美］斯图尔特·麦考利："新老法律现实主义：'今非昔比'"，范愉译，载《政法论坛》2006 年第 4 期。

实主义的衣钵，拓展了现实主义理论的广度与深度。

第一，"自下而上"的经验性研究。传统法律现实主义的研究重点在上诉法院[1]、经典判例、精英立场，它的关注点集中在法律的上层，强调法是一种受社会现实影响的因变量。新法律现实主义意识到仅仅关注法律规则、司法制度和上诉案件不足以揭示司法的过程及法与社会的真实关系，因而倡导一种"自下而上"的经验性研究，主张从社会基层和未经法律渗透的社会事实着手探讨法与社会的关系。[2] 具体来讲，一是研究对象下沉，注重对下级法院裁决的研究；二是研究对象外展，主张把影响裁判的非法律因素与法律因素的研究放到同等重要的地位，拓宽研究视域；三是加强定量研究，将司法裁判的各种影响因素进行量化，进行经验性研究，使司法裁判研究具有实证性。[3] 整体而言，新法律现实主义主张"自下而上"的研究，但也不忽视"自上而下"的探讨；注重非法律因素对司法裁判的影响，但也不抛弃法教义学的根本。

第二，实践的经验性研究。传统法律现实主义尽管强调经验性研究，但实际展开的并不多。"在实证方面的雄心壮志大部分都没有实现"，而是被法社会学、法经济学所继承，后又成为新法律现实主义的研究路径。[4] 新法律现实主义者着手践行着法律现实主义者的预想，进行了大规模的定量研究。[5] 新法律现实主义认为任何理论不能因为逻辑的严谨而自我证成，未经经验性验证的理论

---

〔1〕　弗兰克做过初审法院的研究，但在法律现实主义阵营里，这种研究属于少数。

〔2〕　参见范愉："新法律现实主义的勃兴与当代中国法学反思"，载《中国法学》2006 年第 4 期。

〔3〕　参见邓矜婷："新法律现实主义的最新发展与启示"，载《法学家》2014 年第 4 期。

〔4〕　See T. Eisenberg, "The Origin, Nature, and Promise of Empirical Legal Studies and a Response to Concerns", *University of Illinois Law Review*, Vol. 2011, No. 5, 2011, p. 1720.

〔5〕　Thomas J. Miles, Cass R. Sunstein, "The New Legal Realism", *University of Chicago Law Review*, Vol. 75, 2008, p. 831.

最多只是一种合理的假设。它致力于弥补传统法律现实主义理论解构多，经验研究少的不足，倡导一种切实的经验性研究。比如为研究司法裁判行为的影响因素，克罗斯教授研究了大量案例，分析了巡回上诉法院裁判的四个理论模型[1]，经过经验性分析得出结论：法律因素是影响司法裁判的最重要因素，其次是政治因素，而战略性因素和当事人驱动因素对司法裁判几乎没有影响。[2] 还有学者运用统计学方法研究合议庭工作，得出结论：政治观念不同的法官组成的合议庭能有效消减政治观念对裁判的影响。[3] 整体而言，新法律现实主义更加注重裁判理由从规范性向描述性的转向，认为裁判理由主要应该描述事实、规则的投入与判决的产出之间的因果关系。

　　第三，中立与科学的理论研究。新法律现实主义继承了传统法律现实主义运动的批判性，致力于破除"发展了的法律形式主义"，强调不是所有的非法律因素都能被规则化。新法律现实主义一方面继续批判法律的不足，另一方面也开始注重对与法律相关的社会变革进行调查，要求充分运用社会学工具，从基层与事实着手对法与社会的运作进行充足了解。新法律现实主义不迷信法律确定性神话，但也反对极端的法律怀疑论，试图在两者之间做出调停。他们声称，"新法律现实主义会批判地考察法律缺陷，但也不忽视法律已为社会发展预留的空间。"[4] 规则和逻辑能够对司法裁判构成某种约束，大多数情况下，裁判是可预测的。在法与社会之间应该构

---

〔1〕 法律模型、政治模型、战略模型、当事人驱动模型。

〔2〕 See Frank B. Cross, "Decision‐making in the U. S. Circuit Courts of Appeals", *Cal. L. Rev*, Vol. 91, 2003, p.1457.

〔3〕 See Thomas Miles, Cass Sunstein, "The New Legal Realism", *U. Chi. L. Rev*, Vol. 75, 2008, p.831.

〔4〕 Howard Erlanger, etc., "Is It Time for a New Legal Realism?", *Wis. L. Rev*, 2, 2005, p.335.

建一架切实的桥梁，通过跨学科研究来建立一种对法律的社会学解释，以客观、中立的立场平衡两者的关系。此外，新法律现实主义认为传统法律现实主义的研究起点与政治目标直接相连，中立性与科学性不足，事实上"'事实'本身会发表政治言论，并显示其政治立场"。[1] 司法实践应在中立性基础上重新思考司法裁判与政策交涉的方式。

第四，跨学科的整合研究。传统法律现实主义主张将社会科学方法引入法学，而新法律现实主义则进一步发展了跨学科研究，将其上升到一个新层次。新法律现实主义在从事经验性研究时，关注法学与社会学、经济学、政治学甚至自然科学的互动交流，主张整合社会学、政治学、经济学等科学研究方法，接受一切被经验和实践检验和证明了的政策提案和立法目标，[2] 致力于建立一种将多元化方法加以整合的研究范式，建立一种跨学科的整体性方法。[3] 同时，新法律现实主义强调了社会学法学、批判法学、经济分析法学等研究成果在规则系统构建中的作用，[4] 新法律现实主义既承继了传统法律现实主义的基本主张，又积极接受了一系列新生理论的滋养。

第五，更加现实主义的司法态度。传统法律现实主义尽管承认"纸上规则"与"真实规则"的区别，但仍期望通过正式的司法体制改革推动法与社会的融合，期望通过法官的司法能动释放法律的

---

[1] See Maureen Cain, Janet Fitch, Towards a Rehabilitation of Data, *in Practice and Progress: British Sociology 1950-1980*, 1981, pp. 105, 115.

[2] 参见范愉："新法律现实主义的勃兴与当代中国法学反思"，载《中国法学》2006年第4期。

[3] 参见邓矜婷："新法律现实主义的最新发展与启示"，载《法学家》2014年第4期。

[4] 参见邓矜婷："新法律现实主义的最新发展与启示"，载《法学家》2014年第4期。

能量。一定程度上，法律现实主义一方面击破了法律确定性神话，但另一方面又将新的迷信寄托于司法系统的司法行为。比较而言，新法律现实主义更具有多元化倾向，对司法的态度更加现实主义。它虽然承认法律在社会治理中的作用，但同时认为法律仅起到一种边缘性作用而不是绝对性作用，真正起作用的是社会的自生规则。[1] 因此，新法律现实主义主张发展多元化纠纷解决机制，以应对社会多元化带来的司法危机。

从法律现实主义运动到社会法学、经济分析法学，再到新法律现实主义，美国的实用主义哲学这条主线一直贯穿始终。在法律现实主义运动中，现实主义的观点陈述稍显混杂无序，经过后来的继承者甚或是批评者的梳理，其观念日渐清晰，新法律现实主义使得这些观念得到了更为严格的表达。传统的法律现实主义解构色彩浓厚，它卸载了法律制度的神圣面纱，把法律行为拉进法律研究视野。[2] 但法律在现实世界如何具体操作，它却仅提供了"一个思想的大体方向"。新法律现实主义称自己为"建设性的现实主义"，致力于建构性理论研究，以弥补法律现实主义的缺憾。如果说霍姆斯、卢埃林、弗兰克等人是现实主义思潮的智识先行者，是发现问题、提出问题的人，那么后继者们则是致力于解决问题的人，他们使现实主义观念逐步走向规范与严谨。整体而言，现实主义的故事是一个在变化过程中发生的稳定性故事，法律现实主义思想在学者们的一再追问中不断流变并得以相传，理论含量日趋丰富，观点主

---

〔1〕 参见范愉："新法律现实主义的勃兴与当代中国法学反思"，载《中国法学》2006 年第 4 期。

〔2〕 See Wouter de Been, *Legal Realism Regained: Saving Realism from Critical Acclaim*, California: Stanford University Press, 2008, p. 3. 转引自段海风："新旧现实主义法学的内在价值及借鉴意义辨识"，载《社会科学家》2018 年第 8 期。

张日趋普及。[1] 道森在美国《法学杂志》上评论说，"由于现实主义法学的理论被人们所理解和接受，现实主义法学融入到了所有法学领域之中，无处不在。"时至今日，"从某种意义上来说我们都是法律现实主义者了。"[2]

---

[1] 需要注意的是，有学者认为新法律现实主义与传统法律现实主义并无关联。参见 Brian Leiter, "Legal Realisms, Old and New", *U. L. Rev*, Vol. 47, 2012-2013, p. 949. 但新法律现实主义者认为其理论与现实主义有着密切的源流关系，学界也普遍认为，新法律现实主义是在继承了传统法律现实主义衣钵基础上向前推进的。

[2] 参见付池斌：《现实主义法学》，法律出版社 2005 年版，第 200 页。

第二章
法律现实主义的怀疑进路：
从规则到事实

　　打破形式主义的思维壁垒是法律现实主义的核心目标，法律现实主义反形式主义是全方位的。形式主义认为法律是自足、封闭的逻辑体系，全面而完整，强调自主性；现实主义则认为法律更像一个骨架，远不全面和完整，需要在成长和变革中不断充实与完善，强调开放性。形式主义根据民主立法原则，认为法官只负责发现和宣布法律；现实主义则认为法官会经常性地或公然或隐晦地创设着法律。形式主义认为现行的实际有效的法主要是"书本上的法"；现实主义则认为除了"书本上的法"，还有"行动中的法"。形式主义认为法律是高度一般性、权威性的；现实主义则强调具体情境对法的影响。形式主义认为法律思维的首要关注点是法律规则，是法条导向的；现实主义则认为法律的目的是法律的灵魂，法律思维是结果导向的。形式主义认为法律是一个纯粹的自我定义的规则系统，可以与政治、道德等显著分开；现实主义则认为规则的内涵来源并不在规则本身，必须通过规则的外部语境来理解规则的恰当涵义。在法律现实主义的反叛中，法律形式主义筑起的"自足与确定"的城堡被击破，人们开始意识到法律"既没有那么确定又没有那么明晰"。本章侧重论述法律现实主义对法律形式主义的批判。

一、规则怀疑论

规则怀疑论（Rule Skepticism）是法律现实主义的理论切入点，是现实主义思想的核心。规则怀疑论的代表人物是卢埃林，卢埃林的规则观主要体现在他的专著《荆棘丛》中。弗兰克在《法与现代精神》等文献里也提出了自己的规则观。作为法律现实主义的核心观点，其他法律现实主义者对规则怀疑论也多有论述。规则怀疑论究竟怀疑什么呢？形式主义分为概念形式主义与规则形式主义。概念形式主义是指法律有着固有的内容，而且法律的各要素之间存在着逻辑上的内在联系，各要素的协调一致构筑了固有的法律体系。规则形式主义是指司法可以从法律体系中推导出每一个案件的唯一正确答案。[1] 与此对应，规则怀疑论怀疑规则的两个方面：一是规则的充分性，二是规则的确定性，其中对规则确定性的怀疑是现实主义的核心论断。

（一）规则是自足的吗？

对规则自足完满的怀疑并不是法律现实主义的首创，对法律不充分性的认识在法律思想史上早已出现，只是远没有现实主义来得这么集中、猛烈。柏拉图曾阐述过他不重视法律的理由："人之个性的差异、认知活动的多样性、人类事物无休止的变化，使得人们无论拥有什么技术都无法制定出在任何时候都可以绝对适用于各种问题的规则。"[2] 社会法学派的代表人物庞德把法律分为"书本上

---

〔1〕　See Brian Z. Tamanaha, *Law as a Means to an End: Threat to the Rule of Law*, Cambridge University Press, 2006, p. 48.

〔2〕　Plato, *The Statesman*, transl. J. B. Skemp, New York, 1957, 294b. 转引自 ［美］E. 博登海默：《法理学：法律哲学与法律方法》，邓正来译，中国政法大学出版社 1999 年版，第 9 页。

的法"（Law in Books）与"行动中的法"（Law in Action）两类，指出两者在实践中常常相背离。"如果仔细观察，我们就会发现书本上的法与行动中的法的不同，也会发现法学理论与法律实践的不同，而且是深刻的不同。"〔1〕庞德认为书本上的法过于僵化教条，无法适应变迁社会的需求，行动中的法常常与书本上的法发生冲突，司法要回应这种冲突，在两者之间实现平衡，促进统一。"书本上的法"和"行动中的法"的区分，从事实上解构了形式主义的核心主张——法律是自足完满的静态封闭体系。

法律现实主义在怀疑的道路上走得更远，他们从根本上否定了规则中心主义。卢埃林认为，"对于多数思想家来说，规则是法律的核心，在连贯有序的体系内编制规则是法律学者的事务，而依据规则的主张是从一个规则中找出一种适合于处理手头案件的简单方法——这属于法官和律师的事务。"但是，所有这些都是误解，法律规则在描述法院的实际行为方面的作用是非常有限的。〔2〕在传统意义上，法律规则就是权威，法官确实是依据规则而行为，法官也将会依据规则而行为，但是，这种表达和预测常常是不真实的。〔3〕弗兰克认为规则并不是法官裁决的基础，司法裁决往往是由直觉、偏见等因素决定的。法律规则在预测某个特定法官在某个特定案件中所作判决时几乎不能提供什么帮助，无意识的个人特性会使书本上的规则变得无甚效力可言。〔4〕在判决作出之前，没有

---

〔1〕 Roscoe Pound, "Law in Books and Law in Action", *Am. L. Rev*, vol. 44, 1910, p. 15.

〔2〕 参见［美］卢埃林：《荆棘丛》，明辉译，北京大学出版社 2017 年版，第 6 页。

〔3〕 See Karl Llewellyn, "A Realistic Jurisprudence：The Next Step", *Columbia Law Review*, Vol. 30. No. 4, 1930, p. 453.

〔4〕 参见［美］E. 博登海默：《法理学：法律哲学与法律方法》，邓正来译，中国政法大学出版社 1999 年版，第 153~155 页。

人会真正知道该案件适用的法律是什么，裁判结论是什么。

　　法律现实主义认为导致规则不充分的原因有两方面。一方面，法律自身关照能力不足，无法周延纷繁芜杂的现实生活，无法预测变迁社会的未来事实，规则永远是不完满的。弗兰克说，"法永远是含混的、不确定的，因为法要面对的是人类关系的各种复杂面，摆在它面前的是纷至沓来、变化莫测的现实，在我们这个瞬息万变的时代，情况更是如此。相对静止的传统社会未能创造出事先能预料一切、永恒不移的规则，现代社会就更不可能了。"〔1〕时代的变迁需要法律的成长，但是规则的成长总是滞后的。梅因说，"社会的需要和社会的意见常常是或多或少地走在法律的前面，我们可能非常接近地达到它们之间的缺口的结合处，但永远存在的趋向是把这缺口打开来。"〔2〕马车时代制定的法律根本不能适应汽车时代的社会需求，社会变革、社会发展使得可以制定出解决一切问题的冷冻式规则的希望成为泡影。〔3〕因为意识到了规则相对于复杂社会的僵化，变动社会的滞后，法律现实主义主张以一种"开放""动态"的态度对待规则体系，以适应社会与时代的需求。另一方面，法律语言具有模糊性，无法清晰完整地表达也无法准确地理解法律的意图。弗兰克在《法与现代精神》里借用了格林的论述，"没有什么比意识到语言的模糊性更有利于法律发展了，在语言模糊性的消解方面，没有什么学科比法学更艰难。"〔4〕语言具有"核心明确，边缘模糊"的特点，"夜间行窃比白天行窃惩罚严厉"，这一貌似清晰的规则，由于白天、黑夜之间难以觉察的过渡，在"空缺

〔1〕 Jerome Frank, *Law and the Modern Mind* 1930, New York: Tudor Publishing Company, 1936, p. 6.

〔2〕 [英]梅因：《古代法》，沈景一译，商务印书馆1984年版，第15页。

〔3〕 参见沈宗灵：《现代西方法理学》，北京大学出版社1992年版，第254页。

〔4〕 Jerome Frank, *Law and the Modern Mind* 1930, New York: Tudor Publishing Company, 1936, p. 58.

结构"处就变得难以确定。而且法律规则惯常使用没有确定指向的抽象词语来表达确有所指的意义，也容易造成规则的不自洽。美国宪法的"平等"一词从"隔离而平等"的解读到"隔离即不平等"的阐释即是例证。卢埃林考察规则的观念史得出结论：随着规则观念的发展，规则与社会现实、法律实践的距离不是越来越近，而是渐行渐远，以规则为中心的思考，其运行结果可能与现实社会完全脱节。[1]

（二）规则能够获得唯一正确的结论吗？

法律现实主义认为形式主义思维存在着方向性错误，从规则出发不能得出唯一正确的裁判结论，裁判的决定性因素不是规则。霍姆斯认为，试图构建完美法律体系的努力，试图通过逻辑来获得唯一正解的尝试往往是徒劳。在霍姆斯开启了法律确定性怀疑的大门之后，卢埃林提出了"纸上规则（Paper Rule）"与"真实规则（Real Rule）"的概念，这种区分与庞德的"书本上的法"和"行动中的法"的区分异曲同工，但整体上，两者的解构对象是不同的，庞德解构的是规则的自足与完满，卢埃林解构的是规则决定裁判结论。卢埃林认为，从理想的角度讲，与生活较为接近的"纸上规则"——法院判决意见中所阐明的正式法律规则，给人们提供了行为指引，提供了法官将如何行为的预期。但是，纸上规则对案件的裁判无法提供充分的指引，也无法实施足够的限制，纸上规则并不能决定案件，纸上规则并不能带来唯一正确的裁判结论。[2]"程式化风格"下裁判确定性的实现具有明显的障碍：在许多案件那里，规则是可争议的，选择何种规则是裁判的关键，而这一关键因

---

[1] See Karl Llewellyn, "A Realistic Jurisprudence: The Next Step", *Columbia Law Review*, Vol. 30. No. 4, 1930, pp. 431~465.

[2] 参见［美］卡尔·N. 卢埃林：《普通法传统》，陈绪刚、史大晓、仝宗锦译，中国政法大学出版社2002年版，第24~25，226~232页。

素掌握在法官手里。法官的理性与人格并不统一，将确定性期望寄托于并不确定的理性与人格之上，就像在松软的沙滩上建造高楼，必将难以实现。卢埃林相信，在纸上规则的背后，在实际的司法活动中能够发现某些统一的或规范性的"真实规则"，这种"真实规则"可能是更为可靠的预测工具，可能使对案件裁判的预测具有可操作性。弗兰克则通过大量案例证明，法院依据同样的事实和规则却得出了不同的裁判结论，他的攻击目标和卢埃林一样，即否定法律规则与裁判结果的决定性关系。弗兰克认为，"法律确定性"是一个现代法律神话，是儿童的"恋父情结"，对法律确定性的追求是在追求一种超过实际可能性的东西，从"法律确定性"的幻想中解脱出来是法律现实主义的第一步。

那么，以追求确定性为己任的"纸上规则"在司法实践中是如何走向了不确定呢？法律现实主义认为是通过法律解释。"规则是形式而非实质，为了使法律规则这个一般性命题具有意义，具体的例证……是必不可少的。"[1] 在司法实践中探寻规则意义的法律解释不可或缺，"真实规则"的形成来源于法官的法律解释，而法律解释能够实现对规则的"重塑"甚至是"改造"，从而导致了"纸上规则"与"真实规则"的张力。正是这一法律解释过程使规则走向了不确定。在判例法中，"先例的学说是双头的，是两面的，可以同时适用于同一先例，但彼此又相互矛盾。一种学说是为了去除那些被认为会造成麻烦的先例，另一种学说则是为了利用那些看似有益的先例。"[2] 先例可以被"严格"解释，可以将先例规则限定于狭窄的特定事实，从而排除规则与目标案件的涵摄关系；先例也可以被"模糊"解释，可以将先例中的特定的事实普遍化，将先例规则在目标案件中予以援引。任何一种解释都有其合理性。制

---

〔1〕 ［美］卢埃林：《荆棘丛》，明辉译，北京大学出版社 2017 年版，第 4 页。

〔2〕 ［美］卢埃林：《荆棘丛》，明辉译，北京大学出版社 2017 年版，第 75 页。

定法的情况亦是如此，制定法具有高度的抽象性和概括性，亦提供了解释的广阔空间，可以严格解释，也可以自由解释。[1] 不论判例法还是制定法，因为解释方法的多元性，貌似确定的法律通过司法实践走向了不确定。

关于制定法解释的复杂性，格雷的观点具有代表性。他说，一般认为法律解释的功能是要发现立法原意，立法原意是什么，实践中常常会产生疑问，但这还不是法官最困难的解释工作。解释困难通常发生在："当立法机关根本就没有某方面的意思时；当所提出的问题，有关制定法根本就没有涉及时；当法官所必须做的事情，不是去决定立法机关对于呈现其头脑中的某一问题的真实意图，而是在该问题还没有提出来时，去猜测假如该问题呈现在立法机关的头脑中时，立法机关将会有什么意图。"[2] 制定法是用高度概括的语言来表达的，法官必须决定立法语言所涵盖的适当范围，而在语言所涵盖的范围这一问题上，不能严格按照几何学的方式来对待，事实上"司法立法"即"法官造法"是不可避免的。依靠某种解释技巧，法律可以被赋予不同的理解，通过法律解释，解释者变成了立法者。格雷由此提出了一个遭到许多人反对的命题："有时据说，法律是由两部分构成的——立法机关制定的法律和法官创制的法律，但是实际上，所有的法律都是属于法官创制的法律，法官向僵化的制定法条文注入了生命。"[3]

弗兰克的观点倾向于格雷命题。他主张在"法官对制定法的解释"与"音乐表演者对音乐作品的诠释"之间进行对比。音乐

---

〔1〕 参见［美］卢埃林：《荆棘丛》，明辉译，北京大学出版社 2017 年版，第 109~112 页。

〔2〕 ［美］杰罗姆·弗兰克：《初审法院——美国司法中的神话与现实》，赵承寿译，中国政法大学出版社 2007 年版，第 323 页。

〔3〕 ［美］杰罗姆·弗兰克：《初审法院——美国司法中的神话与现实》，赵承寿译，中国政法大学出版社 2007 年版，第 324 页。

"纯粹论者"主张音乐表演者要忠实于原作，应当致力于"本真解释"，只存在"某种唯一的解释其音乐的方法"，为了表现作曲家的"真实意图"，音乐作品需要按照它们被创作时的样子进行演奏。音乐作曲家科伦尼克认为这种写实主义通常是荒谬的。虽然浪漫学派根据个人的情绪即兴自由创作是有些过了头，但是为了尽可能地接近原作所付出的真诚努力也可能包含着大量错误。写实主义也不能完全避免音乐解释的多元化，当每个人都声称自己准确无误地表达了作曲家意志时，大家的表演效果却各不相同。手写的音符最多不过是最大限度地接近了作曲家的创作意图，即使有详细的文字性的演奏提示，也不可能不留给解释者一定的空间，最终的演奏效果会随着演奏者的音乐理解和解释技巧的变化而变化。"音乐只有在被演奏的时候才存在"，作曲家有充分的理由要求演奏者以一种不被歪曲的形式表达他所表达的信息，但同时他却不能完全控制演奏者，一旦把音乐交到演奏者手中，作曲家就成了被动的旁观者。[1]法律也是如此，立法机关不得不把制定法的解释权交给法官。

二、事实怀疑论

以弗兰克为代表的部分法律现实主义者提出了事实怀疑论（Fact Skepticism）。弗兰克批评了"规则怀疑论"的局限性，指出规则怀疑论局限于上诉法院，局限于人为的"规则→判决"二维法律空间，忽视了初审法院，忽视了事实认定。事实认定才是司法运作的中心，事实认定决定了规则适用，决定了案件裁判；初审法院才是司法体系的核心，决定着绝大部分案件的命运，不是所有案件都进入上诉法院，即使进入上诉法院，多数情况下上诉法院都会认可初审法院的事实认定。弗兰克对案件事实的确定性提出了质疑，认为案件事实是法官认为的事实，是建构性的主观事实；法官个性

---

〔1〕 参见〔美〕杰罗姆·弗兰克:《初审法院——美国司法中的神话与现实》，赵承寿译，中国政法大学出版社 2007 年版，第 325~331 页。

的存在决定了案件事实的不确定性。

（一）案件事实是客观事实吗？

1. 事实即猜测

作为裁判依据的案件事实是当事人之间过去实际发生的事实吗？弗兰克在《初审法院》中首先回答了这一问题：大部分显然不是，它最多不过是法庭认为发生的事实。法庭认为发生的事实无可避免是主观的，可能无可救药的是错误的。因为客观事实发生在法庭之外，发生在过去，法庭只能通过可能并不周全、并不准确的证据来建构案件事实。即使倾尽全力，法庭也不可能对已经发生的事实获得足够的认知。法官事实上扮演的是一个历史学家的角色，历史学家往往坦承自己的专业不是一门科学，而是一门猜测的艺术，受种种因素限制，关于过去的知识远远谈不上准确。弗兰克说，"案件事实仅仅是关于实际事实的猜测。"[1] 没有人能够保证案件事实与过去的真实事实一定相符，当事人对案件事实没有争议时，这个问题无足轻重，但当事人对于案件事实存有争议时，这个问题就是决定性的。但通常的情况是，案件事实往往具有争议，大部分案件都是争议性案件。

弗兰克认为，传统理论中的案件事实"真相大白原则"与现实不符。真相大白原则忽视了证据中的主观性与偶然性；忽视了证人的偏见和误讹，忽视了灭失了的证据。[2] 同时，真相大白原则也不切实际地高估了法庭甄别证据的能力，认为法庭可以发现证词等证据中的谎言与错误。事实上，法官在甄别争辩性案件的事实时会经常性地犯错。法官与历史学家一样，他们虽然总是试图去发现客

---

〔1〕 ［美］杰罗姆·弗兰克：《初审法院——美国司法中的神话与现实》，赵承寿译，中国政法大学出版社 2007 年版，第 17 页。

〔2〕 参见 ［美］杰罗姆·弗兰克：《初审法院——美国司法中的神话与现实》，赵承寿译，中国政法大学出版社 2007 年版，第 21 页。

观真相，但是却只能依赖缺乏可靠性保障的二手、三手、四手的证据，而证据所支撑的事实也仅仅是客观事实之网上的几个点，点与点的勾连还要依靠判断者通过合理的想象，通过"猜测的艺术"加以建构。因此，事实即判断，案件事实不是客观事实，是法庭认为它们是什么。人的判断可能会出错，没有人能够避免，也没有办法能够避免，在事实认定方面，法官无法做到万无一失。

2. 案件事实的主观性

证人证言的主观性。弗兰克说，证人不是感光板或光碟，即使证人绝对诚实，也会导致错误：①证人在事件发生时，可能对事件的观察就已经发生了错误，因为人类的观察是可错的、主观的，同一事件的两个观察者经常不能达成一致。②假定证人的观察没有错误，他也可能会错误地记忆了正确的观察，人类的记忆是有缺陷的。③证人在法庭上陈述他的记忆的阶段，错误可能再次出现，他可能会不经意地进行了错误陈述。[1] 上述假定的是一个诚实而不带偏见的证人，事实上，许多证人既不诚实又带偏见。证人可能会出于同情或义愤，而不自觉地成为某一方的证人。证人在陈述事实的时候，不经意间，他已经在陈述中掺杂进了他对事实的判断，这种判断同样可能是错误的。[2] 对于证人证言中的上述错误，法庭一定能够发现并给予纠正吗？显然不能，即使是"最好的测谎仪"也不能显示证人在观察之初就发生的错误，还有偏见所造成的错误。[3] 法庭在发现与矫正错误方面的能力是有限的。

法官证据采信的主观性。事实上法官也是一位特殊的"证人"，

---

〔1〕 参见［美］杰罗姆·弗兰克：《初审法院——美国司法中的神话与现实》，赵承寿译，中国政法大学出版社 2007 年版，第 19~20 页。

〔2〕 See Jerome Frank, *Law and the Modern Mind 1930*, New York: Tudor Publishing Company, 1936, p. 109.

〔3〕 参见［美］杰罗姆·弗兰克：《初审法院——美国司法中的神话与现实》，赵承寿译，中国政法大学出版社 2007 年版，第 22 页。

是整个庭审过程的见证人，他需要根据自己在法庭上获取的各种信息来判断事实，根据证人的言辞以及身体语言来决定什么是案件事实。法官与其他证人一样，他们所听到的、看到的、记住的，也会受制于同样的人类缺陷。法官对证据的反应也充满了主观色彩，法官在甄别争辩性案件的真实事实时可能犯错，争辩性案件的事实认定具有较大的偶然性，如果换另一组法官，案件事实可能会成为另一个样子。那么，上级法院能够发现并矫正初审法院在事实认定上的错误吗？一般情况下，上级法院都愿意接受法官在初审法院的事实认定而不是相反。上级法院一般只有证词的打印稿，无法处于现场解读行为举止这种"无言之语"的位置，而这些往往使得语言的含义与单纯的字面含义相反。[1] 在发现和矫正初审法院对事实认定的错误方面，上级法院几乎没有什么优势。

基于上述分析，弗兰克总结道，案件事实不是客观事实，也不是就在那里，等待法庭去发现的东西。案件事实是被法庭处理了的事实，是经过了两次反应过程而得出的结论，一是经过了证人的反应，二是经过了法官的反应。因此，认为案件事实是主观性的观点一点也不过分。弗兰克将法院如何运作的传统公式：R（Rule，法律规则）×F（Fact，事实）= D（Decision，判决）修改为：R（法律规则）×SF（Subjective Fact，主观事实）= D（判决）。[2] 修改后的公式强调了案件事实是主观事实，而不是过去实际发生的客观事实。许多时候，人们可能永远都不知道过去实际发生的事实是什么，法官永远不能确信法庭认定的事实是否最大限度地接近了客观事实。

---

〔1〕 参见［美］杰罗姆·弗兰克：《初审法院——美国司法中的神话与现实》，赵承寿译，中国政法大学出版社 2007 年版，第 23～25 页。

〔2〕 参见［美］杰罗姆·弗兰克：《初审法院——美国司法中的神话与现实》，赵承寿译，中国政法大学出版社 2007 年版，第 25 页。

（二）法官是人吗？

1. 法官不是天使

弗兰克在《初审法院》中提出一个问题——法官是人吗？为什么要讨论这一"不值得讨论"的常识问题呢？弗兰克说，因为在十九世纪以及二十世纪的早期，在美国的法律人中，这个问题基本上是一个禁区。人们似乎默认了一个事实，法官不存在人类特质。默认这一事实的人们多数是法律信仰者，他们或者是相信法官或多或少地具有超人类能力，或者是相信法官的人类特质对裁决案件不产生影响。但是，还有一些人是明显具有隐瞒性和欺骗性的，他们自己知道"法官是人"的真相，但希望向民众掩盖司法机关的人类特质。他们的态度类似于柏拉图式的"恰如其分的谎言"——官员为了"公共利益"，享有使用"恰如其分谎言"的"有用欺骗"特权。弗兰克坚决反对这种隐瞒与欺骗，"如果我们珍视民主制的话，我们就绝对不能容忍对公众这种'心怀鬼胎'的欺骗。"[1] 为了真正的民主，必须根除法官或多或少不属于人类的神话。

法官是人，具有人类特性，具有人类的优点和缺点。弗兰克指出，初民社会的神明裁判消弭了人们对人格或人性方面的不信任，现代社会，我们依然有着特殊的法律魔法——一些未经证实的信念，"我们用这些信念掩盖了因审判过程中无时不在的个人因素所导致的许多困难，而且我们还依靠这些信念创造了一种非人格化的虚幻表象。"[2] 但是，事实上，法官在事实认定的过程中存在着大量的心理因素，没有哪个法官仅仅只是一台自动售货机。不同法官之间缺乏心理上的一致性，这种差异可以在法官不同的社会、经

---

〔1〕 ［美］杰罗姆·弗兰克：《初审法院——美国司法中的神话与现实》，赵承寿译，中国政法大学出版社 2007 年版，第 157~158 页。

〔2〕 参见 ［美］杰罗姆·弗兰克：《初审法院——美国司法中的神话与现实》，赵承寿译，中国政法大学出版社 2007 年版，第 363 页。

济、政治背景中找到。司法过程渗透了太多非理性因素，法官在事实认定方面的才能也不可能整齐划一。法官独特的、高度个人化的个体因素在审判过程中实实在在地发挥着作用，它的影响极其微妙，难以把握，许多因素除了法官之外无人知晓，甚至连法官也经常不得而知。[1] 无论法官多么善意，"除了一些重要的情绪之外，还有一些莫名其妙的本能，让我们倾向于对某件事比对另一件事更为偏爱，而且在没有得到理性许可的情况下，让我们在两个相同的客体或是同等的模糊之间做出选择，所有这些都会悄无声息、蹑手蹑脚地潜入其判决中，并且提示他给出或不给出某个理由，从而让天平发生倾斜。"[2] 判决的偶然性很难得到有效控制，理性之路总是伴随着谬误与真理。

2. 法官个性对事实认定的影响

案件事实是法官依据法庭证据构建的一种主观事实。案件事实要经过法官个性这个过滤器，法官的个性会潜藏在他对案件事实的判断与推论中。法官个性是一堆错综复杂的东西，包括了法官的性格、偏见和习惯等。这些个性是由他的家庭、教育、经历、爱好等诸多因素相互作用、相互碰撞的产物。[3] 个性往往与偏见相联系，法官对某人某物的喜好往往会决定或改变他在政治、经济或道德方面的偏见，决定他对法庭上不同的证人、律师和当事人的同情或反感。法官对案件事实的认定会受到这种潜在的、无意识的偏见的影响，虽然法官潜在的偏见可能在合议中相互矫正甚至相互抵消，但这只是或然性，必然性是不论法官如何谨小慎微，如何下决心保持

〔1〕 参见［美］杰罗姆·弗兰克：《初审法院——美国司法中的神话与现实》，赵承寿译，中国政法大学出版社2007年版，第162页。

〔2〕 ［美］杰罗姆·弗兰克：《初审法院——美国司法中的神话与现实》，赵承寿译，中国政法大学出版社2007年版，第176页。

〔3〕 参见［美］杰罗姆·弗兰克：《初审法院——美国司法中的神话与现实》，赵承寿译，中国政法大学出版社2007年版，第164页。

严格中立，他都不可能逃脱偏见的困扰。这是一种无意识的强制，没有什么措施可以预防。[1] 除了个性外，法官的生理、情绪也可能对案件事实的认定产生影响。弗兰克说，"除非是开玩笑，没有人想到过要根据法官的消化不良来解释所有或者绝大多数判决。然而，法官的生理或者情绪状态有时会对案件审理有显著的影响。"[2] 比如急性消化不良或严重失眠可能会使证人对看到的或听到的内容产生严重误解，而法官作为证人的证人，这样的事情会同样发生。

法官实际上是通过预感而不是通过推理来判案的，来自案件的各种刺激制造了法官的预感，法律推理只出现在判决理由中。制造法官预感的刺激除了法律规则外，还包括法官的个性等非法律因素。因此弗兰克提出了"司法判决是法官对围绕案件的各种刺激所作出的反应"这一命题，把传统的司法公式 R×F = D 修改为 S（stimulus，刺激性因素）×P（personality，个性）= D。为了增强可预测性，他又提出另一公式：R×SF（subjective fact，主观事实）= D。弗兰克总结道，在司法过程中，以法官个性为主的非法律、非理性因素起着重要的作用，法官的个性往往决定了法官在某些弹性空间或选择性空间的认识与判断。司法中的非法律、非理性因素并没有引起多数学者的严肃思考，甚至许多学者对提出这一问题的人诉诸蔑视与嘲弄。但是，事实上无论法官多么善意，多么渴望公正，由他的性格、偏见、习惯构成的个性甚至日常的情绪都会在没有得到理性允许的情况下潜入判决中。当案件的证据存在冲突时，法官不可避免的要根据自己的判断在矛盾证据中作出选择，对案件

---

〔1〕　参见［美］杰罗姆·弗兰克：《初审法院——美国司法中的神话与现实》，赵承寿译，中国政法大学出版社 2007 年版，第 166~168 页。

〔2〕　［美］杰罗姆·弗兰克：《初审法院——美国司法中的神话与现实》，赵承寿译，中国政法大学出版社 2007 年版，第 174 页。

事实进行建构。[1] 法官个性在事实认定中的作用是必然存在的，无论多么严格的自由裁量权限制规则，也无法真正控制它。

（三）案件事实是确定的吗？

案件事实的认定会因审理案件的法官的个性差异而不同。案件事实是法官所认定的事实，尽管法官有义务尽力去知道客观事实，但事实是法官永远无法确认实际上发生了什么。法官所认定的事实是基于证据，是基于在证人作证时听到了、看到了什么，而这些内容对不同法官而言是各不相同的。面对当事人、律师以及证人，法官往往都有自己的偏见，面对当事人、律师以及证人的身份、外貌、仪态，不同的法官感知不同，对他们的描述作出的判断也大相径庭。弗兰克认为在案件事实的认定过程中，在"关于实际事实的猜测"过程中，没有任何规则可以指导法官，在"客观事实→证据→案件事实"这一过程中，司法探求无法保证一直正确的或者确定的进行下去，法官在事实认定方面的个性、才能及其认定的结果也绝不可能是整齐划一的。

裁判具有不确定性，不仅是因为法律规则的不确定，而且还因为案件事实的不确定。即使我们假定法律规则在司法适用中能够实现统一，但是在争辩性案件中，面对案件事实这一要素，这种统一性也会消失。因为法律规则是描述事实的条件语句——假如存在这种事实，就会产生那种后果。即使法律规则是正确、明晰、一致的，但是由于判决所依赖的案件事实扑朔迷离，在争辩性案件中（应该包括绝大多数诉讼案件），要预测将来的判决也是不可能的。将"正确的"规则适用于错误的案件事实导致的不正义与将一条错误的规则适用于正确的案件事实所导致的不正义是一样的。或者可以说，如果规则被适用于错误的案件事实，那么就没有案件的正确

---

〔1〕 参见［美］杰罗姆·弗兰克：《初审法院——美国司法中的神话与现实》，赵承寿译，中国政法大学出版社 2007 年版，第 174~176 页。

规则之说。

三、现代法律神话

（一）不确定的裁判为什么冠之以"确定性"？

在事实认定方面，弗兰克把法官比作历史学家，认为他们都是在使用"猜测的艺术"。但是，弗兰克也指出了两者的巨大不同——与历史学家承认其专业的猜测性与主观性的坦诚相反，"法律职业阶层对这种坦诚的抵制，顽固到了令人惊讶的程度，他们不愿承认事实认定中的偶然性与不确定性。"[1] 类似的，在法律适用方面，弗兰克在把立法者与作曲家，法官与演奏者作对比时，也强调了法官与演奏者的区别——音乐演奏者在演奏音乐作品时，会努力地使音乐作品听起来就像是他自己在创作一样，但是法院却相反，"法院一直试图掩盖他们的创造力，试图使他们的行为显得好像不存在司法造法成分一样。"[2] 人们也似乎都愿意相信法律的确定性。

为什么不确定的裁判却被冠之以"确定性"？现实主义认为这是法律形式主义编织和维护的法律神话。偶然性与不确定性容易引起人类的恐惧，就像原始初民用神明裁判来战胜这种恐惧一样，现代人也不自觉地采用了现代法律神话——判决是由法律规则演绎推理而来，大多数法律规则是刚性并且是明确的，法官也是明智理性的，判决能够被预测，法律的适用是确定性的——来战胜这种恐惧。这种现代法律神话的根本目的，是为了呈现法律的可预测性，掩盖法官的造法行为，避免人们惊慌失措、陷入无序，这种现代法律神话是属于所有人都愿意相信的"高贵的谎言"。在法治社会，法官隐蔽的行使自由裁量权被认为是合理本能；普通公众也乐意相

---

〔1〕 参见［美］杰罗姆·弗兰克：《初审法院——美国司法中的神话与现实》，赵承寿译，中国政法大学出版社 2007 年版，第 42 页。

〔2〕 参见［美］杰罗姆·弗兰克：《初审法院——美国司法中的神话与现实》，赵承寿译，中国政法大学出版社 2007 年版，第 336 页。

信裁判是依"法"作出的，具有确定性。因此纸上规则充当了将裁判结果"合法化"的手段，满足了人们对法律神话的信仰。[1] 如果揭下纸上规则的面纱，将使得法官造法变得太过明显，似乎没有人乐于看到这一点。

弗兰克从心理学、生物学研究出发得出一个基本结论：产生法律确定性神话的心理状态是儿童的"恋父情结"。"在儿童的心目中，父亲象征着安全、万能与正确，长大成人后，对父亲般权威的需求不会泯灭，人们希望并相信能够制定出完满的、确定的规则以摆脱现实社会的不确定性和混乱。"[2] 在这种观念下，法律是一套完整的规则体系，立法机关是唯一可以制定与改变它的机关，司法机关仅仅是适用规则，不能改变和制定规则，法官仅仅是法律的"传谕者"。弗兰克指出，大多数人都信奉这种神话，包括普通人和法律人，只有霍姆斯等少数成熟法学家摆脱了对确定性的幻想。弗兰克说，消灭对法律的父亲般万能的崇拜，从"法律确定性"的幻想中解放出来是法律现实主义的第一步。

法律现实主义者图尔曼·阿诺德与弗兰克持类似的观点。他比较了现代人对于法官、普通官员、仲裁者这三种不同裁判者的不同态度，得出一个结论：虽然同样是处理纠纷的裁判者，但人们对这三种裁判者的态度不同，在三者之中，法官独享尊崇。在人们眼里，法官的决定往往是正确的，即使有错误，也会被认为是由客观原因导致的，是值得原谅的。阿诺德认为，之所以会出现这种情况，是因为法律形式主义建构了神秘化的"实体法"，法院是唯一代言人，法官的行为也就被神化了。阿诺德进一步论述道，实体与

---

〔1〕 See Jerome Frank , *Law and the Modern Mind 1930*, New York：Tudor Publishing Company, 1936, pp. 11~36.

〔2〕 Jerome Frank, *Law and the Modern Mind 1930*, New York：Tudor Publishing Company, 1936, p. 15.

程序的区别仅仅是一种想象，法律形式主义以"法律科学"之名包装了"实体法"，是为了迎合现代人类对确定性的崇尚，对法治的追求。[1] 实体法形式上复杂，实质上简约，它的复杂成就了法院威望，使外人不得妄评，它的简约又使它只能作为"剧本"而发挥作用，仅仅为法官提供富有说服力的裁判依据。[2] 司法裁判在一定程度上发挥了教化作用，它向人们呈现了一种可信赖的图景，以使人们相信，法律指引我们的行为，依法行事可免于纠纷，如果产生纠纷，法律对纠纷的处理具有确定性。

（二）确定性是必要的吗？

法律现实主义看到了法律的不确定性，但现实主义者们对待这种"不确定性"的态度并不完全相同。霍姆斯的态度非常稳健与审慎，他认为法律体系的确定性与稳定性对法治极具价值，先例还是具有相当约束力的，法律冲突、法律漏洞、法律不正义等情形在司法实践中属于偶发现象，即使在这些特殊案件中，法律续造也必须谨慎，以免破坏社会对法律的合理预期。卢埃林走的是第三条道路，提出了裁判的可估量性理论（另一种形式的确定性）。在否定了"纸上规则"的确定性后，致力于寻求"真实规则"的可估量性；在否定了"程式化风格"裁判的确定性后，致力于论证"宏大风格"裁判的可估量性，并提出了有利于实现裁判可估量性的十四种因素。在卢埃林那里，可估量性是必须、必要也是可能的。科恩（Felix Cohen）[3] 也持类似观点。他指出，尽管在现实的法律中间存在着大量的不确定性因素，但现实经验显示，在法院的活动中存在着一个巨大的关于可预测的统一性整体，在某种程度上合理

---

〔1〕　See Thurman Arnold, "The Role of Substantive Law and Procedure in the Legal Process", *Harvard Law Review*, Vol. 45, 1932, pp. 624~645.

〔2〕　See Thurman Arnold, "The Role of Substantive Law and Procedure in the Legal Process", *Harvard Law Review*, Vol. 45, 1932, pp. 631~647.

〔3〕　科恩（Felix Cohen）是重要的"规则怀疑论者"之一。

的预测判决是可能的。他进一步指出，这种预测不是一个纯逻辑学的问题，而是一个关于心理学、经济学和政治学的问题。整体而言，大多数现实主义者都持有卢埃林式的观点，强调判决背后的社会动力，认为法的确定性并不是逻辑演绎带来的，而是社会力量相互冲撞达致的，是法律与社会相互作用下的合乎情理的恒常性（Regularity）。

弗兰克等少数法律现实主义者则持另一种观点，认为提高法律确定性的期望在多数情况下是徒劳的，也是不必要的。弗兰克认为，再详尽的演奏提示也会给演奏者留下很大的发挥空间，再精细的规则也会给法官裁判留下自由裁量的余地。法律的不确定性不是什么不幸的事情，它事实上具有相当的价值，因为某些灵活和变通是司法必需的，也是社会必需的。[1] 在"由法官对制定法所作的解释"与"由音乐表演者对音乐作品所作的诠释"做对比时，弗兰克借科伦尼克之言表达说，作曲家应当欣赏而不是害怕他所希望表达的含义能够接受社会生活的筛滤。解释并不必然瓦解作品，而是赐予了作品一种难能可贵的、必不可少的活力。明智的作曲家期待着表演者能够带着一种超越纸面含义的洞察力来阅读其乐谱，而不是指责表演者的创作活动。[2] 可以看出，关于法律的确定性问题，法律现实主义的两位核心人物存在着明显分歧。卢埃林认为弗兰克在反形式主义的道路上走得太远，弗兰克则认为卢埃林过于乐观，认为自己对法律确定性的态度并无过分。因为对这一问题的不同立场，卢埃林一般被认为是温和的现实主义者，而弗兰克则是激进法律现实主义的代表。

---

〔1〕 See Jerome Frank, *Law and the Modern Mind 1930*, New York：Tudor Publishing Company, 1936.

〔2〕 参见［美］杰罗姆·弗兰克：《初审法院——美国司法中的神话与现实》，赵承寿译，中国政法大学出版社 2007 年版，第 331 页。

第三章
法律现实主义的范式架构：
工具、实用与实效

　　法律现实主义者在解构法律形式主义的同时，尤其在完成解构任务后，亦着手替代性理论的建构。法律现实主义的解构与建构是其理论发展的两个阶段，"破"与"立"两阶段是密切相关的，既有共时性又有历时性，彼此互动。整体而言，法律现实主义的理论建构以实用主义哲学为核心智库。实用主义的基本纲领是："行动优于教条，经验优于僵化""不去看最先的东西，而去看最后的东西""真理决定于实际效用，真理常随时代、环境变迁而改变"。波斯纳对实用主义做了归纳：实用主义的"公分母"就是"一种努力以思想为武器、使更有成效的活动成为可能、并以未来为导向的工具主义。"[1] 法律现实主义是实用主义哲学在法学领域的延伸，视法律为实用的工具，认为实践中运行的法才是真实的法，主张关注法律适用对社会生活带来的实际影响，法律现实主义勾勒了现实主义裁判范式的大体架构。

---

　　[1] 参见［美］理查德·A. 波斯纳：《超越法律》，苏力译，中国政法大学出版社2001 年版，第 453 页。

一、法律的工具性

任何变革都是对现有制度或理念的矫治，任何矫治都不可能从头开始重建全新。法律现实主义是对历史法学和分析功利主义的一种综合（both-and）理论，法律现实主义既强调历史法学的描述力又强调分析功利主义的规范力，认为法律既由过去的实践所引导，又以实用主义精神去期待未来。[1] 法律是建基在习俗之上的，代表着历史智慧，同时法律又是当权者的命令，当权者"既有权力也有义务去摆脱过去的死人之手，自觉地塑造法律，以实现当下以及未来的最大多数人的最大幸福。"[2] 霍姆斯认为历史法学与分析功利主义都发现并叙述了"法律规则是不完整的"这一命题，一个反映了法律的情境性，一个反映了法律的工具性。霍姆斯在对历史法学和分析功利主义进行剖析的基础上提出："法律的生命不是逻辑，而是经验。"[3] 卢埃林、弗兰克等现实主义者沿着这一进路走向了更远。

（一）情境性：法律是由实践构成的

法律形式主义是逻辑的，并不考虑具体的社会情境，试图摆脱习惯性的思考，建立一种纯粹的逻辑结构，从无可辩驳的前提中推导出正确结论，只有这样的结论才具有安定性。法律现实主义强调情境性，认为法律是镶嵌在习惯和社会实践情境中的，法律思维是情境化的，思维总是包含在实践中。[4] 法律规则不是"一般的"

---

〔1〕 参见［美］托马斯·格雷:《美国法的形式主义与实用主义》，［美］黄宗智、田雷选编，法律出版社2014年版，中文版序言第3页。

〔2〕 参见［美］托马斯·格雷:《美国法的形式主义与实用主义》，［美］黄宗智、田雷选编，法律出版社2014年版，中文版序言第3页。

〔3〕 ［美］小奥利弗·温德尔·霍姆斯著:《普通法》，冉昊、姚中秋译，中国政法大学出版社2006年版，第1页。

〔4〕 这里的实践是指感知和思考的习惯和模式，它们来自活动，并用以指导活动。参见［美］托马斯·格雷:《美国法的形式主义与实用主义》，［美］黄宗智、田雷选编，法律出版社2014年版，第103页。

"绝对的"，法律思维把过去、现在和未来连接在了一起，司法必须回应它植根其中的社会情境。

法律是基于情境的，它包含着一个民族在历史长河中的风雨历程，吸收着一个时代为人们感受到的社会需求、主流道德与政治倾向。没有人带着初心去思考，"只有一种思考状态可以作为你的出发点，那就是当你决定要出发时，你发现自己实际上已身处思考状态——在这个状态中，你已经承载了巨量的已形成的认知。"[1] 法律思考很大程度上是习惯性的、是无意识的，人类首先是习惯的动物而不是理性的动物。[2] 只有当习惯思考遭遇危机时，知识探索才会出现，人们才会自觉地运用智力以应对该情形。[3] 而知识的探索也是在既存知识体系内为解决当下困境进行的努力，也是从传承下来的信念出发的。法律现实主义强调了传承下来的信念的社会性——它们是一种文化，其传承与发展都发生在集体层面。

法律现实主义对"一般""绝对"深表怀疑，认为总是有额外的需求与利益存在。人们的需求与利益产生于具体现实，工具性的目标与手段关系也依赖于具体情境。霍姆斯提出了经典命题：一般性命题不能决定具体案件。[4] 无论一般性命题的形态怎样，都不能完全反映价值所赖以寓居的具体现实，真正的法律要回应主流道德、政治倾向，要审议公共政策，要关注"法律曾经是什么"，要考量"法律有可能变成什么"。[5] 如何实现传统与现实的结合？霍

---

〔1〕 Charles Sanders Peirce, "What Pragmatism Is" (1905), *Charles Papers of Charles Sanders Peirce*, Belknap Press, 1932.

〔2〕 See John Dewey, *Human Nature and Conduct: An Introduction to Social Psychology*, New York: Holt, 1922, p. 80.

〔3〕 参见〔美〕托马斯·格雷:《美国法的形式主义与实用主义》,〔美〕黄宗智、田雷选编, 法律出版社 2014 年版, 第 105 页。

〔4〕 See Lochner v. New York, 198U. S. 45, 76 (1905). (Holmes, S., 持不同意见)

〔5〕 See Oliver Wendell Holmes, "The Path of the Law", *Harvard Law Review*, Vol. 10, 1897, p. 457.

姆斯回答道"法律曾经是什么"是"法律有可能要变成什么"的构建资源,是一种文化前提,这种文化前提限定着我们想象的可能性,并且确定着我们不得不在其中思考。[1] 但与此同时,我们必须明白,探究历史的目的在于改革当下,与过去保持连续并不是绝对的命令。法律作为实现目标的工具,其核心在于满足人们当下的以及未来的需求,人们不应当盲从任何一项规则,当下的人们有权在可能的范围内进行自治,在社会利益考量下参与规则的"审议与修正"。[2] 庞德也反复强调,法律不可能是静止不变的,[3] 变化中的社会现实是决定如何行动的首要考量因素。卢埃林则明确提出,"解决问题的方法或规则来自于……有意义的情境类型。"[4] 概言之,现实主义认为法律是由过去的、现在的社会实践构成的,在本质上,它是一套事实体系,而不是规则体系。

(二) 工具性:法律是实现目标的工具

实用主义认为"只有人的目的才是哲学的中心""一切意义都以目的为依据""概念、理论、制度都是达到目标的工具。"[5] 法律现实主义认为法律是一种且仅仅是一种实现目标的工具。法律的工具性并不是法律现实主义的首创,传统工具主义者也持类似观点。霍姆斯说,根据法律的效果和结果判断法律,不必等待詹姆斯,在边沁和奥斯丁的身后,英国的分析实证主义者就已经让法律

---

〔1〕 See Oliver Wendell Holmes, "Law in Science and Science in Law", *Harvard Law Review*, Vol. 12, 1889.

〔2〕 See Oliver Wendell Holmes, "Law in Science and Science in Law", *Harvard Law Review*, Vol. 12, 1889.

〔3〕 See Roscoe Pound, *Interpretations of Legal History*, Gale, Making of Modern Law, 2010, p. 1.

〔4〕 Karl Llewellyn, *Jurisprudence*: *Realism in Theory and Practice*, Chicago: University of Chicago Press, 1962, p. 222.

〔5〕 参见 [美] 皮尔斯:《皮尔斯文选》,涂纪亮、周兆平译,社会科学文献出版社 2006 年版,第 60~62 页。

的工具主义进路声名鹊起了。[1] 法律现实主义者只是在相对恰当的时候相对集中地继受、宣传并发展了这一理论，使其产生了广泛的影响。欧丽梵在 1932 年曾总结道，"一个世纪以前，边沁把法律视作达到目标的手段而非最终结果……随着詹姆斯的实用主义和杜威的工具主义的出现，我们开始理解了边沁的思想。"[2] 耶林的《法律：作为实现目标的手段》一书 1913 年在美国被翻译出版，该书的译版序言将耶林与边沁相提并论，认为美国当前需要一个耶林，法律需要得到澄清——法律本身并不是目的，社会善益才是目的。

法律是实现社会目标的工具，是法律现实主义者的基本共识。霍姆斯重视概念体系在法律学习中的作用，但他认为这种作用仅是附属性的，法律目的才是根本性的。他说，"我期望着这样一个时代，在那里，用历史解释教条所起的作用很小，我们会把精力花费在研究所要达到的目的以及渴望这些目的的理由。"[3] 庞德也认为，现代法学最重要的推进也许就是从分析型态度转向功能型态度对待法律，强调法律是工具而不是目的，法律的生命寄于法律的实施中。[4] 杜威说，逻辑是不可或缺的却不是终极的，它是一种工

---

〔1〕 See Holmes-Laski Letters 20（M. Howe ed. 1953）（1916 年 9 月 15 日的信函）转引自〔美〕托马斯·格雷：《美国法的形式主义与实用主义》，〔美〕黄宗智、田雷选编，法律出版社 2014 年版，第 91 页。

〔2〕 Herman Oliphant，"The New Legal Education"，*The Nation*，Vol. 131，1930，p. 495.

〔3〕 Oliver Wendell Holmes，"The Path of the Law"，*Harvard Law Review*，Vol. 10，1897，p. 469.

〔4〕 See Roscoe Pound，"Administrative Application of Legal Standards"，*Proceedings American Bar Association*，1919，p. 441. Roscoe Pound，"The Scope and Purpose of Sociological Jurisprudence"，*Harvard Law Review*，Vol. 25，1912，pp. 489，514.

具而不是目的，它可以作为一种手段来阐明判决的探索过程。[1]
卢埃林说，把法律仅看作是一种工具是法学发展最富成效的思想趋
势，[2] 任何法律都应该从法律的目的和效果出发加以审视。[3] 弗
兰克强调，法律是由人并为了人而创造的，工具只有在解决问题时
才能实现价值。[4] 法律变化的根源在于："随着新问题的出现，旧
工具可能已经失去效用，为了解决新问题，需要对旧工具进行适当
调整。"[5] 库克认为，要对法律做出评价，首先要明确法律的目标
是什么，然后再去判断法律的适用是否达到了这一目标。[6] 概言
之，法律现实主义者大体追随了边沁、詹姆斯的功利、实用主义思
想，认为法律是人类设计出来的经世济用的工具，仅仅在工具的范
围内才有意义；法律的价值不在于形式而在于应用，法律应用要以
法律目的为导向；法院不是从事科学研究的部门而是解决社会纠纷
的机构，它的工作必须指向特定时代的社会目标。

法律所服务的目标——社会目的是什么？霍姆斯认为法律的目
标在于满足社会实际需求。他用"公共利益""社会力"等术语表
达了法律背后的社会需求，认为只有实质化的法律才是真正的
"活"法。卡多佐则把社会福利作为法律的目标，认为社会福利决

[1] See John Dewey, "Logical Method and Law", *Cornell Law Quarterly*, Vol. 10, 1924, p. 17.

[2] See Karl N. Llewellyn, "A Realistic Jurisprudence: The Next Step", *Colum. L. Rev*, Vol. 30, 1930, p. 432.

[3] See Karl N. Llewellyn, "Some Realism about Realism - Responding to Dean Pound", *Harvard Law Review*, Vol. 44, 1930-1931, pp. 1123, 1236.

[4] See Jerome Frank, *Law and the Modern Mind*, New York: Tudor Publishing Company, 1936, p. 252.

[5] See Jerome Frank, *Law and the Modern Mind*, New York: Tudor Publishing Company, 1936, p. 246.

[6] See W. Cook, "Scientific Method and the Law", *American Bar Association Journal*, Vol. 13, 1927, pp. 303, 308.

定着法律的发展方向。他说，"法律的终极原因是社会的福利，未达到其目标的规则不可能永久性地证明其存在是合理的。"〔1〕而庞德认为法律的目标是社会控制，法律是一种"社会控制"工具。卢埃林的法律功能观更加的实用主义，他认为法律的目的在于解决纠纷，维护社会秩序。卢埃林在《荆棘丛》中论述道，法律事务是什么？它涉及我们社会中随处可见的纠纷：实际发生的和潜在的纠纷；有待解决的和应当预防的纠纷；诉诸法律、构成法律事务的纠纷。显而易见，那些强烈要求得到关注的是实际发生的纠纷，实际发生的纠纷要求有人对其有所作为，这种对于纠纷的行动，就是法律事务。承担法律事务之人，就是法律官员，"这些法律官员在处理纠纷时的所作所为，在我看来，就是法律本身"。〔2〕卢埃林认为，在真正的意义上，创造社会秩序的并不是法律与法律官员，社会是既定的，秩序也是既定的，在没有向法律官员求助的情况下，社会仍然完成了大多数对秩序的调试以及重新调试。法律仅充当了解决以其他方式无法解决的纠纷的工具，法律更多的是维持秩序，这是法律的首要功能。〔3〕当然法律的目的不仅仅在于维持秩序，还有正义等价值追求。

　　整体而言，关于"法律的目标是什么"的问题，法律现实主义并没有过多的深入论及，没有给予系统的研究，也没有形成统一的结论，这是现实主义的一大缺憾，也决定了现实主义的研究只是方向性的，无法从技术层面真正着力。粗线条看，关于法律目标的认识，法律现实主义与社会法学、经济分析法学的观点主张相近。部

---

〔1〕　［美］本杰明·卡多佐：《司法过程的性质》，苏力译，商务印书馆1997年版，第38页。

〔2〕　参见［美］卢埃林：《荆棘丛》，明辉译，北京大学出版社2017年版，第5页。

〔3〕　参见［美］卢埃林：《荆棘丛》，明辉译，北京大学出版社2017年版，第17～18页。

分现实主义者倾向于法经济学路线,认为财富或社会福利的最大化是法律的目的;部分现实主义者倾向于法社会学路线,认为社会结构和社会秩序的稳定是法律的目的。值得注意的是,社会目标具有情境性,目标和手段的具体认识来源于具体情境,就像萨默斯所说,"法律的目标来自于特定的时间、空间、环境、欲求等特定语境。"[1] 法律目标具有主体性、时间性和空间性,不同国家的法律目标并不完全一致,即使同一国家,不同时期的目标追求也会有所不同。[2] 微观上,不同法律部门,不同法律规范的目标也是不同的。

二、法律的实用性

关于工具与目标的关系,实用主义把认识论与价值论结合起来,认为目标和工具是辩证统一的。目标的实现总是需要某种具体的工具,具体的工具毫无疑问是为了实现某种目标而存在,没有可行工具的目标是虚假的,是画饼充饥,没有了目标的工具也会变成孤魂野鬼,无处安放,工具与目标统一于实效,"有用性"是工具的核心价值。皮尔斯认为,要在实际行动中把握概念与命题,只有能够带来实际效果的概念与命题才有意义。[3] 詹姆士认为真理的意义是这样的,只要一种命题与人类的经验系统形成圆满关系,运用它有助于我们的生活,这种命题就是正确的。根本上说,观念的真理性在于观念的效用,真理意味着一种有价值的引导。[4] 杜威从工具主义出发,认为理论、思想既不是先天的理性原则,也不是

---

〔1〕 Robert Samuel Summers, *Instrumentalism and American Legal Theory*, Ithaca and London: Cornell University Press, 1982, p. 22.

〔2〕 参见柯华庆:"再看'猫论'",载《改革内参》2010年第16期。

〔3〕 参见〔美〕威廉·詹姆士:《实用主义:某些旧思想方法的新名称》,李步楼译,商务印书馆2012年版,第27~28页。

〔4〕 参见〔美〕威廉·詹姆士:《实用主义:某些旧思想方法的新名称》,李步楼译,商务印书馆2012年版,第34~35页,第112页。

客观的主观映像，而是人类实现目标的工具。[1] 工具的价值不在其本身，而在于它们的功效。[2] 法律现实主义以实用主义为基础，关注法律应用对社会生活带来的实际影响。[3] 它强调：在社会中真正运行的法律才是真正的法律，要关注法律行为，而非仅仅关注法律规则；要关注社会与经验，而非仅仅关注推理与逻辑；要关注法官直觉的重要性，而非视客观理性为唯一。

（一）行为中心：法律就是法官的行为

美国法学家霍维茨指出，"所有的现实主义者共享一个基本的假定，即法律已经与现实不相往来。"[4] 无论法律现实主义的内涵多么丰富，其核心必定是试图揭示"只有现实中的法才是真实的法"这一思想。法律现实主义强调，法律的重心不是法律规则而是法律目的，影响法官裁判的因素除了法律文本，还有社会事实。"法律像生活一样宽广，不应从法律事务中排除任何东西。"[5] 法律规则并非神圣物事，并非自足完美，亦并非法律目的之本身。法律规则并非支配而是指导判决，如果法律规则很明智直指法律目标而且清楚明了，那么它的指导作用会十分有力，以至于实际等同于控制，但这种控制并非因为规则是法律规则，而是因为它们碰巧是

---

〔1〕 参见焦海博：《美国工具主义法律观研究》，山东大学 2012 年博士学位论文。

〔2〕 参见〔美〕杜威：《哲学的改造》，许崇清译，商务印书馆 1958 年版，第 137 页。

〔3〕 See Robert Samuel Summers, *Instrumentalism and American Legal Theory*, Ithaca and London: Cornell University Press, 1982. pp. 21~22.

〔4〕 Morton J. Horwitz, *The Transformation of American Law 1870-1960: The Crisis of Legal Orthodoxy*, Oxford: Oxford University Press, 1993, p. 187.

〔5〕 Karl N. Llewellyn, "Legal tradition and social science method - A realist's critique", Papers presented in a general seminar conductedby the Committee on Training of The Brookings Institution, 1931, pp. 87~120.

特定种类的法治。[1] 法律规则自身无法提供对法律目标实现程度的检验标准，因此必须借助社会科学的方法通过现实的行动来挖掘在法律目标指引下的法律文本的"真实"涵义，而不是固守法律规则的自我定义。"不论法官如何描述自己的行为，在描述之中运用了怎样严格的演绎推理，都代替不了行为本身。"[2] 在司法实践中，规则一直被法官的行为悄悄改变着，抑或是被法官的行为不断填补着。

霍姆斯的预测论表达了他的法律观，"法律就是法院事实上将做什么的预测。"[3] 霍姆斯的预测论确立了行为中心主义思想，提供了一个从外部世界看待法律的范例：有效的法律不是理性体系，不是对公理的推论，而是对法院实际行为的预测。当霍姆斯将法律界定为对法院实际行为的预测时，他是从职业性的实用立场出发的，从一个有限但却极其重要的视角——律师的视角——所界定的，强调了法律的情境性与工具性。他指出"当我们研究法律时，我们并不是在研究一种神秘物事，而是一种众所周知的职业。"[4] 法官将如何行动？这是律师面对的核心问题。法官的任何行为动机，法律的与非法律的，明示的与隐形的，只要可能被作为案件依据而采用，可能影响案件结论，就应当作为法律渊源之一被探

---

〔1〕 参见［美］卡尔·N. 卢埃林:《普通法传统》，陈绪刚、史大晓、仝宗锦译，中国政法大学出版社 2002 年版，第 211 页。

〔2〕 See Karl N. Llewellyn, "A Realistic Jurisprudence: The Next Step", *Columbia Law Review*, Vol. 30, 1930.

〔3〕 See Oliver Wendell Holmes, "The Path of the Law", *Harvard Law Review*, Vol. 10, 1897, pp. 457~461.

〔4〕 Oliver Wendell Holmes, "Law in Science and Science in Law", *Harvard Law Review*, Vol. 12, 1889.

讨。[1] 科学的概念应该追求合理的完整性，霍姆斯的预测论没有囊括官员以及大多数普通公民的法律态度，没有从法官视角界定法律，也没有涉及法律的正当性问题，因而它并不是一个完整的科学概念。显然霍姆斯也清楚这一点，他区分了两种对待法律的方法，一种是实践地去对待法律，另一种是从理论上去对待法律，强调法律的预测分析只是其中的一个视角。[2] 学界对霍姆斯的预测论给予了高度评价，"他无法去理解法学者抽象地问'法律是什么?'如果不去提出另一个问题'为什么你想知道法律是什么?'那么第一个问题就无法得到答案。"[3] 霍姆斯将"法律是什么"的回答镶嵌进了"为什么你想知道"的答案里。

庞德区分了"书本上的法"与"行动中的法"。认为书本上的法经常不同于行动中的法，真正现实的、科学的方法是必须区分它们。[4] 卢埃林等现实主义者也主张必须运用"一种客观性的观察科学"对这种区分进行研究。[5] 法律远非本本上的文字，法律规则仅仅是描述裁判统一性的简单公式，法官以法律之名的所作所为才是法律。[6] 法学必须具有经验基础，只有建立在经验基础之上的法学才是稳固的，对于法律来说，只有法官的行为具有可观察

---

〔1〕　See Holmes, Book Notices, In Formative Essays. 转引自［美］托马斯·格雷:《美国法的形式主义与实用主义》,［美］黄宗智、田雷选编, 法律出版社 2014 年版, 第143 页。

〔2〕　参见［美］托马斯·格雷:《美国法的形式主义与实用主义》,［美］黄宗智、田雷选编, 法律出版社 2014 年版, 第 143 页。

〔3〕　John t. Noonan, Jr. , *Persons and masks of the law*, New York: Farrar, Straus and Giroux, ix1976.

〔4〕　See Roscoe Pound, "Law in Books and Law in Action", *American Lew Review*, Vol. 4, 1910, p. 12.

〔5〕　See Karl N. Llewellyn, "The Theory of Legal Science", *North Carolina Law Review*, Vol. 20, 1941, pp. 1, 6.

〔6〕　See Felix Cohen, "Transcendental Nonsense and the Functional Approach", *Columbia Law Review*, Vol. 35, 1935, pp. 809, 847.

性。法理学必须致力于研究法律理想、法律规则及司法行为的复杂逻辑与关系。[1] 法律现实主义主张法学研究重心从规则转向事实，从规范研究转向行为研究。在霍姆斯、庞德理论的基础上，卢埃林、弗兰克等现实主义者进一步发展了行为中心主义。

卢埃林倡导情境主义。卢埃林认为"纸上规则"是有语境的，在立法过程中考虑了各类事项的具体情境，为了方便人们发现具体语境，立法上应该采用情境主义技术。卢埃林主持编纂的《统一商法典》反映了他的情境主义。法典强调了法律概念的情境意义，而且法律条款附带了理由，试图阐明规则的适用情境。关于司法的情境主义，卢埃林提出了"法律就是法官的行为"的论断。他认为，不研究一个事物起什么作用，实际上是怎么活动的，就不可能知道该事物是什么，法的研究也是如此，应该把注意力集中在法律作用和法律行为上。卢埃林把法区分为"纸上规则"和"真实规则"。卢埃林说，社会生活中的各种事实情境，只要法律秩序能够容纳得下，其本身就是适宜的、自然的规则，是自己的正当的法。[2] 法官在处理争端时，会发现这种"正当的法"。法官处理争端所依据的规则，一定要与这种"正当的法"相适应，这才是"真实规则"。卢埃林强调了法不是纸上律令，纸上律令这种一般性命题使用的词语的含义存在于具体语境中，存在于命题背后的社会网络中；在确定纸上律令的含义时，政策分析与利益考量是必然的，且是判决的真正基础；法存在于法官的裁判行为中，法官关于争端作出的裁决本身就是法；预测的基础除了规则还有其他很多东西；[3]

---

[1] See Karl N. Llewellyn, "On Reading and Using the Newer Jurisprudence", *Columbia Law Review*, Vol. 40, 1940.

[2] See Karl N. Llewellyn, *The Common Law Tradition: Deciding Appeals*, Boston: Little, Brown and Company, 1960, p. 122.

[3] See Karl N. Llewellyn, "Some Realism About Realism: Responding to Dean Round", *Harvard Law Review*, Vol. 44, 1931, pp. 1222~1237.

为了准确预测法官将会如何裁决，需要对法官的先前行为进行观察，发现其行为的规律性即去发现行动中的规则。

弗兰克认为法律是由法院做出的判决组成的。弗兰克关于"实际的法律"与"可能的法律"的区分与界定，[1] 强调了一个重要前提——就任何"具体情况"而言。他抛弃了传统的一般性的法律概念，认为法律是针对具体情况而言的，是个案的法律。在法院审理结束一个案件前，在这一案件上并不存在任何法律，唯一可加以利用的"法律"是律师对这一案件的法律意见，而这些意见不过是对法院将如何判决的预测。要想知道什么是法律，就必须着重研究法官的行为，而不是纸上的规则，不是"概念"。[2] 要经常审视法律和社会之间的距离，法律要不断适应社会的变化，不应像法律形式主义那样将万花筒般的社会现实统统装进固定不变的袋子里，因为"司法正义是零售业务，不是批发业务"。[3] 弗兰克在《法与现代精神》第六版的序言中曾经对法律的上述界定给予过修正，认为这一界定失之偏颇，容易产生误导。他说，"法律"一词充满了模糊不清的诸多含义，多增加一个也毫无意义，因此应该从各种词语的纠缠中挣脱出来，尽量回避这些模糊的术语，减少对它们的争论与使用。弗兰克讨论了"遵循先例的学说"与"遵循先例的实践"。"遵循先例的学说"往往强调规则的确定性，追求法律的稳定性，客观上维系了过时先例的生命周期；而"遵循先例的实践"则充满了司法活力，"区别"的技术、"旧瓶装新酒"的修辞，使

---

〔1〕　就任何具体情况而言，法律或者是①实际的法律，即关于这一情况的一个已做出的判决；或者是②可能的法律，即关于一个未来判决的预测。See Jerome Frank, *Law and the Modern Mind*, New York: Tudor Publishing Company, 1936, p. 47.

〔2〕　参见张文显：《二十世纪西方方法哲学思潮研究》，法律出版社 1996 年版，第137~138 页。

〔3〕　参见［美］杰罗姆·弗兰克：《初审法院——美国司法中的神话与现实》，赵承寿译，中国政法大学出版社 2007 年版，第 108 页。

得司法续造出了符合社会需求的规则。

与卢埃林"试图在法律规则与法官行为之间寻求平衡"的行为中心主义相比，弗兰克的观点更加极端，反规则的意味更加浓郁。格雷的观点同弗兰克类似，他把"法"与"法的渊源"区别了开来。认为法只出现在司法判决中，只出现在法官行为里，法是通过当下的司法行为创造出来的，而制定法、先例等只是法的渊源。真正的法律创制者是享有法律解释权的人，而不是最先表达法律的人，事实上，所有的法律都是法官创制的。[1] 虽然现实主义者们关于"行为中心"的立意与叙述并不完全一致，但所有法律现实主义者的叙述均围绕法律的重心不是规则而是目的，现实中的法才是真正的法，要关注法院的实际行为这一思想主线展开。

（二）经验中心：法律的生命在于经验

"行为中心主义"伴生着"经验中心主义"。詹姆士说，实用主义趋向于具体与恰当，趋向于事实、行动与权力。这意味着经验主义者的气质占了统治地位，而理性主义者的气质却老老实实地被抛弃了。[2] 注重经验是法律现实主义的基本表现。

霍姆斯认为法律的生命不是逻辑，而是经验。[3] 这里的"逻辑"是指法律知识能够像几何学那样从一般公理中推导出来。[4] 霍姆斯认为在法律规则与具体案件之间，常常找不到精确的定量关系，难以达致精确的逻辑结论，一般性命题不能决定具体案件。逻

---

〔1〕 See John Chipman Gray, *The Nature and Sources of the Law*, Quid Pro, LLC, 2012, pp. 122~129.

〔2〕 参见［美］威廉·詹姆士：《实用主义：某些旧思想方法的新名称》，李步楼译，商务印书馆 2012 年版，第 31 页。

〔3〕 参见［美］小奥利弗·温德尔·霍姆斯著：《普通法》，冉昊、姚中秋译，中国政法大学出版社 2006 年版，第 1 页。

〔4〕 参见［美］斯蒂文·J. 伯顿主编：《法律的道路及其影响——小奥利弗·温德尔·霍姆斯的遗产》，张芝梅、陈绪刚译，北京大学出版社 2005 年版，第 424~425 页。

辑只是一种掩饰利益衡量的幌子，在逻辑形式的背后，潜藏着对利益冲突的权衡与判断，这一不自觉的利益衡量才是司法的根本。[1]裁判结果最终取决于这种判断，取决于这种对社会利益的衡量，这种判断与衡量是直觉性的，是一种经验的沉淀。为了填补"出"逻辑而留下的表达空白，为了把司法实践引入正确的方向，霍姆斯增补了一种模糊的建设性的表达，"法律是一种经验。"[2]霍姆斯所说的"经验"指的是"对习惯、工具理性以及内部融贯性之追求的不确定混合。"[3]是一种社会经验，是一种当下的社会经验，是既遵循先例又根据变化了的社会情境赋予先例以新生命的融贯。[4]制定法亦是如此，制定法的适用，要经过一个从抽象到具体的解释的桥梁，这一路程充满了来自于经验的自由裁量。[5]霍姆斯呼吁，法官要广泛了解社会科学知识，增强对裁判可能后果的敏感度和预判力及结果取向下发现法律、解释法律的能力。

因为"法律的生命不是逻辑，而是经验"这一论断，霍姆斯被贴上了反逻辑的标签，这一论断也成为法学界反逻辑的经典例证。但是，霍姆斯的反逻辑是温和的、有限度的，仅仅是反对逻辑在法律中的"地位与权势"，表明逻辑的作用没有人们想象的那么大；[6]仅仅是反对某种类型的逻辑，反对"严格遵循先例"，主张

---

〔1〕 See Oliver Wendell Holmes, "The Path of the Law", *Harvard Law Review*, Vol. 10, 1897, p. 465.

〔2〕 参见［美］托马斯·格雷：《美国法的形式主义与实用主义》，［美］黄宗智、田雷选编，法律出版社2014年版，第124页。

〔3〕 参见［美］托马斯·格雷：《美国法的形式主义与实用主义》，［美］黄宗智、田雷选编，法律出版社2014年版，第124页。

〔4〕 参见柯华庆："法律变革的逻辑——社科法学与教义法学的较量"，载《桂海论丛》2014年第4期。

〔5〕 参见张颖玮："霍姆斯刑法思想评析"，载《中国刑事法杂志》2001年第5期。

〔6〕 参见张芝梅："法律中的逻辑与经验——对霍姆斯的一个命题的解读"，载《福建师范大学学报》2004年第1期。

"有限遵循先例"。霍姆斯并不全盘否定逻辑，事实上他反复强调逻辑的重要性，认为法学家的工作就是对法律进行逻辑地整理和分类，以便于人们了解法律，满足法律实践的需要。[1] 认为法律的体系化在认识法律时承担着实用主义的帮助，[2] 司法裁判使用的语言是逻辑语言，律师受到的训练也大都是逻辑训练，简单案件依靠逻辑往往可以解决。

卡多佐与卢埃林承继了霍姆斯的经验论。卡多佐关于遵循先例的探讨表明了他的经验主义倾向：遵循先例是司法的普遍规则，是裁判的基本遵循；[3] 但是，在遵循先例的前提下，应该宽松地对待这一规则，为其他形式的正当性留有空间。[4] 卡多佐认为，逻辑不是促进法律成长的唯一工具，逻辑与社会科学一起促进了法律的成长。卡多佐也在强调逻辑，他说，"霍姆斯并没有告诉我们当经验沉默不语时应当忽视逻辑。"[5] 卢埃林则把逻辑比喻成达致结论的梯子，认为法官通过"逻辑的梯子"与过去保持联系。法律并不总是由逻辑决定的，逻辑只是法官运用的方法之一，但在没有其他更好的方法时，最好还是使用逻辑的方法，许多时候逻辑可以直

---

〔1〕 参见［美］小奥利弗·温德尔·霍姆斯著：《普通法》，冉昊、姚中秋译，中国政法大学出版社 2006 年版，第 136 页。

〔2〕 参见［美］托马斯·格雷：《美国法的形式主义与实用主义》，［美］黄宗智、田雷选编，法律出版社 2014 年版，第 125 页。

〔3〕 卡多佐认为，如果司法不能建立在前人铺设的基础上，法官的劳动量将增加到无法承受。参见［美］本杰明·卡多佐：《司法过程的性质》，苏力译，商务印书馆 1997 年版，第 90 页。

〔4〕 卡多佐认为，只要经过恰当的经验检验，发现一个法律规则与正义感或者社会福利不一致，就应较少迟疑地公开宣布这一点并完全放弃该规则。参见［美］本杰明·卡多佐：《司法过程的性质》，苏力译，商务印书馆 1997 年版，第 91 页。

〔5〕 ［美］本杰明·卡多佐：《司法过程的性质》，苏力译，商务印书馆 1997 年版，第 17 页。

达判决。[1] 显然，卡多佐、卢埃林与霍姆斯类似，是反逻辑的温和派。

　　弗兰克把"经验中心主义"推向了极端。弗兰克认为案件事实具有建构性，它是法官构建的主观事实。裁判是基于事实的直觉判断，法官的裁判思维是结果取向的，预结论的产生是法官经验的产物。法官个性在裁判过程中起着重要的作用，法官的性格、习惯和偏见可能会成为判决中的决定性因素。弗兰克认为，法律语言是模糊的，法官在适用规则时，往往根据社会情境、社会效果对法律规则作出创造性解释，这是一种"实践艺术"。"实践艺术"难以理性讲授而只能凭直觉把握。[2] 这种凭直觉把握的"实践艺术"是经验习得的产物，经验丰富的人能够灵活地处理模糊着的法律，变化了的现实。[3] 法学院的学生应该掌握这种"实践艺术"，这种学习不是在图书馆完成的，必须抛弃法学院的核心是图书馆的错误观念。从上述观点可以看出，弗兰克不仅把"经验中心主义"扩展到了案件事实领域，认为无论是法律规则还是案件事实，都要经过"法官经验"这个熔炉的锻造才能达致判决，而且他的关于"个性""直觉""实践艺术"的论述把"经验中心主义"推向了极端。

　　由上观之，"经验中心主义"并非否定逻辑，而是主张以经验为中心的逻辑运用。霍姆斯、卡多佐与卢埃林等大多数法律现实主义者都是温和派的"经验中心主义"。格雷曾评价霍姆斯说，"事

---

　　〔1〕　参见［美］卢埃林：《荆棘丛》，明辉译，北京大学出版社2017年版，第96~104页。

　　〔2〕　参见［美］罗伯特·斯蒂文斯：《法学院：19世纪50年代到20世纪80年代的美国法学教育》，闫亚林等译，中国政法大学出版社2003年版，第209页。

　　〔3〕　See Jerome Frank, *Law and the Modern Mind 1930*, New York：Tudor Publishing Company, 1936, p. 31.

实上，他是他那个时代的最伟大的法律概念化的提倡者。"〔1〕法律现实主义仅仅是反对将逻辑作为解决一切问题的终极方法，反对将逻辑作为案件裁判的唯一合法性来源的形式主义倾向。归根结底，法律现实主义主张的是一种实用性的规则观与逻辑观：法律规则在法律认知中承担着实用性的作用，法律规则的正当性在于它有助于我们实现欲求的社会目标。

（三）主观中心：裁判是基于事实的直觉判断

"经验中心主义"的落脚点是"主观中心主义"。法律形式主义认为司法裁判是以法律规则为大前提，以案件事实为小前提的逻辑推演过程。对于如何将具体案件事实涵摄于一般规则这一至关重要的环节，法律形式主义却没有涉及。康德指出，对事物的分类，逻辑往往无能为力，分类是一种不同于逻辑的判断，只能被实践，不能被传授。〔2〕法律现实主义认为这种特殊的判断依赖于经验的习得，判断始于一个粗略形成的结论。法律现实主义将这种粗略形成结论的判断力称为直觉，认为裁判结果更多地取决于法官直觉。

直觉是指直观感觉，是直接的、未经思考的从整体上作出的把握，是一种没有经过严格分析推理而做出的判断。直觉有别于逻辑方式，它直接洞察、把握事物，不限定于特定的形式化程序，事实上是一种经验的累积与爆发。哈奇森法官认为，"判决至关重要的推动力是关于对这件事情中什么是对，什么是错的直觉。"〔3〕遇到

---

〔1〕 Thomas C. Grey, *Holmes On The Logic Of The Law*, *In The Path Of The Law And Its Influence*, *The Legacy Of Oliver Wendell Holmes*, Jr. , Edited By Stern J. Burton, Cambridge University Press, 2000, p. 147. 参见马聪："实用主义视野下的法律观"，载《北方法学》2009 年第 5 期。

〔2〕 参见柯岚："法律方法中的形式主义与反形式主义"，载《法律科学》2007 年第 2 期。

〔3〕 See Brian Leiter, "Rethinking Legal Realism: Toward A Naturalized Jurisprudence", *Tex. L. Rev*, Vol. 76, 1997, p. 276.

疑难案件时，"在细查所有可得文献，加以慎重考虑，放任想象力尽情奔驰并对原因加以深思后，我静待一种直觉，也就是顿悟式的灵光一闪，从问题直接跳到结论。就在那一点上，原本晦涩不明的路途也随之大放光明。"[1] 肯特大法官也说，面对案件时，"我总能看到正义在哪里……我总能找到适合我关于案件的看法的原则。"[2] 两位法官描述了同一个事实：法官判案实际上是凭借直觉得出一个预结论，然后运用法律推理论证预结论，预结论通过推理的检验后，预结论就变成了结论。裁判是基于事实的直觉判断，这一结论深刻地表明了法律现实主义的主观中心主义立场。

弗兰克是"主观中心主义"的代表人物，他认为法官的判断是基于案件周围的各种刺激而作出的直觉反应，在直觉式地下结论的过程中法官的个性起着重要作用。弗兰克认可了哈奇森法官关于判决过程的论述——实际上是凭预感而不是凭推理在判案。[3] 如何获得预感呢？弗兰克认为，各种刺激作用于法官个性形成裁判预感，即 $S \times P = D$。刺激因素是多方面的，除了法律规则之外，还有政治、经济、道德等各种交叉融合的事实因素。尽管法律规则会出现在法官脑海，但它仅仅是各种刺激一种，法官的直觉往往是裁判结论的真正源头。费瑟尔、豪威茨、里德的《美国法律现实主义》指出，除了部分法律现实主义者强调法官的"个性"在裁判中的作用外，法律现实主义者更多地强调由法官的阶层出身导致的"偏见"对裁判的影响。[4] 卢埃林也承认裁判的主观性，承认直觉具有

〔1〕　Joseph C. Hutcheson, "The Judgment Intuitive: The Function of the 'Hunch' in Judicial Decisions", *Cornell Law Quarterly*, Vol. 14, 1929, pp. 274~288.

〔2〕　Thomas C. Gray, "Langdell's Orthodoxy", *U. Pitt. L. Rev*, Vol. 45, 1983, p. 22.

〔3〕　参见［美］杰罗姆·弗兰克：《初审法院——美国司法中的神话与现实》，赵承寿译，中国政法大学出版社 2007 年版，第 183 页。

〔4〕　See W. Fisher III, M. Horwitz, T. Reed (editors), *American Legal Realism*, New York: Oxford University Press, 1993, pp. 130~132.

复杂且重要的作用。卢埃林指出，社会生活中的人们的各种决定往往是依靠瞬间的直觉做出，而很少是通过正式、精确的演绎推理做出。[1] 但同时，卢埃林认为弗兰克夸大了法官的主观性因素，认为法官的主观性是受限制的，实际移动空间很小，社会化和法律职业训练使法官之间存在着相当程度的职业共识，保证了裁判的一贯性和可预测性。

法律现实主义的"主观中心主义"并不是反理性。法律现实主义否定了客观理性在案件裁判中的绝对性价值，肯定了法官直觉对案件裁判所起的作用。需要强调的是，法官直觉判断的背后是在长期的法律教育与司法实践中所形成的对法律的理解，它并不必然地反理性。弗兰克说："逻辑不一定是预感的敌人。"[2] 法官的直觉判断是一种综合了职业素养、常识和道德感的复杂判断，它虽然缺失了逻辑推论的可描述的完整过程，但却把握了最核心的内容，可以看作是逻辑推论的缩减版。直觉判断还是一个不断试错的过程，法官凭借直觉得出的预结论，可以运用法律推理来证明与检验，直觉结论的正确性大多数都能够顺利通过逻辑验证，如果预结论不成立，还可以修正自己的判断，最终得到能够经得起逻辑检验的结论。所以，法律现实主义强调，直觉不是虚无缥缈的神秘物事，而是我们的一套基本的确信。

三、法律的实效性

实用主义主张用行为效果来判定或修正信念，把实际效果作为检验信念的标准。皮尔斯说"考虑一下你的概念的对象具有什么样

---

〔1〕 参见［美］卡尔·N. 卢埃林：《普通法传统》，陈绪刚、史大晓、仝宗锦译，中国政法大学出版社 2002 年版，第 9 页。

〔2〕 人们生活中的绝大多数结论，都是以非逻辑的方式得出的，都是类似于预感的东西，但是这些结论的正确性大都能够通过逻辑的检验。参见［美］杰罗姆·弗兰克：《初审法院——美国司法中的神话与现实》，赵承寿译，中国政法大学出版社 2007 年版，第 198 页。

的、可以想象的、具有实际意义的效果。那时，你关于这种效果的概念就是你关于这个对象的概念的全部。"[1] 皮尔斯阐述了实用主义递进式的两个共性：其一，弄清楚抽象概念的意义的方法；其二，根据实际效果来了解实验方法。[2] 简单来讲，实用主义是一种确定方向的态度，不是去看最先的东西，而是去看最后的效果。[3] 强调以目标或者结果为导向的方法，强调目标、工具与效果的三位一体。法律作为实现目标的工具，必须根据它在司法实践中产生的实际后果来判断，而不是根据它的内部结构来判断。[4] 法律现实主义裁判范式主张后果主义，主张从目标的实现出发选择工具，发现可资适用的法律。

（一）裁判思维模式：后果主义

法律形式主义的裁判思维模式是三段论演绎推理。法律规则是大前提，案件事实是小前提，案件事实被涵摄于与此类事实对应的规则之下，从而推导出案件结论。法律现实主义则认为，法官的思维模式并不是根据事实去寻找规则再作出裁判，而是基于事实的直觉判断，是面对事实材料直接得出结论，然后再去寻找法律依据，为自己的判断作出论证，这是一种"预想在先、合理化在后"的结果取向思维模式。

哈奇森法官论述道，法官不是凭推理而是凭预感裁判案件，推理只有在撰写裁判意见时才真正发挥作用，而裁判意见只是法官为

---

〔1〕　涂纪亮编：《皮尔斯文选》，涂纪亮、周兆平译，社会科学文献出版社 2006 年版，第 12 页。

〔2〕　参见涂纪亮编：《皮尔斯文选》，涂纪亮、周兆平译，社会科学文献出版社 2006 年版，第 40 页。

〔3〕　参见［美］威廉·詹姆士：《实用主义：某些旧思想方法的新名称》，李步楼译，商务印书馆 2012 年版，第 33 页。

〔4〕　See Roscoe Pound, "The Scope and Purpose of Sociological Jurisprudence", *Harvard Law Review*, Vol. 25, 1912, p. 514.

了"通过批评者的检视"而撰写的"证明裁判正当性"的辩解书而已，裁判结论在此之前已经存在，这种 R（规则）×F（事实）= D（判决）的推理形式是追溯性的。[1] 弗兰克说，判决就是一个判断，生活中充满了各种判断，而判断过程很少是从前提出发逐步推导出结论的。判断往往是以多少有点模糊的结论直接呈现，这种模糊结论的形成往往是不可言状的，在结论形成后，人们会自觉地从结论出发尝试去发现其逻辑前提，即从"结论"到"前提"。如果无法找到某种适宜的逻辑前提，人们就会修正该判断。[2] 司法判断与一般判断并无二致，多数情况下，裁判过程是从直觉结论出发的逆向推理过程。

结果取向裁判思维的主要代表人物是弗兰克，他提出了从"格式塔"到"以乐代言"理论。弗兰克归纳了美国联邦地方法官麦克莱伦的观点：法官所宣布的事实与他所相信的事实是两个概念。案件事实不等于过去发生的真实事实，案件事实归根结底是法官认为的过去发生的事实，这仅仅是对案件事实认识的第一步，它依然是肤浅的。当法官在裁判意见中陈述案件事实时，没有人能够肯定，法官在裁判意见中陈述的事实与他内心真实的想法完全一致。[3] 裁判意见中陈述的案件事实只能说明法官宣布了他所认为的案件事实是什么，不能说明其他。裁判意见中陈述的案件事实，可能是法官从其预判断的裁判结论出发，倒果为因，找到的有利于

---

〔1〕 See Hutcheson, "the judgment intuitive: the function of the 'hunch' in judicial Decisions", *cornell L. Q*, Vol. 14, 1929, p. 274. 转引自 ［美］杰罗姆·弗兰克：《初审法院——美国司法中的神话与现实》，赵承寿译，中国政法大学出版社 2007 年版，第 183 页。

〔2〕 See Jerome Frank, *Law and the Modern Mind 1930*, New York: Tudor Publishing Company, 1936, p. 101.

〔3〕 参见 ［美］杰罗姆·弗兰克：《初审法院——美国司法中的神话与现实》，赵承寿译，中国政法大学出版社 2007 年版，第 183 页。

使他的裁判在逻辑上自洽的事实。只要有一些证据证明裁判意见中
宣布的案件事实，并且能够将恰当的法律规则适用于这些事实就可
以了。[1] 弗兰克说，他可能放大了麦克莱伦的观点，把他的意图
推进了一些，但麦克莱伦的这种只有在私人场合才表露的心声不是
完全没有根据的，哈奇森法官的阐述也不是完全错误的，并进一步
分析道，这里的核心问题是格式塔心理学。

格式塔心理学（Gestalt Psychology）也叫完形心理学，认为人
类的思维活动是在一定范式中进行的，人类对事物的反应是整体性
的，它不等同于各个部分的总和。[2] 比如音乐的旋律即是一种范
式，是一个原初性的整体，它不是音符的简单相加，旋律（范式）
决定着音符（部分）的功能，但是音符却不能决定旋律的功能，分
解旋律就等于消灭了旋律，同样，对思维范式的分解，也不能阐明
这种范式。[3] 法官践行着某种格式塔，在案件审理之后，法官的
判断是一种独特经验的结果，是一种复杂的混合体构成的"直觉"。
这种直觉里面有逻辑、理性的因素，也有非逻辑、非理性的因
素。[4] 弗兰克总结道，法官的裁判过程可能是这样的：他首先凭
直觉得出一个预判断，然后倒果为因去寻找大前提规则和小前提事
实，以便了解该判断在逻辑上是否可行。如果通过逻辑推理能够论
证预结论成立，预结论就变成了判决，如果情况相反，就会重新开

〔1〕 参见［美］杰罗姆·弗兰克：《初审法院——美国司法中的神话与现实》，赵
承寿译，中国政法大学出版社 2007 年版，第 180~181 页。
〔2〕 参见［美］杰罗姆·弗兰克：《初审法院——美国司法中的神话与现实》，赵
承寿译，中国政法大学出版社 2007 年版，第 183 页。
〔3〕 参见［美］杰罗姆·弗兰克：《初审法院——美国司法中的神话与现实》，赵
承寿译，中国政法大学出版社 2007 年版，第 183~184 页。
〔4〕 参见［美］杰罗姆·弗兰克：《初审法院——美国司法中的神话与现实》，赵
承寿译，中国政法大学出版社 2007 年版，第 184 页。

始一轮结论先行的论证。[1] 这就是"以乐代言"。

以乐代言（Say It with Music）指音乐表达的妙处不可言传，但也不能对其保持沉默。[2] 案件的裁判需要有正当性证明，以法律规则为曲，以案件事实为词，二者相得益彰地融为格式塔，可以维持一种整体性的选择。[3] 演奏者必须要有一个主题才能演奏，同理，法官的裁判是一个"预想在先，合理化在后"的过程。在演奏过程中，作曲家的曲谱存在多种解释的可能，演奏者会根据自己的理解表达出来，同一曲谱在不同的演奏者那里有着不同的效果。法官的判案与演奏者的演奏几乎是同样的事情，法律解释亦具有多元性，在对预结论进行合理化的过程中，法官可以而且需要带有某种超越字面含义的洞察力来解释法律。[4] 法官先入为主地给自己定下一个主题，然后在文义可能的射程范围之内进行创造性解释，这不是什么非比寻常的事情。"音乐只有在被演奏的时候才存在"，法律亦是如此。[5] 法官与演奏者唯一的不同在于，演奏者会极力表现其创造性，而法官却极力遮掩其创造性。

预感在时间上的先在性，并不意味着法官随后的合理化过程就没有了意义。"预想在先，合理化在后"，可能会使逻辑分析显得生硬，是对症下药，但它并不必然地使这一逻辑推理成为谬误。即使是物理学家和数学家，他们也会经常地运用那些被逻辑检验过的预

---

〔1〕 参见［美］杰罗姆·弗兰克：《初审法院——美国司法中的神话与现实》，赵承寿译，中国政法大学出版社 2007 年版，第 199 页。

〔2〕 See Jerome Frank, "Say It with Music", *Harvard Law Review*, Vol. 61, 1948, p. 932.

〔3〕 See Jerome Frank, "Words and Music: Some Remark on Statutory Interpretation", *Columbia Law Review*, Vol. 47, 1947, p. 1277.

〔4〕 See Jerome Frank, "Words and Music: Some Remark on Statutory Interpretation", *Columbia Law Review*, Vol. 47, 1947, p. 1272.

〔5〕 参见［美］杰罗姆·弗兰克：《初审法院——美国司法中的神话与现实》，赵承寿译，中国政法大学出版社 2007 年版，第 336 页。

感，因此作出某一判断的理由具有追溯性并不能导致该理由无效。也就是说，法官可能不是按照逻辑推理逐步行事，但他的判断可能会显现出符合逻辑的正当性。[1] 当然，"预想在先、合理化在后"模式包含理性成分的同时，也带有诸多的感性，但弗兰克认为这些感性并非全然没有价值。如霍姆斯说，裁决表达了"一种直觉经验，它超越了分析，而且总括了许多难以名状和杂乱无章的印象，这些可能潜藏在意识下面的印象并没有丧失其价值。"[2] 弗兰克在1943 年的一条司法意见中写道，"如果无偏见和不偏袒意味着法官的头脑中全然缺乏预想，那么无人经历过一场公正的审判，且无人将会经历。"[3] 在"预想在先、合理化在后"的裁判思维模式中，预结论大多都能够通过逻辑检验，而逻辑的检验为预结论变为结论提供了不可或缺的正当性。

（二）裁判思维风格：宏大风格

法律现实主义宣告了形式主义裁判范式的无效后，必须构建一个新范式来取代它。否定一个范式而不去构建一个替代性范式，就等于否定了科学本身。[4] 令人遗憾的是，法律现实主义运动虽然成功地颠覆了法律形式主义的范式地位，但他自身的建构性并不完整。现实主义运动后期，卢埃林的研究逐渐转向建构性，在《普通法传统》中论述了裁判的"时期风格"，阐述了裁判的宏大风格并展望了宏大风格的发展趋势。卢埃林阐述的裁判的宏大风格还仅仅

---

〔1〕　参见 ［美］杰罗姆·弗兰克：《初审法院——美国司法中的神话与现实》，赵承寿译，中国政法大学出版社 2007 年版，第 198 页。

〔2〕　参见 ［美］杰罗姆·弗兰克：《初审法院——美国司法中的神话与现实》，赵承寿译，中国政法大学出版社 2007 年版，第 187 页。

〔3〕　Jerome Frank, *Law and the Modern Mind*, Gloucester, Mass：Peter Smith, 1970, p. xxi.

〔4〕　See Thomas Kuhn, *The structure of Scientific Revolution*, Chicago：University of Chicago Press, 1979, p. 73.

是一种"风格"，远称不上是一种范式，但是它提供了一个思想的大体方向，回应了结果取向的裁判思维模式，为法律现实主义提供了脚注。

　　卢埃林研究了裁判的时期风格，认为美国上诉法院曾经存在过两种类型的裁判风格：程式化风格（Formal Style）与宏大风格（Grand Style）。在十九世纪前期，特别是1820~1860年间，法院的裁判风格属于宏大风格，法官通过"选择、修改和发明"，对所需原则进行有效的改造，这一时期被称为美国的"古典时期"。十九世纪后期至二十世纪初，特别是1860~1920年间，程式化风格以"正统意识形态"的地位对美国司法产生了重要影响。程式化风格的基本图景是：①规则决定案件；②政策不能用于司法；③裁判文书呈现三段论样式；④用原则来修剪"异质"案件或规则。[1]1920年后，程式化风格逐步丧失了支配性地位，宏大风格开始回潮，法官表现出对法律和正义同时负有义务。

　　程式化风格是法律形式主义所追求的。现实主义反对程式化风格：第一，程式化风格表现为通过演绎推理从规则中推导出结论，只有规则明确清晰时才可能产生可估量的判决，然而在许多时候规则都是不明确的，法律推理事实上常常基于模糊的前提，根据这些前提甚至可以推出相反的判决。第二，程式化风格机械适用规则，法官的主观能动性失却了价值，司法对于法律的发展也毫无助益。第三，程式化风格关心的是秩序而非正义，只要判决与规则在逻辑上一致就万事大吉，法律背后的社会目的、社会效果被认为与案件无关，不被讨论和考虑。第四，事实上，法官并非对正义毫不关心，法官常常在法律与正义之间摇摆不定，法官常常隐蔽地根据自己的衡量作出与宏大风格相似的裁判。但是，这种宏大风格被法官

────────

〔1〕　参见［美］卡尔·N.卢埃林：《普通法传统》，陈绪刚、史大晓、仝宗锦译，中国政法大学出版社2002年版，第38~49页。

想方设法地镶嵌进了三段论中，这种隐蔽的准宏大风格，"就像维多利亚时代的少女身着她们的睡衣沐浴一样"，在将来的案件中无法发挥指引功能。[1]

　　宏大风格是普通法的传统，也是普通法的应有图景。卢埃林在《普通法的传统》中对"宏大风格"的论述较为模糊，未尽详实，后续可能的补充和说明也随着他的突然离世成为不可能，这为人们全面理解这一理论带来了障碍，宏大风格理论由此成为法学界富有悬疑的遗产。国内学者孙新强教授总结了宏大风格的典型特征，认为宏大风格的精神就是实质合理性。[2] 梳理卢埃林的相关论述，参考学者的相关考证，对比程式化风格的特征，宏大风格的风格可做这样的归纳：

　　（1）强调法官的情景感悟。卢埃林意义上的情景感悟（Situation Sense）是指法官在裁判过程中根据案件的各种事实情境而做出的整体把握。法官的情境感悟既源于作为社会人的社会经验，也源于作为法律人的职业经验；案件裁判应该与社会主流的价值观念相适应，也应该与职业共同体的价值观念相适应。[3] 案件裁判渗透着法官对社会内在法则的直觉性感知，也渗透着法官对事实情境中的规则进行的选择与续造。情境感悟并不完全取决于法官的主观好恶，而是一个期望将个人偏好基本砍掉，努力去发现法律也在找寻的标准的努力；是一个思想成熟的法律人经过思考认为有道理，普

---

　　[1]　参见［美］卡尔·N. 卢埃林：《普通法传统》，陈绪刚、史大晓、仝宗锦译，中国政法大学出版社 2002 年版，第 42～43 页；孙新强："论普通法的'宏大风格'"，载《法制与社会发展》2007 年第 1 期。

　　[2]　孙新强教授把宏大风格的典型特征总结为：强调法官的情境感悟，裁判追求公平正义，判决意见坦诚表明各种裁判理据，灵活解释法律等几个方面。参见孙新强："论普通法的'宏大风格'"，载《法制与社会发展》2007 年第 1 期。

　　[3]　See Karl N. Llewellyn, *Jurisprudence: Realism in Theory and Practice*, Chicago: University of Chicago Press, 1962, p. 136.

通公众从常识判断也觉得有道理的东西。[1] 弗兰克的"格式塔"理论与卢埃林的情景感悟非常类似,他所强调的直觉判断事实上就是一种在情境感悟下的直觉判断,是一种混合物的酿制过程。

(2)关注裁判的可接受性。宏大风格认为没有"唯一正确"的判决,只有"更佳、更优"的方案。正义不是裁判可把握的目标,可接受性是裁判容易感知的表征。宏大风格下的法不仅包括规则本身,还包括规则的目的和社会共识等。法律的决定性因素是法律目的而非规则本身,根据情景感悟,必要时可以灵活解释法律来续造规则以实现法律目的,进而实现裁判的可接受性。宏大风格主张"结论先行,合理化在后"的结果取向思维,关注法律适用的后果。在可争议案件中,在后果权衡的基础上决定是遵从规则还是续造规则以及如何续造规则,以寻求更佳的法律。这种更佳的法律出自于过去的先例或制定法,也出自于不断的考察和续造,宏大风格下的先例原则或制定法规则不仅产生了昨天与今天的连续性,同时也为明天提供了可欲性,较大程度上实现了裁判的可接受性。

(3)灵活的法律解释。在法律解释方面,宏大风格主张灵活地解释法律。普通法强调"遵循先例",但在司法实践中,法官事实上拥有"规避"先例甚或"重塑"先例的解释技术。法官一方面在遵循先例,另一方面又无时无刻不在创造着法律。卢埃林在《普通法传统》中列举了64项判例法的解释技术,这些技术从"遵循""规避"到"重塑",范围广泛,卢埃林声称这一列举只是初步的,并未穷尽所有的解释技术。[2] 诸多解释技术的陈述,在给司法提

---

〔1〕 See Karl N. Llewellyn, *The Common Law Tradition*:*Deciding Appeals*, Boston:Little, Brown and Company, 1960, p. 504.

〔2〕 See Karl N. Llewellyn, *The Common Law Tradition*:*Deciding Appeals*, Boston:Little, Brown and Company, 1960, pp. 77~91.

供工具箱的同时也证明了先例原则的灵活性。[1] 先例不会强迫法官去做什么，仅仅是将法官限制在非常宽阔的河道之内，这是法官自由畅游的空间。[2] 在遵循先例的范围内，法官依然可以创造法律。[3] 普通法的发展不是取决于历史上的著名判例，而是取决于法院中一件件普通案件，普通案件是法官发挥创造力的恒久机遇，持续不断的普通案件塑造了并正在塑造着判例法。[4] 关于制定法的解释，卢埃林认为，虽然制定法与判例法的解释技术不同，但却具有相似的解释灵活度，法官可以通过目的解释等方法实现法律解释的灵活性。

（4）坦诚的裁判论证。所谓坦诚的裁判论证是指法官在裁判意见中明确表达裁判前提，充分论证裁判理由，坦诚表明裁判依据和法官所考虑的各种因素，而非程式化风格下的"犹抱琵琶"式的含蓄与隐瞒。卢埃林有时也将宏大风格称为说理风格。它要求法官充分论证法律推理的大、小前提，尤其对利益权衡、后果考量要做出细致说理。"秘密的工具不是可靠的工具"，应该努力使用清晰的方法。[5] 清晰的方法容易受到检视与传承，裁判意见坦诚表明裁判依据，充分论证裁判理由不仅有利于法官的自我验证与检视，也有利于为未来的判决提供预测。法律现实主义区分了裁判的理由与动机，认为在程式化风格中裁判理由是一回事，裁判动机是另一回

---

〔1〕 See Cark, Trubek, "The Creative Role of the Judge: Restraint and From in the Common Law Tradition", *Yale L J*, 71, 1961, p. 255.

〔2〕 See Becht, " A Study of the Common Law Tradition: Deciding Appeals ", *Wash. U. L. Q.* , 1962, p. 12.

〔3〕 See Karl N. Llewellyn, *The Common Law Tradition: Deciding Appeals*, Boston: Little, Brown and Company, 1960, pp. 108~113.

〔4〕 See Karl N. Llewellyn, *The Common Law Tradition: Deciding Appeals*, Boston: Little, Brown and Company, 1960, p. 99.

〔5〕 See Twining, *Karl Llewellyn and the Realist Movement*, London: Weidenfeld and Nicolson, Ltd, 1985, p. 365.

事。裁判理由并不一定反映裁判动机，判决意见不具有描述裁判过程的功能。[1] 少数极端的法律现实主义者甚至认为在程式化风格中判决意见只是对裁判结论所做的合理化而已，毫无预测价值，与法官的实际动机也无任何联系。[2] 卢埃林认为，在宏大风格中，裁判理由与裁判动机的重叠要远多于程式化风格，裁判动机可能属于最为重要的理由，可能是影响法官裁判的真正理由。

　　由上观之，强调法官的情景感悟，关注裁判的可接受性，采取灵活的法律解释，注重坦诚的裁判论证的宏大风格，实际上是在一定规制下的司法创造性与灵活性的发挥。司法需要遵循先例，但前提是先例原则是可接受的，如果先例原则在具体案件中的适用，在现实社会丧失了可接受性，则应当重新探讨之；此外，在相互矛盾的先例中做出选择也是法官经常面临的问题。[3] 这种探讨或选择必然是宏大风格的，法官需要回顾普通法传统，需要考虑社会现实，也需要展望裁判的可欲性。[4] 制定法亦是如此，往往通过"观念与传统、继承与发展、手段与目的、方法与需求"[5] 相协调的法律解释达致规则的不断更新。

　　（三）确定性重构：裁判的可估量性

　　法律确定性问题是法学无法回避的问题。对于法律确定性，以卢埃林为代表的法律现实主义者持肯定态度，以弗兰克为代表的法

---

　　[1] See Karl N. Llewellyn, *The Common Law Tradition: Deciding Appeals*, Boston: Little, Brown and Company, 1960, pp. 56, 131.

　　[2] See Karl N. Llewellyn, *The Common Law Tradition: Deciding Appeals*, Boston: Little, Brown and Company, 1960, pp. 26~27, 289~291.

　　[3] See Karl N. Llewellyn, *Jurisprudence: Realism in Theory and Practice*, Chicago: University of Chicago Press, 1962, p. 217.

　　[4] See Karl N. Llewellyn, *The Common Law Tradition: Deciding Appeals*, Boston: Little, Brown and Company, 1960, p. 44.

　　[5] See Karl N. Llewellyn, *The Common Law Tradition: Deciding Appeals*, Boston: Little, Brown and Company, 1960, pp. 36~37.

律现实主义者持悲观态度。以卢埃林为代表的多数法律现实主义者认为确定性追求是法律的必然使命，虽然法律无法实现完全意义上的确定性，但基本的确定性还是可及的。作为判决理由的实质权衡并不会打破人们对裁判的预期，甚至会有利于实现裁判的可预期性。道尔顿说，"我们预测判决的能力与法律规则没有太大关系，更主要地是因为我们知道那些影响法官的价值观。"[1] 司法裁判的可预期性不是取决于它可以被形式地证立，而是取决于裁判的理由可以被人们充分把握。许多时候，人们并不知道具体的法律，但却知道某种行为的性质，这种认知更大程度上是基于行为的伦理属性及对行为后果的常识性判断。[2] 司法中的创造性举动并不必然导致裁判的不可估量性，相反，它对各种既存的权威性体系保持着敏感，权威性体系会带来反应的统一性。[3] 情境感悟旨在将个人偏好基本砍掉，直至成为法律也在寻求的标准。[4] 以弗兰克为代表的少数现实主义者对法的确定性持悲观态度，认为提高法律确定性的期望在多数情况下是徒劳的，情境化、细化的规则也不能使司法裁判具备可预测性。我们不应为这种不确定而哀叹，一方面是因为它无法改变，另一方面是因为某些灵活与变通是司法必需的，它毋宁是一种恩赐。

卢埃林在早期论著中致力于批判法律的确定性，但在后期论著中又努力为裁判的"可估量性"（另一种形式的确定性）辩护。卢

---

〔1〕　Clare Dalton, "An Essay in the Deconstruction of Contract Doctrine", *The Yale Law Journal*, Vol. 5, 1985, p. 1009.

〔2〕　参见陈坤："疑难案件、司法判决与实质权衡"，载《法律科学》2012 年第 1 期。

〔3〕　See Karl N. Llewellyn, *The Common Law Tradition: Deciding Appeals*, Boston: Little, Brown and Company, 1960, pp. 190~191.

〔4〕　See Karl N. Llewellyn, *The Common Law Tradition: Deciding Appeals*, Boston: Little, Brown and Company, 1960, p. 504.

埃林的这两种观点并不冲突而是一以贯之的。否定规则的确定性是卢埃林的思想起点与理论导入点，但以卢埃林为代表的多数法律现实主义者显然明了确定性对法治的根本性意义，失却了确定性，法治的根基就不复存在了。在否认了法律形式主义下的裁判结果的确定性后，卢埃林开始致力于寻求新的确定性。卢埃林说，人们习惯性地认为，逻辑地适用法律规则就能实现裁判的确定性，特别是判决意见必须以这种方式乔装打扮才能获得承认。但是对于疑难案件，这种形式主义的确定性从未出现过，追求这种性质的确定性注定只是徒劳。[1] 事实上，裁判的确定性是由一些其他因素带来的。

卢埃林用裁判的"可估量性"代替了"确定性"概念，强调可估量性并非指自动售货机式或传送带式的完全可预测性，但它可以达到合情合理甚或十分妥帖的水平；案件裁判不存在绝对的确定性，研究绝对的确定性毫无意义，找寻减少裁判的不确定性增加裁判的可估量性的因素与路径才是有价值的研究。[2] 虽然，出于严谨、细致等方面的考量，卢埃林没有使用"确定性"概念，而是使用了带有主观意味的"可估量性"概念，可估量性的研究也限定在了上诉法院，但是，管中窥豹，透过卢埃林的可估量性理论，我们可以发现法律现实主义关于确定性的基本论断：一个社会浓缩了各类因素在内的独特的法律文化蕴含着裁判结果的确定性，宏大风格有助于实现裁判结果的可估量性。卢埃林在《普通法传统》中提出了有助于上诉法院实现裁判可估量性的十四个稳定性因素。[3] 根

---

〔1〕 See Karl N. Llewellyn, *The Case Law System in America*, Edited and with an Introduction by Paul Gewirtz, Translated from the German by Michael Ansaldi, Chicago and London：The University of Chicago Press, 1989, p. 73.

〔2〕 See Karl N. Llewellyn, *The Common Law Tradition：Deciding Appeals*, Boston：Little, Brown and Company, 1960, p. 19.

〔3〕 参见 [美] 卡尔·N. 卢埃林：《普通法传统》，陈绪刚、史大晓、仝宗锦译，中国政法大学出版社 2002 年版，第 18~57 页。

据稳定性因素的来源不同，可以将其归纳为三类。

（1）共享的文化环境。作为特定社会环境中的法官，他们的行为一定程度上被规律化了，特定的文化和社会条件赋予了法官大致相同的思维方式，且明显有别于其他文化和社会条件下的法律人思维；一个特定的法庭往往在工作方法、工作态度甚至价值观方面也具有某种趋同；司法审判中某一特定阶段的风格（程式化风格或宏大风格）一定程度上定格了司法行为；程式化风格下，审判过程被置于一种"确信存在且仅仅存在单一正确答案"的意识形态之下，这种司法的整体气氛有助于增加案件（尤其是简单案件）裁判结果的可估量性；宏大风格下，审判过程被置于一种"追求更佳、更优的具有可接受性的裁判方案"的意识形态之下，浓缩了各类因素在内的独特的法律文化蕴含着裁判结果的可估量性。

（2）共同的法律职业。法律职业者接受了大体相同的职业训练，身处大体相同的职业环境，有共同的专业语言、专业思维，法律职业共同体使得法律人的法律行为趋同化，为行为的规律性提供了保障；在简单案件中，法律规则"支配"着案件裁判，在疑难案件中，法律目的、法律精神支配着案件裁判，它们都能够带来一定的可估量性；在法律适用过程中，存在着一些公认的技巧，这些技巧被法官们熟知、察觉和效仿；法官对于产生某种公正结果的深切需要、义务和职责是根深蒂固的，它们同时指导和影响着审理过程，也成就着裁判的可估量性；法官拥有公职，司法职位是一个具有特殊压力的专任职位，使自己坚定地抵御情感的影响，防止理性与公正判断力的可能偏差是法官的分内之事。

（3）求同的司法制度。"判决意见"的说理不仅使得判决结果具有了较强的说服力而且具有远远超越眼下案件的前瞻性，为将来类似案件的审理提供了一个预先判断的标准；法官异议及其提出的裁判可能性的公开也有助于裁判的可估量性；上诉法院法官在审理过程中可以法定考虑的事实部分在很大程度上被限制在一个范围之内；上诉法院需要处理的问题可以分为最终需要判决的问题（维持原判抑或予以改判）和需要裁定的问题（如何处理初审法院错误清单中的诸多问题），这些问题已经被律师预先集中和限制，从两种选择中比从一堆选择中更容易挑选以作预测；法庭辩论通过发现案件争议焦点，集中权威先例，展示案件事实，争论冲突方案，可以增强裁判的可预测性；合议庭制度有助于裁判的可估量性，一个真正对话商谈的集体容易产生理性的裁判，连续性也容易得到维系；完善的司法保障制度可以保障法官的诚实，保障裁判的可估量性。[1] 由上观之，"求同"是司法制度的重要价值追求，求同的司法制度有助于实现裁判可估量性。

上述十四种稳定性因素相比较，有助于实现裁判结果可估量性的最重要的因素是法官们都置于一种闻名已久、明确感知并为之自豪的司法传统之中。[2] 一个社会的浓缩了各类因素在内的独特的法律文化蕴含着裁判结果的可估量性，司法裁判的统一性更为有效的实现途径存于身处特定文化中的裁判主体自身，法律现实主义所追求的确定性实现了由"规则中心"向"行为中心"的转变。从情境出发，引入公理、公平与常识的宏大风格，能使裁判获得更高程度的可估量性。"宏大风格是人类所发明的使奔涌的不确定性之泉逐渐干涸，以及解决权威先例意见表面上的命令与正义的迫切需要之间矛盾的最好工具。"[3] 宏大风格的可估量性有两方面的优势：其一，宏大风格下的规则是体现在法官行动中的规则，法官运

---

〔1〕 参见［美］卡尔·N. 卢埃林：《普通法传统》，陈绪刚、史大晓、仝宗锦译，中国政法大学出版社 2002 年版，第 18~57 页。

〔2〕 参见［美］卡尔·N. 卢埃林：《普通法传统》，陈绪刚、史大晓、仝宗锦译，中国政法大学出版社 2002 年版，第 18 页。

〔3〕 Karl N. Llewellyn, *The Common Law Tradition：Deciding Appeals*, Boston：Little, Brown and Company, 1960, p. 37.

用情境感悟，考察规则可能产生的后果，自然地寻求更佳的法律，以实现判决的最大合理性。这种合理性不是个人的而是具有相当的社会性与客观性，人们对某一解决方案是否公平、合理有着广泛共识，基于这样的规则和方式之下的判决结果，"倘不能被预知，也可以被预感"。[1] 其二，宏大风格下真正影响裁判的因素被公开，让这些因素以真实面貌、合理方式发挥作用，比假装无视它们更有助于减少不确定性与无规律性。[2] 霍姆斯反对法律形式主义的一个重要原因就是因为形式主义常常把带有意识形态或者政治倾向的判决伪装成完全客观的、唯一正确的、逻辑的结论。这使得法官可以在相互竞争的政策之间进行暧昧的、无意识的选择。[3] 形式主义貌似实现了确定性，实则蕴含着极大的不确定性，而现实主义貌似背离了确定性，实则有助于裁判结果的可估量性。[4]

[1]　See Karl N. Llewellyn, *The Common Law Tradition: Deciding Appeals*, Boston: Little, Brown and Company, 1960, p. 38.

[2]　参见孙新强："论普通法的'宏大风格'"，载《法制与社会发展》2007年第1期。

[3]　参见［美］托马斯·C. 格雷："霍姆斯论法律中的逻辑"，载［美］斯蒂文·J. 伯顿主编：《法律的道路及其影响——小奥利弗·温德尔·霍姆斯的遗产》，张芝梅、陈绪刚译，北京大学出版社2005年版，第180页。

[4]　本章部分观点已发表。参见王德玲："法律现实主义、后果取向与大数据——疑难案件裁判范式新探"，载《山东社会科学》2019年第5期。

第四章
现实主义裁判范式的辩护与澄清：从"主义"到"范式"

一、法律现实主义的理论误解与辩护

从法律现实主义思潮兴起的那刻起，关于它的争论就没有停止过，不管是支持者的支持还是批判者的批判，客观上都成为体现现实主义深远影响的一个棱面，成为对现实主义进行全面梳理、客观评价的"凸透镜"。综合来看，学界对法律现实主义的评价，正像现实主义的主张一样，具有时空性、流动性，随着社会发展大体呈现出"肯定—否定—肯定"的认识轨迹。当法律形式主义阻碍法律与社会发展时，具有强烈批判意识的法律现实主义就像一股狂风驱散了僵化的传统思想的阴霾，在这一时空下，人们更多感受到的是实用主义的清新之风、现实之魅，现实主义因社会的接纳与认可最终成为一种思潮。法律现实主义为抨击形式主义而生，当形式主义的大厦轰然倒塌后，现实主义继之成为新的审视对象，尘埃落定再回眸之时，人们已经少了往日的心潮澎湃，多了些许理智甚至挑剔的审视，尤其二战以后，对极权主义的警惕使得现实主义成为许多学者批判的对象，称其为学术界的狂风骤雨、任性且浅薄。时间前行至今，经过了岁月沉淀与学术洗礼后，人们继而发现，现实主义所谓的"批判有余而构建不足""极端""浅薄"等缺陷很大程度上是时代赋予它的，透过极端、浅薄的面纱，我们会发现弥足珍贵的批判精神及对司法的深度思考，会看到面向现实引领未来的创新与深刻。需要强调的是，法律现实主义运动发生于法律僵化而社会激变的时代和具有判例法传统的美国，历史性和民族性是我们在评判法律现实主义思想时不可忽视的因素。而且当我们试图用"现实"的眼光去考察一个理论时，会发现它的复杂性远远超乎我们的想象。整体而言，法律现实主义是显性的毁灭者，隐性的创造者，激进与保守，浅薄与深刻并存，在法律思想的起承转合中起到了重要的纽带作用。

（一）法律现实主义的解构与建构

在法律思想史中，去发现法律现实主义所反对的东西远比去描述它所追求的东西来得容易与清晰，法律现实主义具有浓郁的"破坏"气质与"批判"色彩。规则怀疑论、事实怀疑论是它的基本命题，而对于"破旧"后的"立新"，法律现实主义则没有那么系统与明确。批评者认为卢埃林对"真实规则"的讨论仅仅是对"纸上规则"与"真实规则"的区分，并没有抽象出关于"真实规则"的理论模型，其提出的裁判思维的宏大风格也是模糊的；弗兰克提出了司法裁判是基于事实的直觉判断后，就没有了下文。[1]"现实主义者没有给我们任何的可以安放在被他们摧毁的地方的东西……他们技艺娴熟地带领我们进入了这片沼泽，他们的错误在于确信，他们知道走出沼泽的路，但是他们不知道，至少我们现在还在那里……"[2] 萨默斯也指出，工具主义者在批判了形式主义裁

---

[1]　参见孙启东、范进学："弗兰克法律现实主义观述论"，载《山东社会科学》2007 年第 3 期。

[2]　Grant Gilmore, "Reviews", *Yale. L. J*, Vol. 60, 1951, p. 1252.

判范式后，并没有发展出替代性的体系化决策方案。[1]

法律现实主义到底有没有建构性贡献？笔者在第三部分中已经给出了答案。客观来讲，现实主义的确以批判为己任，但"破"与"立"往往是融合的，"破"的过程中往往呈现着"立"的影像。而且现实主义者在后期也或被动或主动地着手了替代性理论的构建，进行了尝试性的探索。卢埃林在1951年《荆棘丛》修订版的后记中，提及了"真实规则"的理论模型：法庭所持续的追求的这种规则是满足了普通法的宏大风格的规则。[2] 他在《普通法传统》中讨论了裁判的宏大风格与裁判的可估量性理论。弗兰克在《初审法院》中构建了一种结果取向裁判模式，并提出了陪审制度改革、判例制度改革等一系列方案。这些勉强可以看作是现实主义的替代性理论，这些理论是在工具主义指引下构建的，把法作为实现社会目标的工具，核心是强调法官行为、法官经验及法官的主观能动性。但同时这些理论又是粗略的、有缺憾的：①现实主义的理论构建大都是个人的、零散的，现实主义群体之间缺少共识。②现实主义的理论构建大都直接着眼于司法实践与裁判技能，是形而下的，并非对"法的本体""法与道德的关系"等法学基本问题的构建。③现实主义的理论构建大都"本质上是一种态度和起点，而不是一种结论和意识形态"，其中的一些主张并没有给予充分的论证，也没有给予充分的阐述。[3] 现实主义成功地破除了形式主义所构建的封闭的规则系统，成功地把政策分析、利益权衡引入司法，但如何把这些模糊立场变成规范性论证方法，他们却鲜有论及。现实主

---

〔1〕 参见［美］罗伯特·S.萨默斯：《美国实用工具主义法学》，柯华庆译，中国法制出版社2010年版，第233页。

〔2〕 参见［美］卢埃林：《荆棘丛》，明辉译，北京大学出版社2017年版，第242~245页。

〔3〕 参见范愉："新法律现实主义的勃兴与当代中国法学反思"，载《中国法学》2006年第4期。

义主张"法律是实现目标的工具",但法律所要服务的社会目标是什么?现实主义虽然从实用主义的立场上进行了论述,但并没有指出明确的具有可操作性的目标,这对法律工具论来讲也是不完整的。

法律现实主义的目标是要构建一种更具说服力的替代理论,但整体而言,现实主义在理论构建方面遗憾颇多、未能周全,没有构建一种完全取代形式主义的新范式。但是,范式构建是浩大工程,不是任何一个学派在某一个时间段就能完成的,每一种学派或思潮"都陈述着关于法律重要但却不完整的真理。"[1] 现实主义范式构建中出于忽视,出于失误的空白是可以逐步丰富的。事实上,法律思想史的发展大致延续了这一轨迹,后来的批判法学、经济分析法学直至新法律现实主义都是在某种程度上对现实主义的完善,许多新生代观念在发展着现实主义。当然,这种完善本身也并不完善,法律现实主义在今天依然需要面对诸多核心问题:法律在多大程度上是实现社会目标的工具?法律的目标体系中包含着怎样的复杂性?"纸上规则"与"真实规则"如何相互影响?这些问题在今天仍有理论探讨的必要与空间。法律现实主义裁判范式的大厦远未完工,未竟事业可谓任重而道远。

(二)法律现实主义的激进与保守

关于法律现实主义的核心理论——规则怀疑论,批评者认为法律现实主义否定了法律规则,激进且浅薄。现实主义者辩护道,法律现实主义并不是否定法律规则本身,而是反对法律规则的封闭性,反对从法律规则出发的裁判思维。卢埃林论述道,并不是说规则对法官行为没有影响,甚至有时候规则会对法官行为做出非常确切的指引,但是在适用规则之前,需要进行客观的检视,检视规则

---

[1] 参见〔美〕托马斯·格雷:《美国法的形式主义与实用主义》,〔美〕黄宗智、田雷选编,法律出版社2014年版,中文版序言第3页。

与实践是否符合，何种程度上符合，然而从规则出发无法进行这样的检视。[1] 弗兰克说，否认母牛是由牧草构成的，并不是否认牧草的存在或母牛吃了牧草。主张规则不是构成裁判的唯一因素，并不是说规则不存在。[2] 卢埃林强调，"当我把关注点转移到法官行为时，也强烈地感觉到抛弃强调规则的重要性同样是不明智的……新观念对旧观点的反叛，只能表明旧有观点的不充分并不意味着它毫无价值，我们应该将对旧观点的检视带入到新观念中，最大限度地减少认知极左极右的钟摆式发展。"[3] 这种反对非此即彼，赞成兼而有之的观点体现了现实主义的理性。弗兰克澄清道，现实主义者们经常自我提醒，要重视并修复传统的法学思想。[4] 上述论述表明了现实主义者的立场是理性立场而非激进立场，也进一步表明了现实主义并不是否定法律规则的作用，最多是否定规则的核心地位。而大多数学者认为，否定了规则的核心地位就等于否定了法律、否定了法治，而且现实主义未对司法行为的制约给予关注，它依然是激进的。

批评者还认为规则怀疑论过分强调了法的不确定性，使法治走向了虚无。人类在诸多社会调控手段中核心选择了法律，一个重要的原因是因为法律具有确定性，如果失却了确定性，法律的权威就

---

〔1〕 See Karl N. Llewellyn, "A Realistic Jurisprudence: The Next Step", *Columbia Law Review*, Vol. 30, 1930.

〔2〕 参见〔美〕杰罗姆·弗兰克：《初审法院——美国司法中的神话与现实》，赵承寿译，中国政法大学出版社 2007 年版，第 196 页。

〔3〕 Karl N. Llewellyn, *Jurisprudence: Realism in Theory and Practice*, Chicago: University of Chicago Press, 1962, p. 37.

〔4〕 See Jerome Frank, "Book Review", *Yale Law Journal*, Vol. 40, 1931, p. 1120. (Reviewing Karl Llewellyn, The Bramble Bush (1930)). 转引自刘剑："'规则怀疑论者'的规则观——评卡尔·卢埃林的《荆棘丛》"，载《社会科学论坛》2006 年第 2 期。

荡然无存，法治也就无从谈起。[1] 批评者指出，现实主义试图使人们从确定性的幻想中解放出来，事实上人类也确实走出了现实主义的第一步，但是"法律必须被信仰"，世俗化对于法律来说不见得是什么好事情，它使得对法律的遵守由信仰转为功利，司法审判由对真理的宣告变成了解决问题的试验，法律的权威荡然无存，而法律权威是法律的生命。以弗兰克为代表的部分现实主义者针锋相对，认为对司法真相刻意隐瞒的"高贵的谎言"是无用的、非民主的，而且司法的自我欺骗助长了不负责任的司法。"我不认为，在公布那些措辞冷静的判决意见时掩盖其偏见的人，会借此使这些偏见的影响变得无踪迹。"[2] 法院是属于公民的，公民有权知道司法审判中存在的缺陷，有权知道哪些缺陷是固有的，哪些缺陷是可以消除的以及如何消除。只有正视问题、坦承问题才能解决问题，如果一味沉浸在法律的谎言里，法律的缺陷就得不到重视，法律的完善就无从谈起。弗兰克反复要求人们从"恰如其分的谎言"中清醒过来，丢掉幻想，去适应现实世界，这才是"现代心智"。客观上讲，过于"神话"与过于"世俗"都不是法律适当的打开方式，过分赞誉与过分诋毁都是有害的，法律的发展应该致力于（事实上一直在致力于）谋求两者的平衡，试图在两者之间寻求最大的交换值。卡多佐对确定性持辩证主张，他认为，一方面，我们尊崇法律的确定性，但前提是"合理的确定性"；另一方面，确定性并非法律的唯一价值，妥协是法律成长的重要原则。[3] 关于法的确定性问题，多数法律现实主义者持肯定、乐观的态度，致力于重构确定

---

〔1〕　参见孙启东、范进学："弗兰克法律现实主义观述论"，载《山东社会科学》2007 年第 3 期。

〔2〕　参见［美］杰罗姆·弗兰克：《初审法院——美国司法中的神话与现实》，赵承寿译，中国政法大学出版社 2007 年版，第 171 页。

〔3〕　参见［美］本杰明·N. 卡多佐：《法律的成长、法律科学的悖论》，董炯、彭冰译，中国法制出版社 2002 年版，第 12 页。

性。认为司法裁判的可预期性不是取决于它可以被形式地证立，而是取决于裁判的理由可以被人们充分把握。作为判决理由的实质权衡并不会打破人们对裁判的预期，而是会有利于实现裁判的可预期性。司法的宏大风格可以增强裁判的可估量性是法律现实主义的一个核心命题。

事实怀疑论被许多学者视为"奇谈怪论"。批评者认为，事实怀疑论过分夸大了法官个性对裁判的影响。批评者对弗兰克的"法官是人吗？"的提问，提出了三项反问："法官是动物吗？""法官是普通人吗？""法官只是个别的人，而不是一类人吗？"[1] 批评者认为，如此强调法官个性，是将法官认定事实的过程等同于动物性的刺激反应了；如此强调法官个性，是将法官完全等同于普通人了，忽视了法官区别于外行人的价值观念、知识结构、思维方式；如此强调法官个性，是仅仅关注了法官作为个体的独特性，而忽视了法官是法律职业共同体中的一员，忽略了法官的共性。[2] 弗兰克对此进一步反驳说，法官不是动物，不是仅凭感性裁判，但是理性常常与感性混合在一起，纯粹的理性只存在于判断之后的合理化论证之中；法官不是普通人，不是仅凭日常经验裁判，但没有一种专业思维是纯粹的，且专业思维只能同日常经验一道形成判断；法官是职业共同体的一员，但改变不了事实乃是被建构的这一客观规律。[3] 显然，弗兰克与批评者的分歧在于：一方强调法官是普通人，另一方则强调法官是职业人；一方强调法官个性，另一方则强

---

〔1〕 参见陆宇峰："'事实怀疑论'的浅薄与深刻——弗兰克法律现实主义再解读"，载《江汉论坛》2014年第10期。

〔2〕 参见陆宇峰："'事实怀疑论'的浅薄与深刻——弗兰克法律现实主义再解读"，载《江汉论坛》2014年第10期。

〔3〕 See Jerome Frank, Are Judge Human, *University of Pennsylvania Law Review*, 1931, (80), pp. 18~19, pp. 28~29. 转引自陆宇峰："'事实怀疑论'的浅薄与深刻——弗兰克法律现实主义再解读"，载《江汉论坛》2014年第10期。

调法官共性。而现实情境一定是两者的统一，因此，上述两种观点都算不上完满但也都不能归结为谬误。"弗兰克突出强调司法审判有心理学维度，这一点不荒唐……他试图缩短法官作为人与穿上法袍解决纠纷的同一人之间的差距。"[1]实际上，广受诟病的事实怀疑论使法学研究向前迈进了一大步，使法学研究跳出了在法律规则的圈圈里打转的现状，把研究聚焦于司法实践，聚焦于案件事实，聚焦于规范与事实的复杂互动。它提出的法官个性问题客观上也有利于推动法治的完善与发展。但是，事实怀疑论确有极端之实，它似乎走向了主观意识决定论，司法裁判必然会渗透法官的意志，但法治就是试图尽可能减少这种影响，法官个性必然会对判决产生影响，但个性并非任性与任意，更不起决定性影响。

法律现实主义的变革思维是把双刃剑，它成功地把人们从保守主义中解放了出来，但有时也会僭越到忽视"过去与一般"，只关注"现在和具体"的激进面向，甚至产生"法律只是受所处特殊环境影响的特殊个体宣言"这样的认知。[2]为了拒绝"不恰当的一般性"，而不小心拒绝了"一切一般性"。"叛逆者"往往需要一点点矫枉过正，我们不妨将"激进"作为法律现实主义的理论魅力与另类理性。梳理现实主义的论断，我们会发现现实主义并没有传说中的那么极端，尤其是其代表人物卢埃林，与其说他是一个"怀疑论者"，不如说他是一个"伪装在怀疑论者外衣下的传统主义者。"[3]他的现实主义具有明显的中间道路性质。可能因为现实主义的激进文风，也可能因为现实主义的理论匆忙，没有提出系统理

---

〔1〕　〔美〕理查德·波斯纳：《法官如何思考》，苏力译，北京大学出版社 2009 年版，第 110 页。

〔2〕　See Myers S. McDougal, "Fuller v. The American Legal Realists：An Intervention", *Yale Law Journal*, Vol. 50, 1947, pp. 827~834.

〔3〕　See William Twining, *Centennial Tribute：The Idea of Juristic Method：A Tribute to Karl Llewellyn*, 48 U. Miami L. Rev. 1993.

论来调和形式主义与现实主义的矛盾，所以现实主义在表象上似乎从一个极端走向了另一个极端，显得过于"经验"与"社会"了。就像学者评价的那样，"直觉在司法决策中起作用"的论断曾是法律现实主义的丑闻，但是法律现实主义者可能仅是在说，"法官与其他必须在不确定条件下决策的人一样，虽诚实行事，但非常依赖直觉，还依赖既塑造直觉又独立影响决策的情感。"〔1〕虽然主观上无意识，但现实主义者客观上使用了与现实主义艺术家一样的表现手法。现实主义艺术家往往把丑恶的东西用加倍的丑恶来表现，而法律现实主义则把司法中的非理性、非逻辑的部分强调到了"无可附加"的地位。可能正是这种"极端"使得现实主义思想成为一种高效清醒剂，把美国社会从法律确定性的梦境中唤醒了起来。可能正是这种"极端"招致了诸多追捧与批判，在追捧与批判声中，"法律是一门精确科学"的观念被人们抛掷脑后，现实主义反形式主义的目的达成，一度僵化的法律思想开启了新的航道。

同时，透视法律现实主义"极端"与"激进"的面纱，我们也极易发现现实主义对法律与司法的款款深情。弗兰克是现实主义的激进代表，但弗兰克表示，是霍姆斯大法官的榜样使他对缺乏现实基础、华而不实的法律观念的批判信心百倍。霍姆斯说，"我相信没有人会因为我对法律的批评是如此的自由而认为我是带着对法律的蔑视在说话……我所做的一切都是致力于使它更为完善。"〔2〕完美司法是人类所不及的，但它不能成为放弃对司法进行实质性改革的借口，司法的许多缺陷可以消除，承认缺陷并对其加以公开有

〔1〕 参见［美］理查德·波斯纳：《法官如何思考》，苏力译，北京大学出版社2009年版，第105页。
〔2〕 转引自［美］杰罗姆·弗兰克：《初审法院——美国司法中的神话与现实》，赵承寿译，中国政法大学出版社2007年版，第3页。

助于缺陷被明智地处理。[1] "我揭示法律神话背后的司法机关的实际运作情况是为了唤起建设性的怀疑主义,激发大家关注司法机关的活动,司法机关的活动之所以没有像它们能够得那样充分地发挥作用,主要的原因是他们很少被公开讨论。"[2] 弗兰克在《初审法院》中提出了一系列司法改革建议,如改革斗争模式中的一些过头之举,为法律职业者提供必要的特殊教育等。[3] 透过这些改革建议,我们能更准确地把握弗兰克的反叛思想,更深刻地理解反叛背后对法治的脉脉温情,使人们警醒到法治理论中可能存在的某些表面、虚假的成分,以完善为之奋斗的法治。我们有理由相信,不管是以卢埃林为代表的温和派,还是以弗兰克为代表的激进派,大家均秉持着弗兰克式的动机。现实主义至少提醒了我们,应认真地研究审判过程,研究法律的适用,研究司法心理学,建立有效的法官裁判约束机制以实现司法公正。

还有一点可以肯定,法律现实主义批判的意图是保守的——维护美国的"普通法"传统。[4] 卢埃林指出,与制定法相比,判例法与社会需求存在着一种自动调和机制,更适应快速发展的社会生活。判例法不是在图书馆构建的,而是从实际诉讼中而来,哪里需要新的法律,纠纷就出现在哪里,通过司法面向个案的行动,法律就实现了成长。判例法并非由单纯的概念、规则构成,普通法传统下,法官的判决一直展现着睿智的一面,当社会发展需要裁判的灵

---

[1] 参见[美]杰罗姆·弗兰克:《初审法院——美国司法中的神话与现实》,赵承寿译,中国政法大学出版社2007年版,第2页。

[2] [美]杰罗姆·弗兰克:《初审法院——美国司法中的神话与现实》,赵承寿译,中国政法大学出版社2007年版,第2页。

[3] 参见[美]杰罗姆·弗兰克:《初审法院——美国司法中的神话与现实》,赵承寿译,中国政法大学出版社2007年版,第464~465页。

[4] 参见陆宇峰:"'规则怀疑论'究竟怀疑什么?——法律神话揭秘者的秘密",载《华东政法大学学报》2014年第6期。

活时，法官会通过一系列裁判技术，不动声色地"规避"先例甚或"重塑"先例。[1] 对卢埃林不厌其烦地列举的 64 种"无瑕疵的先例技巧"，富勒评价说，"判例法体系完全符合卢埃林的喜好……他认为裁判的错误甚或邪恶是对概念主义的滥用带来的。"[2] 可以说，法律现实主义致力于解构"规则"这一制定法的源代码，一个重要的目的是维护普通法的传统。

（三）法律现实主义的浅薄与深刻

从理论创新看，批评者认为法律现实主义是"浅薄"的，法律现实主义并没有超越霍姆斯与庞德的理论范畴，并没有独特的理论建树。波斯纳说，"在法理学的重大问题上，现实主义法学家并没有说出什么此前霍姆斯和卡多佐没有说过的东西。"[3] 阿塞尔也说，"法律现实主义是一群法学家试图将霍姆斯的几条名言建构为一个法学理论的努力。"[4] 从追溯的视角看，笔者更倾向于另一种声音。二十世纪 20 年代~30 年代，法律现实主义者们面对法律形式主义的禁锢，面对普通法的危机，发动了一场法律改革运动。作为一场法律改革运动，法律现实主义有相对独特的理论框架，它致力于研究法律的运作环境，力图解释法律行为的作用，力图引导人们把注意力集中到法律行为的心理方面来。法律现实主义有其独特的理论价值，它增加了法学研究的实际分量，加深了人们对法律的理解，拉近了法律与社会的关系，对美国法学产生了深远影响，为

---

〔1〕 转引自陆宇峰："'规则怀疑论'究竟怀疑什么？——法律神话揭秘者的秘密"，载《华东政法大学学报》2014 年第 6 期。

〔2〕 Lon Fuller, "American Legal Realism", *University of Pennsylvania Law Review*, Vol. 82, 1934, pp. 438~439.

〔3〕 ［美］理查德·波斯纳：《法理学问题》，苏力译，中国政法大学出版社 2002 年版，第 25 页。

〔4〕 See G. Aichele, *Legal Realism and Twentieth-century American Jurisprudence: The Changing Consensus*, New York: Garland Publishing, 1990, p. 56.

美国法律特色的形成奠定了基础。可以说，霍姆斯法学理论启迪了法律现实主义，但同时，法律现实主义也宣传、延伸、扩展了霍姆斯的法律实用主义思想。法律现实主义亦与庞德的法社会学相映成趣，成为社会法学的一个重要分支，丰富了社会法学派的思想内涵。法律现实主义在美国法律思想的发展中起到了重要的"起承与转合"作用。它所强调的许多因素被后来的各法学流派所吸收，它成功地冲破了法律形式主义的惯性思维，开启了法律认识论的另一道闸门，成功地将法学研究的重心从立法移向了司法，它的作用是独特的，它的地位是独立的。

从理论构建看，批评者认为法律现实主义把法律界定为"法官处理纠纷的行为"扭曲了普通人的法律常识，冒犯了法律职业者的专业认知，浅薄且荒谬。在《荆棘丛》1951年修订版的致谢中，卢埃林承认"法律就是法官的行为"这个短句在没有被充分的阐释、拓展与修正之前，确实是不恰当的。但他同时申辩道，"在那些批评者中，没有人——准确地讲，没有任何人——在围攻这个短句时能提出任何证据，证明他们曾经真正读过了《荆棘丛》的其余部分"。批评者们断章取义地理解了这个短句，掀起一场"茶壶里的风暴"。[1] 卢埃林称自己没有"定义"法律，"法律是法官处理纠纷的行为"不是对法律的"定义"。他认为"法律"的内涵非常丰富，发掘这些内涵的共性都有困难，更不用说定义了。定义的缺陷在于它试图描述事物"边际"，把部分内容包含在内，有些内容排除在外，但是，任何排除都是专断的，不打算从法律事务中排除什么。能够取代"定义"的应该是找寻事物的"中心"，法律事务

---

[1] 参见［美］卢埃林：《荆棘丛》，明辉译，北京大学出版社2017年版，第6~9页。

绕不开一个中心——"法官处理纠纷的行为"。[1] 弗兰克也声称，"何为法律？完整的定义不可能存在，甚至一个有效的定义也将耗尽读者的耐心。"[2] 他甚至声称要避免使用"法律"这个词，取代"法律"的将是"法院实际上所做的；法院应该做的；法院是否做了他们应当做的；法院是否应当做他们应该做的。"[3] 法律现实主义的研究者莱特说，"现实主义者们都不是哲学家，更不是分析哲学家，他们在法律的概念方面没有明晰的东西。"[4] 英国法学家推宁也说，法律现实主义者几乎不关注"法律是什么"等传统法理学的主要问题。[5] 法律现实主义的支持者表示，现实主义者不会如此幼稚，"法律即规则"的常识不是他们要推翻的，任何一种反叛都不是脱缰的野马，都或明或暗或直接或间接地强调限度与规制，没有人能忽视这一点。貌似浅薄的论断可能蕴含着深刻的洞见，毋庸置疑，现实主义引领了人们去关注司法行为，关注司法的活力，揭示了司法既要对规则进行入乎其内的真诚解读，又要让规则渗透进现实的声音，现实主义思想迅速推动了"自动售货机理论"的式微。

在理论构建上，批评者还认为现实主义把法官的裁判认定为是基于事实的"直觉判断"，轻率地把理性与合法性丢到了一边，是一种浅薄。现实主义辩护称，"直觉判断"绝非是一种纯粹的感性，

---

〔1〕 See Karl N. Llewellyn, "A Realistic Jurisprudence: The Next Step", *Colum. L. Rev*, Vol. 30, 1930, pp. 431~465.

〔2〕 Jerome Frank, *Law and the Modern Mind 1930*, New York: Tudor Publishing Company, 1936.

〔3〕 参见〔美〕杰罗姆·弗兰克：《初审法院——美国司法中的神话与现实》，赵承寿译，中国政法大学出版社 2007 年版，第 3 页。

〔4〕 Brian Leiter, "Legal Realism and Legal Positivism Reconsidered", *Ethics*, Vol. 111, 2001, pp. 278~301.

〔5〕 See William Twining, "Talk About Realism", *New York University Law Review*, Vol. 60, 1985.

法官在案件审理中的"直觉"包含了他们在专业学习及职业生涯中积累起来的智识努力与职业素养，它不同于普通人的日常直觉，"就好像武林高手无招胜有招的绝顶修为不同于庄稼汉胡抡草叉的瞎把式，作曲家的神来之笔不同于音盲对歌曲的随意篡改一样。"[1] 在"直觉判断"中，法律规则不是无用的而是内化为法官的职业经验并对判断过程进行了限制。更重要的是，法官"直觉判断"后的规范性论证过程会进一步对"直觉"加以验证与修正，使"直觉判断"获得理性与合法性的支持。现实主义认为司法过程是一个理性与非理性交织的过程。弗兰克因为强调判决过程的"非理性"因素而被指责为"反理性"，他辩护称，事实恰恰相反，理性的范围不会因虚假的伪装而得到扩展，而现在虚伪的理性已经超过了理性的实际范围。虚伪的理性可能是"反理性"的最佳伪装。他引用了帕斯卡尔的格言："两个极端，一端是排除理性，一端是只承认理性。"事实上，理性与非理性都是人的思维之中不可或缺的、有价值的组成部分，而且只有承认了非理性才能正确地处理非理性并尽可能地减少非理性，而逃避非理性，对那些可能带来问题的丑恶事物保持某种无知状态的愿望实乃是一种"近视"策略。[2] 现实主义的上述辩护还是很有说服力的。学者论述道，不管我们如何看待非理性因素在司法中的作用，都不会弱化非理性因素在司法决策中的力量，没有消除的办法，也没有充分的替代。[3] 当然，

---

〔1〕　参见柯岚："法律方法中的形式主义与反形式主义"，载《法律科学》2007 年第 2 期。

〔2〕　当一个近视的人第一次戴上眼镜时，他通常会抱怨："我难以忍受这副眼镜。它使我所有的朋友看起来是那么丑陋，他们的脸上都有斑点。而所有的房子又是如此的脏乱和陈旧。我不喜欢这副眼镜，我也不想看清所有的细节。"参见 ［美］杰罗姆·弗兰克：《初审法院——美国司法中的神话与现实》，赵承寿译，中国政法大学出版社 2007 年版，第 471 页。

〔3〕　参见 ［美］理查德·波斯纳：《法官如何思考》，苏力译，北京大学出版社 2009 年版，第 113 页。

至于类似法官的消化不良都会影响裁判等观点，的确是过于强调主观的作用，过于片面了，法官不可能无节制地根据自己的主观意志来裁判案件，法官的个性也只能在自由裁量的范围内发挥作用。

以今天的视角来看，法律现实主义的"极端"与"浅薄"是时代赋予它的，"理性"与"深刻"也是放在当时的背景下对它的评价。现实主义打破了形式主义的铜墙铁壁，它提出了"法律是官员处理纠纷的行为"，"法官的裁判是基于事实的直觉判断"等现实主义论断。在"破"与"立"的过程中，它的激进与极端是显性的，在表面上走向了形式主义的反面，形成了另一种"形式主义"。激进与极端之下必然附带着浅薄，也必然招致更激烈的批判，正是在这种批判声中，现实主义从鼎盛迅速走向了衰落。但是，离经叛道的背后蕴含着对法律、对司法的深度思考。现实视角与世俗眼光甚至主观立场亦属于一种理性，它提醒法官"永远不要让法律忘记触摸普通人的需要。"〔1〕在法律思想的长河中，它完成了一种思想的重要转折。如果说，法律现实主义"没有栽下大树，但至少清除了许多灌木，它标志了一种态度，一种导向，同时也标志着一种方向的改变。这就是它所提供的，并且，也许还相当多。"〔2〕麦考利说，"在我们看来，那个年代学术界的一些事情充其量像是一些奇闻轶事，然而无论如何，当回顾法律现实主义的历史时，必须意识到，我们的曾祖父辈和祖父辈所懂得的东西实际上比我们归功于他们的更多。"〔3〕弗里德曼也认为，"在一个重要的意义上，法

---

〔1〕 参见武宏志："论霍姆斯的'逻辑'和'经验'"，载《政法论丛》2016 年第 6 期。

〔2〕 ［美］理查德·A. 波斯纳：《超越法律》，苏力译，中国政法大学出版社 2001年版，第 464 页。

〔3〕 ［美］斯图尔特·麦考利："新老法律现实主义：'今非昔比'"，范愉译，载《政法论坛》2006 年第 4 期。

律现实主义在终结时几乎打败了其所有的敌人。"[1]

二、裁判范式的现实检视与澄清

本章在上一部分以似乎客观的立场竭力论证了法律现实主义的价值与意义。为了保持理论的警惕性，为了寻找真正的客观立场，有必要对现实主义裁判范式做一现实检视并与形式主义裁判范式做一共同审视，以期呈现司法过程的真实面貌。

法治即规则之治，法律规则的独立性与权威性是法治的基础，也是司法安身立命之本，因此，除非特殊情况，案件应该遵循形式主义的思维方式。波斯纳说，"在法律职业中，有许多最强有力的思想家都是形式主义者，而不论他们是否使用了这个标签。"[2] 庞德认为，如果司法一定要在"全然机械适用"与"全然自由裁量"之间做出选择，人们一定会选择前者，这是合理本能。[3] 波斯纳总结道，"形式主义既是法律人的也是普通人的，既是实在法法律家也是自然法法律家的正式法理学。"[4] 虽然法律形式主义一度成为法学研究中被驳斥的靶子，就像学者论述的那样，人们对于"法律形式主义是什么"没有足够共识，但对它的态度却是共识的，"不管法律形式主义是什么，反正它总是不好的。"[5] 但是，坚持适度的形式主义，相信大多数情况下规则和逻辑会提供确定的答案，依然是人们坚守的信念。法律形式主义裁判范式一直承受并且

〔1〕 Lawrence M. Friedman, *American Law in the 20th Century*, New Haven, Conn：Yale University Press, 2002, p. 493.

〔2〕 ［美］理查德·A. 波斯纳：《法理学问题》，苏力译，中国政法大学出版社2002年版，第568页。

〔3〕 参见［美］本杰明·N. 卡多佐：《法律的成长、法律科学的悖论》，董炯、彭冰译，中国法制出版社2002年版，第4页。

〔4〕 ［美］理查德·A. 波斯纳：《法理学问题》，苏力译，中国政法大学出版社2002年版，第568页。

〔5〕 See Frederick Schauer, Formalism, *Yale. L. J*, Vol. 97, 1988, p. 510. 转引自柯岚："法律方法中的形式主义与反形式主义"，载《法律科学》2007年第2期。

能够承受经久不息的论战本身也说明了它的吸引力与生命力，它并非不堪一击的教条，司法对法律规则、客观事实、逻辑推理的依赖与固守是本分。但与此同时，法律也必须秉持一种开放态度，为法官提供在规则模糊、缺失、冲突或不正义时的变通机制，为法官查明案件事实提供发挥主观能动性的舞台，让逻辑与经验携手。法律不是纯粹科学，"而是法律人在法治社会中必须捍卫的治理术。"[1]法官是法律的保守者但不应是顽固派，要成为法律的革新者但不是激进派，要努力在法律规则的能与不能、事实认定的客观与主观、法律适用的顺推与逆推中寻求平衡。

（一）法律规则的能与不能

法律规则是司法裁判的必要条件。法律是人类的一种创造，具有极强的目的性，这种目的性就是法律对人类需要的满足，即法律价值。法律最原始、最基础的价值是规范人的行为以维护社会秩序，并在此基础上产生了实现正义、保障人权等法律期望。法律规则是人类根据社会生活需要对人类行为进行规范的符号。作为一种行为规范，法律规则承载着人类的理性与经验，为人们设定了行为模式以指引人们的行为。作为一种符号，法律规则使用的概念具有相对确定的涵义，法律规则的确定性在一定程度上能够得以实现。具体而言，法律规则的"能"表现在：首先，法律规则能够为人们的行为提供指引，包括对司法裁判的指引；其次，法律规则能够为人们的行为提供一种确定的指引，确定性、统一性是法治的核心价值，"同案同判""同样问题同样处理"，法律规则为司法裁判提供了一种确定性。在理想世界里，法律规则与人类需求一致，法律规则与法律目的契合，法律规则的"全能"得以体现。当然，法治的理想世界并不存在，但它至少告诉我们，法律规则是法律最基本、

---

[1] 参见柯岚："法律方法中的形式主义与反形式主义"，载《法律科学》2007年第2期。

最朴素、最纯粹的存在，是司法裁判的必要条件，它可以让我们确信，法律规则与法律目的可能会无限接近。

但是，法律规则远不是司法裁判的充分条件，仅仅做到规范地适用法律规则并不必然达致裁判的圆满。法律规则以有限理性、有限语言来承载人类无限的行为、无限的欲求，其局限性是显见的：①法律规则存有漏洞。人类认识能力的局限决定了立法不可能绝对周详，立法永远不能对应当纳入法律的社会现象均做出详尽无遗的规定。而且社会无时无刻不处在变化之中，法律也会因时距出现"空白"。"有一百条法律，却有一百零一个问题"，法律漏洞使得某些案件无规则可依。②法律规则之间存在冲突。现代社会，立法主体多元、社会情势复杂多样，导致了法律规则之间的冲突、矛盾总是难于避免。法律规则的冲突会导致选择的困难及不确定，出现法律适用冲突。③法律规则与社会正义存在冲突。"法律是善良允正之术"，法律规则与社会主流的正义观应该是一致的，合法性与合理性应该是统一的。但在实践中，"法律效果"与"社会效果"，"合法"与"合理"经常处在深沉的张力之中。④法律规则不明确。法律规则不明确主要是由规则的一般性和语言的模糊性带来的。法律以语言为载体，语言不是精确的表意工具，文字的内涵和外延具有模糊性。再加上法律规则的一般性导致法律语言的高度概括与高度抽象，其含义就更加模糊了。法律规则的不明确使得某些案件常常处在是与非、此与彼的交界地带，无法清晰地对号入座，出现规则适用困惑。在上述各种形态中，第四种存在形态最为普遍。如人们广泛讨论的在"禁止车辆进入公园"的规则下，儿童的电动玩具汽车可以进吗？救护车可以进吗？在"进口蔬菜纳税，进口水果免税"的规则下，进口番茄是纳税还是免税？就像学者概括的那样，"无论法律规则制定得多么周详，它与纷繁复杂的现实生活也不可能天然吻合，在立法过程中被立法者浑然不觉的法律自身的漏洞、歧义、冲突、矛盾，无论其潜伏期有多长，迟早会在司法过程中暴露出来。"〔1〕 当漏洞、歧义、冲突、矛盾暴露出来后，该如何填补法律规则的"不能"？法学界作出了诸多探索，提出了诸多建设性方案，也形成了不同的立场与派系。

庞德在《普通法的精神》中提出了借"餐刀"之名行"鹤嘴锄"之实的司法智慧，产生了广泛的影响。〔2〕 庞德说，当法律规定用"餐刀"来实现用"鹤嘴锄"更能胜任的任务时，较好的办法是一方面坚持使用"餐刀"的原则，维护法律的不变性，另一方面从实用的角度出发，实际上使用"鹤嘴锄"。〔3〕 当形式合理性不足以实现正义时，就可以依据实质合理性来进行填补，但法官并不愿意被认为这种填补是在"创造"，因此，借"餐刀"（形式合理性）之名行"鹤嘴锄"（实质合理性）之实，使形式合理性与实质合理性实现统一，这是法治理念下的司法智慧。庞德主张的司法智慧实际上是为了维护法律权威，把案件裁判事实上的决定因素——法律规则之外的因素强行装扮进了法律规则的外衣之下，实现了形式上的"据法司法"。

德沃金提出了"法律原则"理论，认为法律是由规则、原则和政策建构的无漏洞体系。法律规则存在"不能"，因而产生了缺乏明确法律规则加以指引的疑难案件，但是，这些案件可以通过法律规则背后的法律原则找到答案。法律原则既能使疑难案件得到解决，又能保证法律的确定性。〔4〕 德沃金的法律原则理论本质上是

〔1〕 桑本谦："法律解释的困境"，载《法学研究》2004年第5期。
〔2〕 参见〔美〕罗斯科·庞德：《普通法的精神》，唐前宏等译，法律出版社2001年版，第116~117页。
〔3〕 参见〔美〕罗斯科·庞德：《普通法的精神》，唐前宏等译，法律出版社2001年版，第117页。
〔4〕 参见〔美〕罗纳德·德沃金：《认真对待权利》，信春鹰、吴玉章译，上海三联书店2008年版，第18页。

· 134 ·

一种法律形式主义，是一种具有包容与开放性的形式主义。他认为法律是完满的体系，通过法律原则可以在裁判的规则因素与非规则因素之间构建纽带，在司法的封闭与开放之间寻找平衡。德沃金的法律原则理论被学界普遍接受，但它也一直面临着质疑。批评者认为法律原则缺乏独立性，它不过是处在法律规则与社会伦理、公共政策中间的一种原则性的规则。具体而言，其一，法律原则中的基本原则在内容上无法区别于社会伦理与公共政策，在裁判中无法忽视社会情势与民意，也无法摆脱法官的主观性。依据法律原则作出裁判在许多时候不过是一种空洞的表述，"判决仍在法律之内"往往是一种安慰性的修辞。其二，法律原则中的具体原则无法从根本上区别于法律规则，法律规则的一切缺陷，如滞后、冲突、不明确、法律漏洞等，在具体原则那里都能找到，只不过程度各有轻重罢了。

法律现实主义也致力于填补法律规则的"不能"，它给出了另一种思路。法律文本的一般性特征决定了在疑难案件中法律适用的困境，法官在这类案件中必须要行使"至高的选择权"，[1] 无论有没有自觉意识，法官在行使选择权时都会受到"公共政策""社会利益考量"的引导。[2] 在司法裁判中，法官会在法律目的指引下，采取结论先行，论证在后的"结果取向"裁判思维，裁判风格采取"宏大风格"，会引入道德、政策、习惯等社会因素对法律规则进行实质性续造，从而构建一个法律规则与社会因素相互勾连的论证结构，以弥补规则的不足。当然，在这一过程中，法官并非无章可循，法律价值可以给予法官以实质意义的指引，裁判的可接受

---

〔1〕 See Oliver Wendell Holmes, "Law in Science and Science in Law", *Harvard Law Review*, Vol. 12, 1889.

〔2〕 See Oliver Wendell Holmes, "The Path of the Law", *Harvard Law Review*, Vol. 10, 1897, p. 469.

性可以给予法官以形式意义的指引，合宪性解释、社会学解释等可以给予法官以方法论意义的指引。现实主义认为，立法未竟之事，通过司法者的司法行为予以补充，司法行为能够让公众忽略法律规则的"不能"，并产生法律全面保护的信任。

各种不同的立场隐含着某种共性的东西，那就是均试图在"形式"与"实质"，"合法"与"合理"之间找寻均衡点。司法不能因循守旧而扼杀社会的创造力，但也不能对社会需求提供橡皮章式的认可，法律思想史的重要贡献就是论证了中间路线或平衡方案的价值。一定程度上，法学界与法律界早已从形式上统一了思想。但问题在于，司法如何才能作出既回应社会需求、蕴涵公平正义，又维护法治权威与法治统一的裁判？从绝对意义上讲，这一目标在现实中无法实现，我们将永远在"合法"与"合理"，"法律效果"与"社会效果"之间左右摇摆，我们会一直面临是法律还是正义的选择困惑。以"极端"著称的法律现实主义其实也是平衡论，它以法律规则的适用为先决条件，主张法律规则被工具性地适用，当法律规则是实现目的的有效工具时，法律规则将被严格地适用，当法律规则不能实现目的时，司法将向社会开放，从道德、政策、习惯等因素中寻求帮助，对法律规则进行续造，以保证工具的有效性。

法律现实主义与庞德、德沃金的平衡论是有根本不同的。从认识论看，庞德认为法律规则与法律规则之外的因素可以在法律规则的外衣下实现统一，德沃金认为法律规则之外的因素并不一定处在法律之外，法律原则能够囊括之。现实主义则认为法律规则与法律规则之外的因素可以在法律目的的指引下实现统一。从方法论看，德沃金与庞德的立场更为接近，他们用技术手段把实质权衡隐藏在了形式证立之下。现实主义则认为对法治的尊重应以承认其限度为前提，实质权衡应当成为裁判的理由，裁判应当承担实质论证的责任。归根结底，庞德、德沃金的平衡论是法律形式主义的。法律形式主义的平衡与法律现实主义的平衡，思维的起点一个在法律规则，一个在法律目的，追求的目标一个在法律权威，一个在司法效果。表现在技术操作手段上亦有不同，主要区别在于裁判对社会因素的引入是隐蔽的还是坦诚的。一般而言，法律规则与案件事实相遇时，存在三种可能：其一，法律规则是适宜的，没有需要续造法律的问题出现；其二，法律规则存在争议，但规则背后的理论基础强烈表明应遵循规则；其三，法律规则存在争议，同时规则背后的理论基础显示规则的适用性较弱。显然，传统法律形式主义、庞德与德沃金的平衡论、法律现实主义可在较大程度上对应上述三种情况，并在各自领地彰显范式的优越性。当然，这种区分与选择最终取决于法官对案件事实、法律规则与相关理论基础的具体关联性的敏锐感觉。

（二）案件事实的客观与主观

法律形式主义对案件事实持客观实证论。认为案件事实是客观的独立存在，按照它发生时的样子被各种证据记录了下来，它就在那儿，等待着法官去发现。司法的任务就是通过留下来的印记或痕迹，利用各种证据对客观事实予以还原与重现。只要法官经过严格的职业训练，按照确定的证据规则，就能够重现客观真实。

法律现实主义对案件事实持主观建构论。认为过去的事实已经过去，案件事实只能是法官对各种证据进行获取、审查、推理所得出的事实判断，它是法官根据证据构建的主观事实，是一种法律意义上的事实。案件事实具有以下特征：①它是一种回溯性证明，是用现有证据回溯过去。②它是一种特定时空内的证明，证据的获取、审查、推理要受审理期限、社会资源、技术条件等影响。③它是一种受多方因素制约的证明，事实印记或痕迹的多寡，当事双方证明手段的高低，法官的认知水平都影响案件事实的建构。④它是一种相对意义上的"客观真实"，不能保证案件事实与客观事实完全一致。[1] 概言之，案件事实的建构需要依赖证据，而各种证据不必然对曾经发生的事实都详尽地给予了记录，也不必然是真实可靠的记录。证据之间还可能存在着矛盾与冲突，案件事实的建构需要对证据的真伪加以识别，需要对冲突证据做出筛查，需要对各种证据进行推理连接，这一过程必然受到法官自身的能力、经验甚至是个性与偏见的影响。

客观实证论与主观建构论虽有根本不同，但却不能把两者彻底割裂开来，更不能在司法实践中走向两个极端。一方面，如果法官一味追求客观真实，不仅是盲目的徒劳，而且容易造成诉讼拖延，产生高昂的诉讼成本。另一方面，如果法官认为案件事实与客观真实是两个完全不相干的存在，客观真实不再是案件事实追求的目标，法官只是程序性地将证据筛选与整合，游走在冰冷的程序与规则之中，而绝少从道德、社会的视角去审视案件事实的正当性和可接受性，[2] 案件的审判就可能变成诉讼技巧竞技场，程序正义可能会彻底地碾压实质正义。弗兰克曾指出，现代社会的审判方式通常被称之为"抗辩式"，它的理论基础是"斗争"，起源于古代的武力斗争模式。弗兰克引用麦考利的话论述了对抗制的价值，"只有当两个人带着尽可能的偏见针锋相对地争辩时，我们才有可能获得公正的判决，因为这样就没有什么重要的考虑可以完全逃过人们的注意力了。"[3] 但是，弗兰克强调，现代司法已经使这种斗争模式发展到了过分危险的境地。事实认定方面的制度改革与完善，应

---

〔1〕 参见龚睿："主观与客观的互动：如何认定案件事实"，载《云南大学学报》2005 年第 2 期。

〔2〕 参见龚睿："主观与客观的互动：如何认定案件事实"，载《云南大学学报》2005 年第 2 期。

〔3〕 参见［美］杰罗姆·弗兰克：《初审法院——美国司法中的神话与现实》，赵承寿译，中国政法大学出版社 2007 年版，第 86 页。

该致力于减少诉讼中的尚武精神。[1]

　　司法的态度应该是在客观实证论与主观建构论的对立结构中寻求统一，在应然与实然之间寻求平衡，在对话商谈中查明案件事实。这不仅是必须的也是可能的。首先，从应然角度讲，案件事实应该是客观事实，发现客观真实永远是事实调查的终极目的。案件事实是一个真实存在的过去，且事实真相具有唯一性，它在客观世界里会留下这样那样的印记，诉讼制度、证据规则的设计都是试图通过这些遗留印记最大程度去发现它。重现客观真实是司法理想，这种理想在任何时候也不能丢弃。其次，从实然角度讲，案件事实只能是一种建立在"客观证据"之上的主观建构。受主观与客观两方面的影响，案件事实与客观真实的关系可能呈现两种状态。一部分案件由于证据确凿，因此事实清楚，案件事实无限接近于客观真实；另一部分案件受证据所限、受主观认知所限，法院所认定的案件事实可能与客观真实存在较大出入。需要说明的是，客观真实是什么，除了当事人可能明了以外，没有人能够确定。再次，从两者的统一看，案件事实的可接受性可能会整合、优化程序思维与真理思维所带来的裂痕，成为在事实认定方面的一种可行的评价标准。"裁判中的事实认定并非追求过去发生之事实的绝对真相，而是建立一种过去发生之事实的版本，这个版本的正确性必须达到可以接受的程度。"[2]可接受性必然是建立在程序正当基础之上，而且它的最大支撑一定是无限接近客观真实，因此负责任的事实认定不应简单止步于程序正当。最后，比较而言，当事人主义诉讼制度更加强调司法竞技，倡导法律事实，而职权主义更加追求客观事实，诉

　　〔1〕　参见［美］杰罗姆·弗兰克：《初审法院——美国司法中的神话与现实》，赵承寿译，中国政法大学出版社 2007 年版，第 87、109 页。

　　〔2〕　See Peter Murphy, *Murphy On Evidence*, 7th Edition, London: Blackstone Press Limited, 2000, p. 2.

讼制度的理想图景一定是两者的长短结合，相辅相成。综上，在事实认定方面，以下态度是值得提倡的：①尽管法官不能保证绝对真实地再现客观事实，甚至无法确定客观事实是什么，但应该秉持对客观真实的追求。②为了查明事实真相，立法层面在诉讼制度、证据规则设计方面做出了努力，这种努力对于查明案件事实是必要的但却不是充分的，查明案件事实需要最大限度地接纳司法层面的努力。③"程序正义的马车不应当停在实质正义这匹马之前"〔1〕。为了"实质真实"的追求，法官应该在现有制度的指引下以能动的态度去"查明"事实，实现当事人诉讼自主权与法官职权的平衡，构筑有效的当事人与当事人、当事人与法官的协同对话模式。④法官的主观性是把双刃剑，它同时可能成为查明事实过程中的消减因素，因此，为维护和保证案件事实的真实应当对法官的主观性进行必要规制，尽可能地减少法官个性、偏见等主观意识的负面影响。

（三）法律适用的顺推与逆推

法律形式主义把司法视为从"一般"到"特殊"的思维活动，即以法律规则为大前提，以案件事实为小前提的演绎推理。法律现实主义则认为司法是一种结果取向的思维模式，以法官基于案件事实的直觉判断作为思维起点，通过对后果可欲性的评价，回溯性地寻找或调试可供适用的法律规则。〔2〕也就是说，法官在审理案件时，会根据"直觉"，考量"后果"，寻求初步的解决方案，有了初步方案后，法官会思考是否有法律规则支持该方案，甚或反对该方案，并以此对该方案作出取舍，循环往复，最终作出处理，预结论变成结论。如果说"规则→结论"式的三段论是顺向思维，"预

---

〔1〕 转引自张国香："风雨阳光八十秋 法治前行终生求"，载《人民法院报》2010年4月23日，第5版。

〔2〕 参见孙海波："通过裁判后果论证裁判——法律推理新论"，载《法律科学》2015年第3期。

结论（后果）→规则"式的结果取向就是逆向思维。在结果取向思维模式下，法律是"开放的体系"，除了法律性理由，可能会涉及道德、政策与经济理由等。要厘清裁判思维方式，需要回答三个问题：①结果取向思维的正当性何在？②三段论推理模式为何根深蒂固？③三段论推理与结果取向推理两者谁为真？两者能够兼容吗？

结果取向思维模式不容易被人接受，人们普遍认为法官先决定案件结果再寻找法律支持最后"想方设法"加以论证，是反逻辑是司法擅断，而且在法院的判决书中根本找不到结果取向的证据。法律现实主义把结果取向思维模式的正当性发掘了出来：①司法裁判是一项复杂工作，复杂性决定了法官思维的不纯粹性，裁判思维不是一个三段论推理所能涵盖的。②人类思维并不能直接理解抽象规范，只能依据既有经验在具体情境之上把握抽象。[1] ③人类的是非感要求一种灵活的精神，它能从特殊到一般，又能从一般到特殊。[2] ④在简单案件中，"规则→结论"式的三段论思维往往可以胜任。在疑难案件中，司法裁判的过程是一种"化合物"的"酿制"过程，"法官并非安坐在法官席上，而是插手了这一酿制"，法官更倾向于根据实践理性来审视并决定恰好的结论。[3] ⑤直觉使法官知晓需要对规则作出什么解释。法官之所以从立法意图或法律目的出发进行论理解释，而不是仅仅适用文义解释，就是因为法官已经做了预判断。概言之，主导法官裁判思维的并非是判决书呈现出来的貌似严谨的三段论，而是自觉呈现在法官脑海里的后果考

〔1〕 See Fuller, "American Legal Realism", *University of Pennsylvania Law Review*, Vol. 82, 1934, p. 445.

〔2〕 这是德国著名法哲家拉德布鲁赫的观点。参见 〔德〕考夫曼：《法律哲学》，刘幸义译，法律出版社 2004 年版，第 69 页。

〔3〕 参见 〔美〕本杰明·卡多佐：《司法过程的性质》，苏力译，商务印书馆 1997 年版，第 2 页。

量。在这种考量中，法官的"直觉"起着重要作用，法官的"直觉"中包含着道德、政策、习惯等诸多社会因素。只是这种非法律的考量，法官认为"不宜为外人道"，为了彰显裁判的正当性，法官在判决书中把这一思维过程隐去了或者使用修辞等方式不知不觉地嵌入进了三段论。

三段论推理可能带来"自动售货机"式的司法僵化甚至隐性的司法不公。它恪守规则，不顾其余，容易把问题简单化处理。尤其在某些复杂案件面前，法官会有意无意地"裁剪"事实，以求匹配某一法律规则，以逻辑理性之名造成了事实上的司法不公。但是，三段论推理带给了人们"理性"与"合法性"的体验，而"理性"与"合法性"是司法的核心，我们不能以任何理由否定三段论的价值。结果取向思维在遵从认识论规律、丰满裁判合理性的同时也可能由于"后果泛化"而带来某种失范或变异：理性与感性交织在一起，感性可能彻底挤占理性的地盘；在对社会效果的一味追求下，法官可能向既有规则里添加了太多的材料，以致使此规则变成了彼规则，甚至裁判可能完全脱离法律的靶向；结果取向也容易充当裁判恣意、枉法裁判的"幌子"或"遮羞布"。因此，我们不能将结果取向裁判模式的适用尺度、适用范围绝对化与无限化，它可能仅仅是诸多裁判模式中的一种，更重要的是，它需要接受"合法性"与"理性"的检验，接受三段论的检验。

事实上，三段论思维与结果取向思维不是矛盾体而是统一体。我们可以将完整的结果取向思维过程分为"结论发现"和"结论证立"两个阶段。[1] 其中的结论证立过程就是三段论的过程。在简单案件中，事实清楚，规则明确，"结论发现"较为容易，甚至连法官都没有意识到该过程的存在，案件的思维主要表现为"结论

---

〔1〕 参见［美］理查德·瓦瑟斯特罗姆：《法官如何裁判》，孙海波译，中国法制出版社 2016 年版，第 15~31 页。

证立"过程即三段论推理。在疑难案件面前，"结论发现"阶段显得尤为重要，法官可能会在反复的权衡、比较、检验中锁定结论，然后再进入"结论证立"阶段。结果取向的重心在于"发现"正当的裁判结果，三段论的重心在于"证立"裁判的正当性，"三段论"充当了防范结果取向思维模式风险的作用。如巴拉克法官所言，有裁判文书写作经验的人都知道，"一个人头脑中的想法是一回事，而要把它写下来又是另一回事……要求提出理由的义务正是那些想行使自由裁量权的法官们所面临的最主要的挑战之一。"[1] 从更真实的司法过程来看，裁判思维过程是不可言说的，它往往在结论→前提、前提→结论之间来回转换，它的路径是复杂的、跳跃式的，是来回游动的，思维过程并不明晰。但有一点和上文的结论是一致的，那就是在简单案件中三段论推理是核心，在疑难案件中结果取向思维显得尤为重要。从整体上说，三段论和结果取向共同建构了一个较为完整的法律思维体系，使得裁判能够满足法的安定性与可接受性双重标准。[2]

---

〔1〕 参见王露、余艺："论通过规范法官自由裁量权实现司法权的审慎运作"，载《前沿》2012 年第 4 期。

〔2〕 本章部分观点已发表。参见王德玲："法律现实主义思想再检视"，载《政法论丛》2019 年第 2 期。

第四章

现实主义裁判范式的适宜场景：
转型社会与疑难案件

随着法治的成熟，法律现实主义与法律形式主义都不再是极端的存在。两者不是由一点发出的两条相反的射线，也不是线段的两个端点，而是分立于线段中点两侧并呈现努力向中点靠拢的样态。形式主义裁判范式并不否认法律规则的缺陷，在规则模糊、存有漏洞时也不会无所作为；现实主义裁判范式并非全然无视法律规则，亦注重安定性与正义性的博弈与双赢，具有审慎品格。形式主义裁判范式和现实主义裁判范式并非极左极右，而是稍左或稍右、由内或由外的关系。尤其是新法律现实主义与新法律形式主义，两者在不断地走向几乎相同的目标：促使法律适应社会发展。但是，两者实现目标的路径与价值取向明显不同。稍左与稍右、由内与由外，展现了两种不同的司法立场与司法理念：一个强调法律规则，一个强调法律目的；一个注重体系内的构建，一个注重体系外的批判；一个致力于从内向外突破，一个致力于从外向内渗透；一个关注形式正义，一个关注实质正义。两者形成了学术争鸣，形成了不同的司法样态。

现代司法在整体上是现实主义裁判范式与形式主义裁判范式的共生体，单一的形式主义不能支撑起司法的大厦，现实主义也不可能成为一种普遍的司法叙述。根据社会情境、依据案件类型，现实主义裁判范式与形式主义裁判范式可以各尽其用。从宏观上看，如果社会发展稳定，今天像极了昨天，规则与现实大体相适应，抽象涵盖了具体，形式主义就是明智的选择，司法目标会在一种法治、高效的范式下得以实现；如果情形相反，社会处在高速变革期，异质化案件频发，现实主义则是必须考虑的选项。从微观上看，简单案件立足于形式主义裁判范式，疑难案件倾向于现实主义裁判范式。当然，稳定与变革无法清晰界分，简单与疑难不会自带标签，上述观点也只是方向性的，在司法实践中，我们仍时时面临是形式主义还是现实主义的两难抉择。

一、现实主义裁判范式的宏观场景：转型社会

转型社会，法律与社会张力扩大，异质型案件频发，急剧变化的社会因素是司法不得不考量的，否则司法就会与社会需求、正义观念脱节甚至成为社会进步的阻碍。事实上，法律现实主义本身就是社会变革时期的产物。转型社会的司法需要关注法律与社会张力的扩大，需要关注裁判的可接受性，需要关注现实主义裁判范式，积极回应社会欲求。

（一）转型社会的司法类型与裁判可接受性

社会转型是指社会结构的历史性、整体性跃迁，这种跃迁需要一个过程。转型社会是指处在转型过程的社会，围绕"变革"特征，其具有了区别于常态社会的独特性。有学者总结了转型社会的六大特征：其一，社会利益结构重组。随着体制转轨、资源转移，传统利益结构被打破、重组，新的利益结构在形成。其二，社会权威分化转移。新要素的产生与壮大必然与传统权威形成冲突，对传统权威的反叛会导致社会权威的分化转移。其三，法律制度更新变

迁。建立在传统社会结构之上的法律制度随着新要素的产生，开始回应新的需求、经历新的变迁。其四，社会矛盾冲突加剧。转型社会意味着新群体与旧群体、新因素与旧因素、新利益与旧利益的冲突，社会主体之间的矛盾加剧。其五，社会价值观趋向多元。传统价值体系难以把社会新要素纳入自己的诠释和整合之中，新要素的积聚与壮大孕育出新的价值体系。旧价值体系尚未完全失效，新价值体系也未真正建立，社会价值观趋向多元。其六，社会心理焦虑迷惘。人们会感受到守旧与趋新、保守与改革、传统与现代的思想冲突，会感受到生活的不确定性。[1] 转型社会的独特性意味着对司法类型及裁判可接受性的特殊需求。

1. 转型社会中回应型司法的价值

法学家塞尔兹尼克把法律分为压制型、自治型、回应型三种类型。[2] 与此相适应，学界也将司法分为压制型司法、自治型司法以及回应型司法三类，"压制型→自治型→回应型"是司法模式历史发展的基本逻辑。[3] 虽然司法模式并非完全按照"压制型→自治型→回应型"的线性演进，而是存在着某种反复。而且，三者之间也不存在严格边界，尤其在司法转型过程中，并不意味着存在一个临界点，往前一步就彻底告别了前者，而只能说明，随着社会的发展，司法实践具有了更多后者的特征。[4] 但是，上述司法模式

---

〔1〕 参见林默彪："社会转型与转型社会的基本特征"，载《社会主义研究》2004年第6期。

〔2〕 压制型法是指作为压制性权力的工具的法律；自治型法是指作为能够控制压制并维护自身完整性的法律；回应型法是指作为回应各种社会需要和愿望的便利工具的法律。参见［美］诺内特、塞尔兹尼克：《转变中的法律与社会：迈向回应型法》，张志铭译，中国政法大学出版社2004年版，第16页。

〔3〕 参见［意］莫诺·卡佩莱蒂：《比较法视野中的司法程序》，徐昕、王奕译，清华大学出版社2005年版，第105~106页。

〔4〕 喻中："法律效果与社会效果的思量"，载《法制日报》2008年4月20日，第10版。

的发展逻辑还是极富价值的，它勾勒了司法的基本发展状态。而转型社会是一个利益多元、价值多元、冲突加剧的时期，要求司法具有更大的包容性与兼容性，回应型司法是当代转型社会的必然需要。

考察各国当代的社会转型，可以发现他们都注重了实质正义与形式正义的有机统一，注重回应型司法模式。除了上文探讨的美国司法从 1905 年的洛克纳案到 1937 年的西滨宾馆诉帕里什案的司法转型外，英、德、法等国家的司法转型也说明了这一点。英国法治原则经历了从形式法治观到实质法治观，再到两者融合的过程；德国法治原则既注重法律至上，也注重法律精神，对法律的理解逐步摆脱对文字的拘泥；法国法治原则的实质法治内涵也在不断增强。[1] 回应型司法就是司法以实现法律秩序为责任、以解决社会问题为目标、对社会基本欲求作出回答或响应。按照法律逻辑去实现社会主体流变的价值追求，实质正义与形式正义统一在法律制度之下。[2] 回应型司法的核心在于构建一个符合社会变革需要的法治体系，赋予法律以自我修正的能力，是成熟版的法律现实主义裁判范式。回应型司法强调法律目的，注重法律体系外的批判，致力于法律体系从外向内的渗透，关注实质正义。回应型司法并不意味着对法律形式主义的抛弃，它不是简单地回应社会欲求，而是通过开放的法律体系对社会欲求进行回应，注重安定性与正义性的博弈与双赢。

2. 转型社会中裁判可接受性的价值

社会转型意味着利益结构的重组、价值观的多元、法律制度的

---

〔1〕 参见袁曙宏、韩春晖："社会转型时期的法治发展规律研究"，载《法学研究》2006 年第 8 期。

〔2〕 参见［美］诺内特、塞尔兹尼克：《转变中的法律与社会：迈向回应型法》，张志铭译，中国政法大学出版社 2004 年版，第 16 页。

更新。转型社会的司法既需要尊重现有法律的权威，也需要回应现实社会的变革。在这种情况下，裁判的可接受性就是一个必须考量的因素，是裁判正确性的另一种追求。裁判可接受性是指法院作出的裁判能否被裁判受众[1]所接受，它是对司法结果的综合性评价，是对合法性、合理性、正当性等复杂体系与目标的直观呈现。托马斯·格雷曾对法律体系设定了五种可能目标：全面性、完整性、形式性、概念的有序性、可接受性。[2]"可接受性"是法律现实主义的重要目标，是形式主义与现实主义的核心区别。[3]现实主义认为法律的合法性最终只能基于社会的认可，[4]"司法的重心不在于形成精准的裁决，而在于形成可接受的裁决。"[5]遵循法治发展的深层逻辑，可以发现裁判可接受性的提升路径。

第一，裁判可接受性的主观与客观。一种观点认为可接受性是一种主观心理状态，是人们内心对外在事物的认同、吸纳甚至尊崇的心理状态。[6]比如有学者把可接受性归结为修辞问题，认为可接受性本源于其修辞属性，修辞学不仅提供了推理和论证方法，更是提供了理论资源。[7]另一种观点是强调可接受性的客观性基础。这种观点认为人们之所以接受某事物，只因为这一事物本身就具有

---

〔1〕 不同的裁判受众对裁判的接受条件存有差异，佩雷尔曼的新修辞学理论将裁判受众分为当事人、法律共同体和社会大众三种类型，其中当事人为核心受众。

〔2〕 参见［美］托马斯·格雷：《美国法的形式主义与实用主义》，［美］黄宗智、田雷选编，法律出版社 2014 年版。

〔3〕 参见笔者第一章与第四章。本部分所指的"可接受性"采其广义的含义，即包含了"合法性"价值。

〔4〕 参见苏力："面对中国的法学"，载《法制与社会发展》2004 年第 3 期。

〔5〕 Charles Nesson, "The Evidence or the Event? On Judicial Proof and the Acceptability of Verdicts", *Harv. L. Rev*, Vol. 98, 1985, p. 1342.

〔6〕 参见孙光宁：《可接受性：法律方法的一个分析视角》，北京大学出版社 2012 年版，第 71 页。

〔7〕 这一观点在本质上是把可接受性作为主观性问题。参见宋保振："法律可接受性的修辞表达：以逻辑视角为切入点"，载《山东青年政治学院学报》2013 年第 3 期。

可接受性。[1] 学界普遍认可的是第三种观点：可接受性是一个表征关系的范畴，是主客体、主客观的统一。裁判的可接受性揭示的是裁判本身与裁判受众的关系问题，可接受性不仅来自于裁判本身，也来自于裁判受众；可接受性与裁判过程有关，更与裁判结论有关；可接受性与裁判结论本身有关，也与裁判结论的呈现方式有关。因此，提高裁判的可接受性是一个全局性问题。

第二，裁判可接受性提升路径的宏观与微观。影响裁判可接受性的因素有体制、机制方面的宏观因素，也有方法论方面的微观因素。从宏观角度看，立法方面建立起完备的法律体系，注重法律的良善允正；司法方面设立较高的法官职业准入门槛，程序公正、司法公开、司法公信力高；守法方面注重法治宣传与教育，提高公民法治意识，都是保障裁判可接受性的宏观因素。我们可以看到，上述宏观因素对裁判可接受性的影响是基础性的，归根结底是一种根基式的作用力。在法治完善的进程中，仅仅注重了裁判可接受性的宏观因素是不充分的，还应该在此基础上关注司法的精耕细作。从影响裁判可接受性的微观因素着手，充分发掘微观因素的潜能，着眼于方法论研究，走集约化道路，探寻形而下路径，进而打通宏观因素间接作用力发挥的任督二脉，这是提升裁判可接受性的一条可行路径。

从微观因素看，裁判的可接受性来源于两个方面：一是裁判过程的可接受性，主要是指裁判过程的公开、公正，当事人参与诉讼的权利得到充分实现；二是裁判结果的可接受性，主要是指裁判结果具有较高的民众接受度。受传统文化的影响，两者相较而言，裁判结果的可接受性对我国公众所起的作用更大。裁判结果的可接受性又来源于两个方面：其一，裁判结果是在常理上可接受的判决，

---

〔1〕　参见王学辉、张治宇："迈向可接受性的中国行政法"，载《国家检察官学院学报》2014 年第 3 期。

这种可接受性更多地来源于人们的直观感受。其二，法律论证的可接受性，主要是指裁判具有严谨、充分、有说服力的法律论证。这种可接受性主要来源于裁判的说理论证，受众被理性地说服。法律现实主义的核心内涵是裁判思维采取结果取向，裁判结论追求合理性，法律解释采取宏大风格，法律论证遵循"开放、坦诚与充分"。因此，在裁判可接受性问题上，现实主义裁判范式具有重要价值，现实主义思维可能是我们进一步提升裁判可接受性的源头活水。

（二）现实主义裁判范式对转型中国的价值

我国司法实践中存在着法律现实主义的影像。有学者考察并总结了中国的司法过程：首先，法官不断往返于法律规则与外部事实之间，进而形成自己的预判断；其次，在论证预判断的过程中，法官又会综合考虑各种因素的作用力，考虑判决的社会效果以及将来的可能影响，进而修正自己的判断；最后，使判决基于事实与法律，基于当下的社会情境，基于未来的可欲性。[1] 上述的司法过程在我国司法实践中是否具有普遍意义，具有怎样的普遍意义，暂不定论。但是在偏远基层法院的审判实践中，在新型民商事案件的审判实践中，这种裁判风格至少具有一定的普遍性。有课题组调研了人民法庭的司法过程，其结论印证了上述判断。[2] 乡土社会则更深刻地体现着转型社会的撕裂与阵痛，对现实主义的需求更强烈，"乡村司法理论"就是呼应了这种乡土社会的司法过程。[3] 新

---

〔1〕 参见方乐："超越'东西方'法律文化的司法——法制现代化中的中国司法"，《政法论坛》2007 年第 3 期。

〔2〕 人民法庭的司法过程表现为以社会效果为核心的，基于法律的预裁判→社会效果预测→调解/说服→达成调解协议/裁判→社会效果实现的混合的纠纷解决过程。参见高其才、黄宇宁、赵小蜂："人民法庭法官的司法过程与司法技术——全国 32 个先进人民法庭的实证分析"，载《法制与社会发展》2007 年第 2 期。

〔3〕 参见杨力："新农民阶层与乡村司法理论的反证"，载《中国法学》2007 年第 6 期。

型民商事疑难案件的审判与乡土司法虽问题不同，但处境类似，出路也类似。现实主义裁判范式对转型中国的价值主要体现在以下几方面：

其一，适应社会转型的新旧跃迁。"转型社会"已经成为学界分析当下中国问题的思考基点。的确，我国正在经历一场全面而深刻的社会转型，将较长期的处在多重转型之中。社会转型过程中"经济体制深刻变革，社会结构深刻流动，利益格局深刻调整，思想观念深刻变化。"[1] 虽然我们当下的社会转型是稳步推进、秩序理性的，但是伴随着社会的急剧转型与社会结构的进一步开放，在经济增长、活力复苏、社会进步等积极面向的背后，也带来了社会结构失衡、利益冲突加剧、矛盾冲突高发等消极面向。社会矛盾的复杂多变、利益纷争的日趋多元使得中国司法面临着法理性与常理性、规则性与社会性、结构性与非结构性等不同类型的困境格局。法律形式主义不仅表现出司法能力的不足，而且在化解矛盾的过程中一不小心就会引发新的矛盾。我国近些年推行"能动司法"正是基于上述原因。社会转型蕴含着新与旧的矛盾冲突，为了保持经济、社会的可持续发展，法律需要与社会需求频繁互动，司法需要应对社会转型带来的新旧跃迁，增强司法的社会回应性。

其二，达致实质正义的司法目标。实质正义代表着美好与幸福，是任何一个有良善愿景的社会，任何一个有良善愿景的个体都欣然向往的目标。无论是中国传统的礼法文化、德治观念，还是西方法律传统中的自然法思想，都表达了人类对于实质正义的追求。从民族文化上看，在社会正义与法律正义、实体正义与程序正义之间，我国公众始终偏爱前者，看重案件实质结果的正义。当下中国，在构建和谐社会的宏观场域下，我国司法要求司法者服务于和

---

〔1〕　参见 2006 年 10 月中国共产党第十六届中央委员会第六次全体会议通过的《中共中央关于构建社会主义和谐社会若干重大问题的决定》。

谐社会，裁判案件除了"定分"还要"止争"。为了实现"法律效果与社会效果的统一"，司法需要对公共政策等社会因素进行利益考量与价值权衡。法律现实主义的典型表现是重实质、轻形式，强调法律价值与法律目的。[1] 现实主义裁判范式就是以结果的合理性来评判裁判的正当性，因此，对实质正义的追求就体现在对现实主义裁判范式的需求上。

其三，回应数字时代的法治需要。人工智能、大数据技术的深度融合形成了人机共处、算法主导的新技术时代，引发了法律行为、法律关系、法律价值等方面的深度变革。[2] "人工智能+"产生的新技术、新产业、新领域，使得类似数字金融、网络侵权、人工智能下的个人信息保护等新兴法律问题不断涌现，以数据和算法为基础的新型法权关系不断塑造。虽然我国主张立法先行，注重新兴领域相关法律法规的及时跟进，但一定程度上的立法滞后是必然的。面对数字时代带来的新类型争议与纠纷，立法可以稍作等待，但司法却无法回避。新兴数字领域的纠纷，需要司法发挥能动作用，一定程度上承担起填补法律空白的责任。即使新兴领域的法律法规及时出台，也大都是原则性的规定，权利义务尚不明晰的法律制度依然会给司法带来适用困难等问题。当然，数字时代在带来新的司法困境的同时，也带来了裁判范式转型的机遇。人工智能、大数据为司法发挥能动作用提供了极为重要的技术可能与技术保障。概言之，面对数字时代带来的新问题，司法需要关切法律的成长，需要现实主义裁判范式的支撑。

现实主义裁判范式对转型中国的价值，以及我国司法对现实主

---

〔1〕 参见［美］阿蒂亚、萨默斯：《英美法中的形式与实质——法律推理、法律理论和法律制度的比较研究》，金敏、陈林林、王笑红译，中国政法大学出版社 2005 年版，第 216 页。

〔2〕 参见马长山："智能互联网时代的法律变革"，载《法学研究》2018 年第 4 期。

义裁判范式的需求，在我们生活的各个层面都能直观感知到。其一，从国家层面看，近年来，我国司法注重法律的社会控制功能，把"有效解决纠纷""努力让人民群众在每一个司法案件中感受到公平正义"作为司法目标。宣传"司法为民"理念，走"群众路线"，重提"马锡五审判方式"，建立"大调解"格局，开展"能动司法"，主张"案结事了"，这一系列举措都蕴含着司法的现实主义面向。其二，从社会层面看，那些引发公共讨论的案件，其判决之所以被大家质疑甚至批判，不是因为这些判决没有严格适用法律规则，而是因为它与人们的预期相差太远。[1] 同理，有些判决之所以获得社会广泛的支持，也不是因为它在法律形式主义面向上无懈可击，而是因为它体现了人们所共享的社会正义。[2] 我国当下，司法与民意之间的冲突频仍，如何解决法律与民意之间的张力，保障法律权威的同时兼顾社会效果是学界讨论的热点，许多学者认为民意可以作为辅助理由参与判决的证成。[3] 在事实上，对裁判后果如社会稳定、民情民意等的考虑在司法实践中也是较平常的事情。其三，从法院层面看，我国优秀法官的评选及事迹宣传同样证实了上述观点。我国有"中国法官十杰""全国十大杰出青年法官""全国优秀法官""全国模范法官"等优秀法官评选活动。虽然评选方式多样，但优秀法官的先进事迹却高度相似，这些事迹从侧面反映了优秀法官评选的价值取向。新闻媒体对优秀法官黄学军的描述是"她心存当事人，心系当事人……"黄学军说"具有平民化精神的法官……老百姓才会认可。"杜建军称"要彻底化解

---

〔1〕 如许霆案的一审判决，天津赵春华案的一审判决。

〔2〕 如许霆案的重审判决，天津赵春华案的二审判决。

〔3〕 参见陈景辉："裁判可接受性概念之反省"，载《法学研究》2009 年第 4 期；陈林林："公众意见在裁判结构中的地位"，载《法学研究》2012 年第 1 期。

当事人的矛盾和纠纷，定分止争，让当事人化干戈为玉帛……"[1] 通过优秀法官的事迹材料，可以看出"群众路线""人民满意" "定分止争"是我国优秀法官评选的关键词。透过这些关键词，我们能够明显地捕捉到社会对司法"实质化"的偏爱。

二、现实主义裁判范式的微观场景：疑难案件

形式主义裁判范式与现实主义裁判范式之争在理论界与实务界一直存在着。这种争论广泛存在于"司法能动与司法克制""社科法学与法教义学""法律效果与社会效果"的讨论之中。现实主义裁判范式适宜的微观场景是疑难案件，在疑难案件中，人们能够明显感知到法律"并不使法官显得多余，法官的工作也并非草率和机械。会有需要填补的空白，也会有需要澄清的疑问和含混，还会有需要淡化……的难点和错误。"[2] 从司法实践上看，疑难案件主要分为规则存有漏洞，规则之间存在冲突，规则与正义冲突，规则含义不明确等不同类型。[3] 对于疑难案件的审理，司法实践积累了诸多经验，裁判呈现出多样性，这种多样性中蕴含着规律性的东西，也蕴含着法律现实主义的实践价值。

（一）疑难案件的类型及裁判图景

关于疑难案件（Hard Case），学界虽然缺乏统一界定，但有基本共识：其一，疑难案件分为规则上的疑难与事实上的疑难。其二，法律规则上的疑难，产生的原因在于法律规则的局限性，主要表现为规则存有漏洞，规则之间存在冲突，规则与正义冲突，规则含义不明确等。因此，法律规则上的疑难案件一般分为法律漏洞、

---

〔1〕 参见李乾宝、祝爱珍："由评选优秀法官看我国法治理念的缺失"，载《广西政法管理干部学院学报》2008 年第 2 期。

〔2〕 ［美］本杰明·卡多佐：《司法过程的性质》，苏力译，商务印书馆 1997 年版，第 4 页。

〔3〕 笔者在第四章对此问题做过具体分析。

法律冲突、法律与正义冲突、法律不明确等类型。法律漏洞型是指法律本应考虑到某种事实类型并作出指引，但由于种种原因并未作出规定，使得特定案件缺乏适当规则，法律不当缺席；法律冲突型是指针对特定事实，出现了复数的竞争性规则，使得法律的适用具有了可争辩性；规则不正义型是指特定案件虽然存在着可供适用的规则，但其适用结果与实质正义、社会公理相背离，法律规则与案件事实呈现出形式对称但实质不对称的状态；法律不明确型是指调整特定案件的法律规则较为笼统而出现了含义模糊、不确定等情形。其三，案件事实上的疑难表现较为复杂与多样，缺少一般性特征，但最终指向都是事实认定上的疑难。其四，在法理学领域，疑难案件一般指法律规则上的疑难，案件事实上的疑难较少进入其研究视野。但法律规则上的疑难与案件事实上的疑难并非截然分开，两者往往密切地勾连在一起。[1]

关于疑难案件的成因，主要有法律因素、社会因素、历史因素三个方面。[2] 第一，疑难案件生成的法律因素。首先，从法律载体"语言"的维度看，语言因"开放性结构"而具有模糊性，法律和语言是一对孪生兄弟，当法律以语言表达出来时，它就具有了不确定性。语言的模糊性就是"那种可能会导致法律不确定性的语言表达使用中的不确定性。"[3] 其次，从法律主体"人"的维度看，法律由人创制，而人的理性是有限的，立法者无法全知全能的认知一切，建构一个普遍完美的法律体系。最后，从法律自身"规则"的维度看，规则的一般性、抽象性决定了法律规则必然呈现一定的开放性，某些行为领域的规则界定需要留给实施者具体问题具

---

〔1〕　本章所指的疑难案件主要是指法律规则上的疑难案件。

〔2〕　参见孙海波："案件为何疑难？——疑难案件的成因再探"，载《兰州学刊》2012 年第 11 期。

〔3〕　参见［英］蒂莫西·A. O. 恩迪科特：《法律中的模糊性》，程朝阳译，北京大学出版社 2010 年版，第 13 页。

体分析，这也会导致疑难案件的出现。第二，疑难案件生成的社会因素。社会生活的纷繁复杂、无穷变化是构成疑难案件的社会因素。社会转型会叠加这种繁复与变化，成为疑难案件生成的土壤。第三，疑难案件生成的历史因素。从历史维度看，疑难案件还是一个历史的动态的现象，一个国家在特定的历史时期，会因为特殊的时代原因而形成特定类型的疑难案件，我们不能忽视历史维度对疑难案件的影响。

尽管从数量上看，疑难案件属于偶发现象，但它却是裁判理论的核心，也是司法实践的核心。[1] 下文以类型化的疑难案件为主线，呈现疑难案件裁判的基本图景。

1. 法律漏洞型：南宁驴友案

2006 年，梁某召集网友到户外探险，费用 AA 制。骆某前往参加，13 名自助游"驴友"扎帐露营。因山洪暴发，骆某不幸身亡。骆某的父母提起诉讼，请求法院判决梁某及同行者承担赔偿责任。一审法院作出判决，认为被告存在主观过错，承担赔偿责任。梁某等人不服，提起上诉。二审法院作出判决，认为梁某等人不存在过错，但适用公平责任原则，判决驴友适当给予补偿。[2]

"南宁驴友案"被称为"驴友第一案"，本案的疑难是因法律漏洞引起的。"自助游"是新兴旅游方式，案发时，我国尚未建立"自助游""户外探险活动"相关制度，本案的审理法官坦言，"没有相关判例，法学界对相关问题的讨论也几乎空白。"[3] 法院只能

---

〔1〕 参见［德］Ralf Poscher："裁判理论的普遍谬误：为法教义学辩护"，隋愿译，载《清华法学》2012 年第 4 期。

〔2〕 一审判决：酌定受害人骆某、被告梁某与其余 11 名被告按 2.5∶6∶1.5 的比例承担赔偿责任。二审判决：梁某补偿原告 3000 元，其余 11 名上诉人各补偿原告 2000 元。

〔3〕 参见陈华婕、田波："驴友案：主审法院吃螃蟹"，载《法律与生活》2007 年第 1 期。

凭借法律原则、法律精神，根据自己对公平正义的理解作出判决。我国处在社会转型时期，社会发展日新月异，各领域的新问题不断涌现，不经意间会出现各式各样的"第一案"。[1]"第一案"的审判会因法律空白而遭遇挑战，也会因其破冰意义而引发社会关注。显然，在该类案件面前，法律形式主义捉襟见肘，司法不得不向法律现实主义靠拢。

本案一审与二审两份判决截然不同，核心差异在于是适用过错推定原则还是适用公平责任原则。我们在此只讨论判决背后的司法理念。"南宁驴友案"引发了社会的广泛关注，人们普遍认为该案的判决将是"自助游"及"户外探险活动"规范化的风向标。显然，一审、二审法院都清楚地知道，本案的判决结果必将对"自助游"及"户外探险活动"的发展产生深远影响，判决结果将取得怎样的社会效果，判决结果将给公众一个怎样的行为方式的引导，是法院必须考量的问题。这是一种后果主义和现实主义的考量。一审判决书论述道，"目前我国尚未建立起'户外探险活动'相关的制度和法律规定……而事后责任追究的缺失，就会造成'户外探险活动'事前的轻率化、盲目化。"[2] 这是典型的结果取向思维，法官考量了社会效果，并试图用判决作为影响公众的工具。本案的审理法官说，"我们十分希望通过个案显现的法律后果去引导公众的行为方式……"[3] 本案的一审与二审法院均试图根据法律效果与

---

〔1〕　如：2008 年北京朝阳区人民法院审理的"人肉搜索第一案"（王菲诉大旗网、天涯网、北飞的候鸟三家网站侵害名誉权案）；2013 年江苏宜兴市人民法院、无锡市中级人民法院审理的"中国冷冻胚胎权属纠纷第一案"；2019 年青岛莱西市人民法院审理的"踢群第一案"（柳孔圣诉刘德治名誉权纠纷案）。

〔2〕　参见陈华婕、田波："驴友案：主审法院吃螃蟹"，载《法律与生活》2007 年第 1 期。

〔3〕　参见陈华婕、田波："驴友案：主审法院吃螃蟹"，载《法律与生活》2007 年第 1 期。

社会效果作出更优的选择,当然,两者在价值判断与价值衡量上出现了重大分歧。这种分歧从一定程度上印证了法律现实主义必须面对裁判的确定性危机。

2. 法律冲突型:射阳县医疗事故损害赔偿案

2004年,原告丈夫刘洋到被告×医院就诊,由于医生检查不全面、诊断错误,耽搁了治疗时间,导致刘洋死亡。原告以医疗侵权为由,要求被告按照《民法通则》及相关司法解释承担赔偿责任。被告辩称,本病例属于医疗事故,应该按照《医疗事故处理条例》承担赔偿责任。两个法律规定的差别在于被告应否向原告支付死亡赔偿金。本案的一审与重审判决均支持了原告的诉求,按照《民法通则》及相关司法解释,判决被告赔偿死亡赔偿金。

本案是因法律冲突导致的疑难案件。就像判决书写的那样,"《医疗事故处理条例》与《民法通则》及相关司法解释规定的赔偿项目、赔偿标准是不一致的。"[1] 这种法律冲突背后更核心的问题是法律的不公正。"医疗行为构成医疗事故,医院过错程度较重,但赔偿数额较少;医疗行为不构成医疗事故,医院过错程度较轻,但赔偿数额较多。"[2] 这种不公正的法律规定降低了群众认同度和社会公信力。在司法实践中,法律规定之间出现冲突的情况、法律与社会正义存在冲突的情况并不罕见,许多场域需要司法根据案件情境具体作出抉择。这种抉择必然会一只眼睛看法律,另一只眼睛看社会,必然会从社会效果那里回溯性地作出裁判选择。

本案的裁判是法律现实主义的,法庭从社会正义、法律精神出发在相互冲突的法律规则之间进行了权衡,做出了选择。审理法院显然清楚这份判决的分量,明了判决可能产生的法律上的影响以及面临的拷问(这种拷问在一审之后就业已存在)。本案在重审时组

---

[1] 参见江苏省射阳县人民法院民事判决书〔2006〕射民一初字第889号。

[2] 参见江苏省射阳县人民法院民事判决书〔2006〕射民一初字第889号。

成了有"分量"的合议庭，重审判决书也很有"分量"，长达几十页，类似一篇学术论文，对裁判结果、裁判理由给予了充分论证，以浓重的笔墨呈现了法庭面对法律冲突的选择路径，判决说理的背后是法律现实主义的宏大风格。判决书郑重表明了利益考量的立场，本院"经过慎重考量、权衡利弊，秉承司法功能应在谦抑与能动之间寻求平衡、寻求更优的价值取向作出判决……"〔1〕因为裁判结果的可接受性，也因为裁判文书说理的透彻性，本案判决被业内、业外广泛认可，其判决书的说理风格甚至被业内推崇与膜拜。

本案裁判的现实主义立场是显性的，在某种程度上，本案判决就是一份法律现实主义宣言。判决书论述道，"法院不应说出'这是合法不合理'之类的推诿之辞。""将法律规范适用于处理具体的案件，并不是一个死板、机械的过程，而是一项创造性的活动。"法庭在判决书中还申明了司法的应有立场，"尽管医疗纠纷案件适用法律'二元化'现象的最终解决，有待于最高决策机关作出统一规定，但在统一规定出台之前，基层司法者必须以合乎法理、合乎情理的思路来先行裁判医疗纠纷案件。"〔2〕

3. 法律与社会冲突型：泸州继承案

四川泸州黄某与蒋某1963年结婚。1996年黄某与张某以夫妻名义共同生活，2001年黄某病重，立遗嘱将其财产赠与张某。黄某去世，张某根据遗嘱向蒋某索要财产被拒遂向法院起诉，请求依据《继承法》判令被告履行遗嘱。被告蒋某则依据《民法通则》的公序良俗原则主张遗嘱无效。本案一、二审法院均适用了《民法通则》第7条而排除了《继承法》的适用，认为遗嘱无效，理由

〔1〕　参见江苏省射阳县人民法院民事判决书［2006］射民一初字第889号。
〔2〕　参见江苏省射阳县人民法院民事判决书［2006］射民一初字第889号。

是《民法通则》的效力高于《继承法》。[1]

本案是法律规则与社会正义冲突导致的疑难案件，隐含其背后的是法律价值的冲突。社会公众与法学界对本案的认知评价呈现出一定的差异。显而易见，在本案的讨论中，法学界主要依靠的是法律资源，更多地从法学内部来寻求正当性，核心追求的是裁判的"合法性"（在这里，更准确地说应该是"合法律性"）。而社会公众主要依据的是道德上的直觉，更多的是从法学外部来寻求正当性，核心追求的是裁判的可接受性。而"合法性"与"可接受性"在本案中似乎出现了紧张关系。许多学者认为这种差异的背后是法律形式主义与法律现实主义的选择问题，判决是现实主义的，它获得了民众的支持，但法学界的主流观点是法律形式主义的，因此有学者对判决提出了不同观点。笔者认为，本案在形式主义与现实主义选择的背后还有更深层的原因。

本案的思维是法律现实主义的，是法庭基于后果衡量，在可能的判决结果中进行利益权衡而做出的选择。从法律价值看，本案面临着两种权益的冲突——个人的遗嘱自由与合法婚姻家庭保护的冲突。法庭认为黄某与张某的事实婚姻和重婚行为，已经触犯了法律，如果法院判决张某因违法行为而得到遗产，会侵害受法律保护的合法婚姻家庭关系，如果司法不对婚姻家庭秩序予以保护，就会在客观上成为不良社会现象的支持者，这是法庭对本案判决的真正理由。[2] 虽然一个判决并不能改变整个社会，但对于公众而言，判决的态度就是法律的态度。个案的判决结果尤其是社会热点案件

---

〔1〕 参见泸州市纳溪区法院民事判决书（2001）纳溪民初字第561号；泸州市中级人民法院民事判决书（2001）泸民一终字第621号。

〔2〕 参见北方网："'社会公德'首成判案依据，'第三者'为何不能继承遗产"，载 http://news.enorth.com.cn/system/2001/11/02/000181618.shtmll，最后访问时间：2018年8月2日。

的判决势必会影响人们对法律的认知和对生活方式的选择，法院势必要在两者之间进行利益权衡并作出慎重抉择。笔者认为，法官在利益衡量时，需要以社会大多数人的福利为标准，法庭对本案的利益衡量是适宜的。

但是，由于利益权衡不是纯法律的，为了"合法性"的需要，法庭把现实主义的考量装进了法律形式主义的逻辑里。可以说，部分学者对本案判决提出不同看法的根本原因不是因为不接受该案的判决结果，而是认为该判决呈现的理由因过于简单而经不起追问。[1] 如果该案的判决理由呈现法律现实主义的宏大风格，能够像"射阳县医疗事故损害赔偿案"那样的说理，会更有利于法律效果与社会效果的统一。

4. 法律不明确型：江阴醉酒驾驶案

2018 年的一天晚上，陈某为妻子庆生而邀请朋友到住处小聚，饮用了红酒。夜里 11 时，陈某妻子突然倒地昏迷不醒。拨打 120 求救，120 回复称附近没有车辆可调，需要从别处调配，到达时间无法确定。陈某遂驾驶私家车，将妻子送到了医院。后因与他人发生冲突，被警方查获。经鉴定，陈某的酒精含量已超醉驾标准。江阴市人民法院判决认为，陈某虽然实施了醉酒驾驶机动车的行为，但构成了紧急避险，不负刑事责任。此案经媒体报道后，引起了法学界的广泛关注。

本案是因法律规定不明确而导致的疑难案件。法律具有抽象性、一般性的特点，法律语言又具有模糊性与不确定性，因此调整特定案件的法律规则往往表现出某种程度的不明确性。我国《刑

---

[1] 其一，法律原则只有在规则不明确时才能适用，而本案涉及的《继承法》的规定并没有不明确。其二，特别法优于一般法，特殊规则优于一般规则，本案适用《继承法》也于法有据。其三，违反公序良俗的是婚外同居行为，而不是遗嘱行为，这两种行为的关系如何认定，值得商榷。

法》第 21 条规定了紧急避险制度，第 133 条规定了危险驾驶罪，但是在本案中，对陈某行为的法律适用依然存在三种不同意见。第一种意见认为，案发时陈某妻子正在发生现实的危险，陈某醉驾是出于不得已，且在必要限度内，构成了紧急避险，不负刑事责任；第二种意见认为，陈某醉酒程度高，危险性大，不符合紧急避险的构成要件，但犯罪情节轻微，免予刑事处罚；第三种意见认为，陈某已达醉驾标准，已构成危险驾驶罪，但考虑到其救人动机，且时间是深夜，路线是农村道路，距离较近等因素，对其适用缓刑。[1]追求"法律效果与社会效果的统一"是这三种意见的共同遵循，但三种意见的裁判路径显然不同，对本案是否构成紧急避险更有认知上的本质差异。

那么上述三种意见何为"真"呢？笔者认为，面对有争议的疑难案件，判断何种意见为"真"的关键在于何种意见更具有裁判可接受性。这里的可接受性不仅指实质结果的可接受性，也指法律程式的可接受性，是法律效果与社会效果的统一。这种可接受性归根结底是通过法律论证实现的。具体到本案，因为对是否构成紧急避险分歧较大，且这类案件裁判效果的影响力不仅限于案件本身，更是具有示范效应，因此不管何种裁判意见，都应该试图把案件的争议焦点论证清楚。比如，在紧急避险的主观层面，需要论证法律上被认定为醉驾的陈某事实上是否具备清晰的意识，是否具有紧急避险行为必要的避险认识与避险意志；在紧急避险的客观方面，需要论证陈某的行为是否是迫不得已，有没有其他更安全的方式可选择；在紧急避险的限度层面，需要论证陈某的行为是否符合小于说或不超过且必要说。上述论证都需要社会因素作支撑，都属于实质论证的范畴。从外部证立到内部证立，充分、合理的法律论证是疑

---

[1] 参见韩锋、王星光、杨柳："为送亲属就医醉驾构成紧急避险"，载《人民司法》2020 年第 23 期。

难案件裁判的关键，也是疑难案件裁判提高社会认可度，发挥个案示范效力，提供司法导向性的必要前提。

（二）现实主义裁判范式对我国疑难案件的价值

我国处在社会转型期，疑难案件的发生率相对较高。比如，在社会新兴领域，日新月异的社会发展使得法律漏洞型、法律不明确型的疑难案件频发。再如，我国偏远地区，由于处在法治文明的较远处，法理与情理、习俗容易产生碰撞，使得规则不正义型的疑难案件频发。疑难案件蕴含的法律漏洞、规则冲突、价值冲突、法律与社会的冲突如何实现妥当自洽是法学界必须面对的问题。

1. 现实主义裁判范式的司法需求与形态

上述疑难案件的审判所带来的经验值得我们去关切，我们需要以个案的讨论为契机，展开对疑难案件裁判范式的思考。上述疑难案件的审判从实证的角度展现了我国对现实主义裁判范式的需求以及我国司法回应这种需求的样态。整体而言，我国法律现实主义面向的裁判在法律论证方面大体走了"经由形式主义的现实主义"路径，法律现实主义被包装在形式主义之下。司法实践也贡献了经典的现实主义裁判范式，如射阳县医疗事故损害赔偿案的判决结果及论证说理就具有示范价值。

疑难案件"经由形式主义的现实主义"论证路径，折射着我国司法对法律现实主义的现实态度：审慎甚或排斥。从整体上讲，我国司法方法论的总体方向是法律形式主义的，裁判严格依照"法律"作出，运用严谨的演绎推理得出结论。贺卫方教授曾发表过一种代表性言论，认为在我国现行体制下，如果法官能够成为法条的奴隶，那就是国之大幸。"我们不允许法官仅仅依赖自己对于立法是否公平的判断而决定是否适用它们。"[1] 我国学界和实务界对法

---

〔1〕 贺卫方："许霆案：法官何以说理"，载《南方周末》2008年1月24日，法治版。

律现实主义异常审慎甚至排斥的原因可能有以下几方面：①我国学界对法律现实主义的研究不够充分，认识上存有误区，现实主义被刻上了极端、浅薄的烙印。②担心非法律性因素抢占了刚刚获得主导地位的法律地盘，担心出现法治的逆流，担心我们好不容易建立起来的法治大厦，培育起来（或者说正在培育）的规则意识遭受减损。认为我国必须要经历一个严格规则主义的培育阶段，可暂时牺牲实质正义的追求。[1] ③法律现实主义是一种"混合物的酿制过程"，操作起来远比法律形式主义复杂，法律现实主义思想只是提供了一种"思想的大体方向"，提供了一种司法指南，没有贡献具体、可操作性的司法规则，理论走向实践还有一段较长的路要走。④法律现实主义存在着滥用的风险，如果相应的规制与约束缺位或失灵，法律现实主义容易走向动机的反面。

无论怎样的态度与理由，都无法改变法律现实主义"被需求"这一基本事实。20 世纪初，统治美国法学长达半个多世纪的兰代尔法律形式主义，在社会转型，新问题不断涌现的"洛克纳时代"遭遇了司法危机，法律形式主义弊端逐步显现，宪法裁判一度陷入迷茫与竞争之中，"洛克纳"争论与反思导致了法律现实主义运动。21 世纪初，新法律现实主义亦是为了应对社会的新挑战而产生的。[2] 转型中国面对的法律、政治与社会环境，不同于 20 世纪初法律现实主义兴起的美国年代，也不同于 21 世纪初新法律现实主义勃兴的社会现实，但是，司法面临的困境是类似的——形式主义被质疑，但现实主义或者说其他的替代范式还远未建立。疑难案件的"疑难"本身就意味着案件所涉规则的某种不周延，这时候如果

---

〔1〕 参见周汉华：《现实主义法律运动与中国法制改革》，山东人民出版社 2002 年版，第 71~72 页。

〔2〕 See Victoria Nourse, Gregory Shaffer, "Varieties of New Legal Realism: Can a New World Order Prompt a New Legal Theory?", *Cornell L. Rev*, *Vol.* 95, 2009-2010, p. 73.

再抱守从规则出发的思维不仅不合时宜而且往往无功而返。尽管疑难案件的解决，可有待于更高决策机构的统一，也可有待于立法机关的立法完善，但多数情况下，法院必须以合乎法理、合乎情理的思路来自行或先行裁决案件。疑难案件的裁决必然要求法院一只眼睛看法律，另一只眼睛看社会，追求"法律效果与社会效果的统一"。

　　"经由形式主义的现实主义"路径是在感知到法律形式主义无力之后走上的"智慧司法"之路，从本质上讲，是一种"庞德路径"或"德沃金模式"。[1] 这种路径的优势是在形式主义的名义下吸纳了现实主义，实现了一种平衡。但是它的缺陷也是明显的，它把形式主义与现实主义强行嫁接在了一起，在一定程度上造成了理念与实践，形式与实质，内涵与外延的撕裂，在许多时候，虽满足了法律形式主义的"形式"，却最终损害了法律形式主义，也不利于司法公信力的维护。法律与社会的勾连应该是内在的，法律与现实应该呈现一种建构性关系，应该呈现一种深度的融合，而且这种深度的融合是可以言说的。现实主义裁判范式不是毒蛇猛兽，"犹抱琵琶"既没必要也没意义，正本清源、厘清内涵、规范适用才是正途。在疑难案件中，以现实主义思维裁决案件是值得探索的，法律现实主义在司法中的立足会增加司法在社会治理中的能力。在疑难案件中，对公共政策等非法律因素的考量是必须的，法律与社会的互动可以被坦诚的对待。霍姆斯曾论述道，法官在判决中应该告诉人们为什么这样认为，而不是仅仅陈述他将这样做。如果法官开诚布公，他将解释某种结论的成立是因为"关于社会实践的某种信赖，或某种政策意见。"[2]

---

〔1〕　相关论述在笔者第四章第二部分。

〔2〕　See Oliver Wendell Holmes, "The Path Of The Law", *Harvard Law Review*, Vol. 10, 1897, p. 466.

随着法律现实主义思潮在各国的轮番上演，我国法学与法律界也在逐步接受现实主义，当然这并不意味着我们已经脱离法律形式主义的支配。可以预见，我国的司法改革及司法实践必然是形式主义与现实主义反复博弈的过程，形式主义难以成为唯一主宰。[1] 在疑难案件的裁判中，现实主义的立场会越来越坚定。但截至目前，无论是法律现实主义还是新法律现实主义，对司法方法论的探讨都基本停留在理论层面，只是一种思想的大体方向，没有构建出清晰的现实主义裁判范式。倒是其他法学理论，如法律系统理论、法律阐释学、法律论证理论等新生代理论从不同角度支持了法律现实主义的现实追求，勾勒着现实主义裁判范式的基本样态。

2. 现实主义裁判范式的数字支撑与保障

法律现实主义的阵地主要在耶鲁大学和哥伦比亚大学。关于法律现实主义在耶鲁大学的沉寂，施莱格尔认为，现实主义对法律进行经验性研究耗时且成本高，在经济萧条、资金缺乏的压力下只得半途而废。[2] 所以，法律现实主义呈现给后人的只是一个"思想的大体方向"，没有延展到可操作性的层面，更没有对其风险进行防范性研究。这是法律现实主义的缺憾，也是它的无奈。一个世纪以前，现实主义者们曾经致力于现实主义的深入研究而未能如愿，而今天，问题的解决可能变得简单从容，在数字时代，在人工智能与大数据里，法律现实主义的研究与应用均可找到新的增长点。霍姆斯曾经提出，对法学的理性研究来说，当前称雄的人或许还是法条主义者，但未来称雄的法律从业者将会是能够驾驭统计学和经济

---

〔1〕 参见范愉："新法律现实主义的勃兴与当代中国法学反思"，载《中国法学》2006 年第 4 期。

〔2〕 See John Henry Schlegel, American Legal Realism and Empirical Social Science：From the Yale Experince, *BUFF. L. REV*, Vol. 28, 1979.

学的人。[1] 今天，霍姆斯所说的未来已来。

1987 年，在美国举办了第一届"国际人工智能与法律"会议，旨在推动"人工智能+法律"的研究与应用，此次会议最终促成"国际人工智能与法律"协会在 1991 年正式成立。人工智能的法律面向非常广泛，目前，人工智能在法律领域的应用除法律检索、案件检索及办公自动化外，司法裁判的智能化也在逐步发展。[2] 美国律师事务所 Baker Hostetler 曾雇佣了机器人律师，该机器人能够与人对话，能够自动检索数据库来回答人们的提问。有科学家研究团队研发了判决书算法系统，能够预测欧洲人权法院的案件审判结果，准确率达到 79%。[3]

人工智能的司法应用在我国发展迅速。2016 年 10 月，"无讼"在云栖大会上宣布国内首款法律机器人"法小淘"诞生，能够基于法律大数据实现智能案情分析和律师筛选。[4] 2017 年 3 月，机器人"法狗狗"发布，这个类似"阿尔法狗"的程序机器人，能够为律师团队提供咨询、客户数据挖掘等服务。[5] 2017 年 8 月，全国首个法律咨询"机器人"亮相昆明，它是一个让法律服务触手可

---

〔1〕 See Oliver Wendell Holmes, "The Path of the Law", *Harvard Law Review*, Vol. 10, 1897, pp. 457~461.

〔2〕 人工智能的法律面向包括但不限于十大主要议题：法律推理的形式模型；论证和决策的计算模型；证据推理的计算模型；多智能体系统中的法律推理；自动化的法律文本分类和概括；从法律数据库和文本中自动提取信息；针对电子取证和其他法律应用的机器学习和数据挖掘；概念上的或者基于模型的法律信息检索；自动化次要、重复性的法律任务的法律机器人；立法的可执行模型。参见曹建峰："法律人工智能十大趋势"，载 http：//www.sohu.com/a/162390641_455313，最后访问时间：2018 年 6 月 20 日。

〔3〕 参见华夏网，载 https：//www.shrmw.com/zhrd/202104/61094.html，最后访问时间：2018 年 8 月 26 日。

〔4〕 载 https：//yq.aliyun.com/articles/61731，最后访问时间：2018 年 8 月 26 日。

〔5〕 参见中国经济网，载 http：//www.ce.cn/xwzx/gnsz/gdxw/201703/04/t201703 04_20725873.shtml，最后访问时间：2018 年 8 月 26 日。

及的专业咨询平台，宣告了公共法律服务进入人工智能时代。[1]
在法院层面，2017 年，上海刑事案件智能辅助办案系统将海量数据、模型算法、专家经验结合，将证据标准嵌入，实现了办案智能化。[2] 随后，上海民商事、行政案件智能辅助办案系统也运行上线。[3] 国务院于 2017 年 7 月发布的《新一代人工智能发展规划》对司法领域的人工智能提出了具体目标，[4] 并把人工智能定位为司法规范化的助推器，司法者独立判断的好助手。[5] 最高人民法院于 2021 年发布《人民法院信息化建设五年发展规划（2021 - 2025）》，提出了构建司法数据中台、智慧法院大脑、司法链综合平台的目标。[6] 毫无疑问，人工智能通过对大数据的收集与利用，在司法中的辅助价值将日益被挖掘，必将像人工智能在医学领域一样，开启一个新时代。

如何规制结果取向裁判的可能风险是现实主义的最大问题，也是现实主义的掣肘之处。"人工智能+司法"技术的研发、应用与成熟必将促使司法决策模式的改变。法律现实主义裁判范式下，利用大数据可以迅速获取民意民情，发现类案，进行后果衡量，可以

---

〔1〕 参见中国人民广播电台，载 http://www.cnr.cn/yn/ttyn/20170820/t20170820_523909510.shtml，最后访问时间：2018 年 8 月 26 日。

〔2〕 参见严剑漪："揭秘 206 工程：法院未来的人工智能图景"，载《上海人大月刊》2017 年第 8 期。

〔3〕 参见东方网，载 http://shzw.eastday.com/shzw/G/20171130/u1ai11036695.html，最后访问时间：2018 年 8 月 26 日。

〔4〕《新一代人工智能发展规划》：建设集审判、人员、数据应用、司法公开和动态监控于一体的智慧法庭数据平台，促进人工智能在证据收集、案例分析、法律文件阅读与分析中的应用，实现法庭审判体系和审判能力智能化。

〔5〕 参见张子扬、孟建柱："智能辅助办案系统不会替代司法人员独立判断"，载 http://www.chinanews.com/gn/2017/07-11/8274867.shtml，最后访问时间：2018 年 8 月 26 日。

〔6〕 参见蔡立东、郝乐："司法大数据辅助审判应用限度研究"，载《浙江社会科学》2022 年第 6 期。

为法官裁判疑难案件提供参考与支撑，可以强化裁判活动的可控性，可以提高案件裁判的准确性与确定性。

其一，大数据中的后果衡量。法律现实主义对结果取向裁判模式的论述是粗线条的，认为法律后果的预测只是模糊地存在于法官的潜意识里。一般情况下，社会性预测要比自然性预测复杂和困难，单纯依靠法官的后果预测浸透着太多的主观成分与个人因素，其固有风险不容忽视，法律现实主义不得不面临对法官预测能力的质疑。如何保证预测的准确性？结果取向裁判模式如何突破"思想的大体方向"成为一种可操作的面向？这是法律现实主义的未竟事业，也是现实主义留给后人的课题。大数据与人工智能可以使结果取向从"宏大叙事"转为"精耕细作"，从"形而上"转为"形而下"，从"充满感性"转为"富有理性"。设计"大数据+后果衡量"系统，可以发挥大数据评估及预测未来的功能，通过大数据预测"预结论"的可能后果，并对各种后果进行比较权衡，为法官的最终决策提供依据。"人机合一"的后果预测势必会大大提高预测结果的准确性和可信度，为发现最佳方案提供可能。同时"大数据+后果衡量"还能及时预警某些可能产生的负面影响，避免不良后果的发生。

其二，大数据中的公共理性。法律现实主义裁判范式主张司法的宏大风格，而宏大风格的风险是易使法官意志代替民主意志，非法律因素挤占法律的地盘，"法治"变成"法官之治"。虽然现实主义对此极力辩护，反复论证，但人们对这种风险的担忧依然存在，而且这种担忧也是值得认真对待的。数字时代的大数据为案件相关信息的获取提供了前所未有的条件与可能。大数据具有规模性（Volume）、多样性（Variety）、高速性（Velocity）、真实性（Veracity）的 4V 特性，[1] 因此，在疑难案件中，如果通过采集与本案有关的民间习惯、道德评价、社会舆论等方面的数据信息，通过云计算发现公共理性，通过公共理性填补法律阙漏，进而引导、验证甚至矫正法官的决策，对法官裁判予以规制，法律现实主义裁判范式可能在理论和实践层面都能获得相当的支持，对现实主义风险的担忧也有望得以化解。这里的公共理性是指公民的重叠共识，是由公众意志所达成的关于公共政策的基本共识，它包含了特定时空下的民族文化传统、民间风土人情与民众价值观念。在疑难案件裁判中引入公共理性来"续造"法律规则以弥补规则的不足，意味着法官与公众对话，意味着一种商谈的民主程序；也意味着法官在异质型案件中对非法律因素的准确拿捏不仅依赖自己的专业与智慧，还依赖与社会的互动交流。这是一种新时代的民主机制，一种新时代的"群众路线"，可以使司法民主最大限度地实现，裁判的"可接受性"最大限度地实现。

其三，大数据中的同案同判。法律现实主义裁判范式的另一个困境是裁判结果的统一性、确定性问题。虽然卢埃林提出了宏大风格下裁判的可估量性理论（另一种意义上的确定性）。但是它与法律形式主义下的裁判确定性一样，依然有广阔的弹性空间，"同案不同判"依然是一个问题。人工智能对于解决"同案不同判"问题具有绝对优势。大数据之父舍恩伯格在《大数据时代》一书中说过，"大数据时代一切皆可量化"。"量化"是大数据原理的核心思维，而"同案同判"本身就带有量化色彩，两者思维方式契合，大数据与人工智能为同案同判提供了新的保障方式。根据人工智能适用的场域，可以分为简单案件模型与疑难案件模型两类。目前，人工智能裁判决策机制主要用于解决那些无实质争议、由法律规则所

---

〔1〕 参见许丽君："大数据背景下的政府'精准决策'模式"，载《天水行政学院学报》2016 年第 5 期。

决定的简单案件。简单案件人工智能的核心主旨是替代无争议案件的大量重复性劳动，提高效率，解放劳动力。其另一主旨就是规范裁判尺度，统一法律适用，追求"同案同判"。法律现实主义裁判范式下的人工智能是疑难案件模式，这将是一种更复杂的系统，但是不管怎么复杂，"同案同判"将是大数据应用的必然副产品，裁判的确定性能够最大限度地实现。[1]

---

〔1〕　本章部分观点已发表。参见王德玲："法律现实主义、后果取向与大数据——疑难案件裁判范式新探"，载《山东社会科学》2019 年第 5 期。

第六章

中国语境下的现实主义裁判范式：从解释到论证

现实主义裁判范式把裁判过程分为"法律发现"与"法律证立"两个阶段。结果取向是"法律发现"阶段的思维，通过价值权衡锁定那个更优、更佳的解决方案，然后倒果为因，去发现可资适用的法律规则。这一阶段的思维是"从外向内"的，在方法论上，"法律发现"可以借助合宪性解释等"初阶解释"与社会学解释的"二阶解释"来完成非法律因素向法律因素的"转码"。裁判的宏大风格主要体现在"法律证立"阶段，预判断要通过法律论证来进行检验，获得正当性证明。如果预判断经不起法律论证检验，就会开启新一轮预判断与检验。疑难案件宏大风格的法律论证主要是借助内部证成与外部证成来完成，其思维路径是"从内向外"的。整体言之，中国语境下的现实主义裁判范式的架构为：直觉→预判断→法律发现（法律解释）→有效的结论→法律论证（外部证成→内部证成）。

一、解释范式：结果取向下的法律发现之维

在"法律发现"阶段，现实主义裁判范式主张结果取

向，追求最佳的司法效果。现实主义追求的司法效果是一种综合性效果，类似我国司法主张的"法律效果与社会效果相统一"。[1] 法律效果侧重于法律规则的准确适用，倾向于法律的论证，其效果是维护法律的确定性与统一性。社会效果侧重于实现法律目的，强调在法律适用中把社会利益与需求作为重要因素进行判断与衡量。在疑难案件中，法律效果与社会效果存在一定张力，如何实现法律与社会互动，法律效果与社会效果的统一是疑难案件裁判的核心问题。

（一）基于直觉的法律结论

1. 什么是直觉？

在英文世界里，与直觉相关的词汇有 Intuition、Hunch 与 Heuristic。Intuition 一般翻译为直觉，Hunch 翻译为预感，Heuristic 翻译为启发式的、探索的，把这三个词汇联系起来有助于深入理解直觉内涵。《牛津英语词典》解释直觉是"心智在没有推理关涉下的对客体产生的突然领悟。"[2]《韦氏词典》定义直觉为"没有经过推理环节，没有觉察到认知过程，直接获得知识及结论。"[3]《现代汉语词典》界定直觉是"未经充分逻辑推理的感性认识，是以已经获得的知识和积累的经验为依据的。"[4]《牛津心理学词典》也对直觉做出了解释"直觉不同于有明确规则和理性的推理，它是快

---

〔1〕　1999 年，全国民事案件审判质量座谈会提出"在审理新类型民事案件时，要注重探索，讲求社会效果"，随后"法律效果与社会效果相统一"理念被正式提出，成为我国司法裁判的基本目标。

〔2〕　牛津英语词典网络版，http：//www.oed.com/，最后访问时间：2015 年 4 月 2 日。

〔3〕　韦氏在线词典，https：//www.merriam-webster.com/，最后访问时间：2020 年 9 月 6 日。

〔4〕　中国社会科学院语言研究所词典编辑室编：《现代汉语词典》，商务印书馆 2005 年版，第 1748 页。

速的了解和理解。[1]" 美国《心理学词典》的界定是，直觉是"直接而瞬间的、未经意识思维和判断而发生的一种正在领会或知道的方式。"[2] 从上述界定可以看出，学界关于直觉的认知基本相同：直觉指直观感觉，是一种建立在人的本能、阅历、经历基础上的不以人的意志为转移的思维方式。它也有思维过程，在这一思维过程中，输入的信息主要来源于本人长期积累的经验，信息的加工不需要意识参与而是自动加工，输出的信息是一种基于感觉而做出的判断。[3]

现代认知心理学表明，人类具有两种认知机制：一是"理性—分析"认知机制。在这种推理认知机制中，人能够自觉地运用知识，有意识地解决问题，并能对这一过程进行清晰地觉察与表达，它是明言的、逻辑的、步步推进的严格推理形式。二是"经验—直觉"认知机制。在这种直觉认知机制中，人对信息的处理是整体化的，是无意识的（很大程度上），是直接完成的。这一过程没有言语的参与也很难用言语清晰表达，是一种无言的或压缩化的思考形式。[4] 对于那些信息量少，结构清晰且时间充裕的事项，适合的认知模式是推理。对于那些信息量多，结构繁杂而时间又紧的事项，更好的认知模式是直觉。显然，人类社会的多数事项可能处在两者之间，推理与直觉在认知世界的存在方式是复杂的，很难做出完整而准确的描述，整体而言，人类是以两种认知机制或平行或交

---

〔1〕 See Andrew M. Colman, *Oxford Dictionary of Psychology* (*Second Edition*), Oxford: Oxford University Press, 2006, p. 389.

〔2〕 〔美〕阿瑟·S. 雷伯：《心理学词典》，李伯黍等译，上海译文出版社1996年版，第425页。

〔3〕 See Betsch, Tilmann, "The Nature of Intuition and its Neglect in Research on Judgment and Decision Making", *Intuition in Judgment and Decision Making*, Vol. 4, 2008.

〔4〕 See Wim De Neys, "Bias and Conflict: A Case for Logical Intuitions", *Perspectives on Psychological Science*, vol. 7, 2012, pp. 28~38.

互的方式来认知世界的。

直觉的内隐性与模糊性掩盖了它的科学性与实用性，许多时候，它被打上了无规则、非逻辑、反意识的烙印。其实，直觉不是什么神秘物事，它是一种朴素的存在，我们在日常生活中很容易感知到它。品酒师在舌尖接触的一瞬间就品出了酒的品种与品质，侦探用眼轻轻一瞥就准确判定了那人的身份，将军在瞬息万变的战场上迅速做出了判断，法官由盐酸联想到了武器……。"一看就知道""一听就清楚"的直觉，我们每一个人都有，只是耕耘越深、阅历越广的人在某方面越容易产生直觉且直觉越可靠罢了。直觉与经验关系密切，归根结底，它是知识、能力与判断力的综合体现。人的知识、能力与判断力日积月累汇集成了经验，经验培养了直觉，直觉是经验的条件反射。直觉在许多时候是可靠的，因为它依托于早期探究得来的知识。

推理与直觉两种认知方式可以在认知世界和谐共存。许多严谨的判断往往需要依赖"搜索般的推理过程"和"对熟识形态的骤然认知"的共同作用，两者可以相互依赖、相辅相成。[1] 特别强调的是，直觉本身并非排除推理，而只是压缩了逻辑或省略了某些逻辑步骤。[2] 它并非无规则，而是实现了规则与逻辑的内化，跨越了推理与分析的过程。换言之，直觉仍然包含着推理，只是这种推理是潜意识的，往往不被察觉。[3] 认知心理学刻画了直觉的认知模型（图一），该模型表明，直觉是推理与观念关系在直接性背景下的表现，是直接性、观念关系与推理三种心理内容交叉的最中

---

〔1〕 参见［美］赫伯·赛蒙：《人类事物的理性》，林钟沂译，台湾森大图书有限公司1988年版，第25页。

〔2〕 参见张成敏：《案史：西方经典与逻辑》，中国检察出版社2002年版，第232页。

〔3〕 参见张顺："直觉主义法律发现模式及其偏差控制"，载《苏州大学学报》2017年第2期。

心部分。[1] 直觉并不排除推理而仅仅是压缩了推理的过程，直觉并不必然是理性的敌人而且可能还包含了深刻的理性。

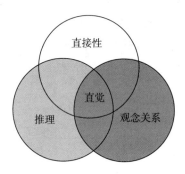

图一　直觉的组成要素

2. 直觉对裁判的引领作用

裁判需要直觉吗？认知心理学认为，直觉远比我们想象的更具影响力，它是诸多判断背后的秘密推手。在不同的认知情境中，推理与直觉两种认知机制的参与程度与方式并不相同。大家所熟悉的道德判断主要是一种基于经验的快速的无意识的直觉反应。[2] 而法律判断与道德判断显然不同。一般认为，法律判断是基于理性与逻辑，通过推理与分析做出的一种有意识的判断，法律判断应该抵制直觉，直觉是法律科学的敌人，是对法律严谨的破坏。由于直觉没有可感知的形式与步骤，缺乏描述与验证，往往也被司法直觉的适用者本人所忽略。但是，只要我们稍加留意就会发现，"就像在

---

〔1〕　See Amy L. Baylor, "A Three – Component Conception of Intuition: Immediacy, Sensing Relationships, and Reason", *New Ideas Psychol*, vol. 15, 1997, pp. 185~194. 参见李安，"新老法律现实主义司法直觉的嬗变"，载《杭州师范大学学报（社会科学版）》2014 年第 5 期。

〔2〕　参见田学红等："道德直觉加工机制的理论构想"，载《心理科学进展》2011年第 10 期。

大多数决定中一样，直觉在司法决定中扮演着主要角色。"[1] 法官面对案件会自然地形成一种直觉判断，随后会在这种直觉的基础上做进一步的分析与推理。直觉是用来发现的，而推理是用于证明的，正是有了直觉，分析才有了方向，直觉开启了法律思维的过程。

直觉并不必然导向良好决策，它是一种快速的直接得出结论的综合判断，压缩了推理过程，容易在不经意间掺杂个人的情感与偏见（如对某类事物的格外同情或特别厌恶），这就是被人们普遍保持警惕的直觉的个体性与主观性。身处个案中的法官面对选择的分岔路口，哪些因素被关注，哪些理由被强调，跟个人特质有着难以言说却证据确凿的联系，如同"一个女法官对于色情文学的理解，一个保守派对于同性恋的理解"渗透了个人特质一样。[2] 但是，与此同时，我们也必须认识到，这种个体性与主观性的影响是极为有限的，直觉的个体性与主观性受制于多方面因素的制约。

直觉的个人性与主观性并不导致裁判丧失民主性与客观性。首先，直觉仅仅是裁判活动的开始，需要经得起法律论证的检验。裁判结论应该是法律的而不是个人的，基于直觉所产生的结论只是一种初步的、不确定的、有风险的预判断。[3] 法官只有在运用理性做出全面验证后，才会最终捍卫其以直觉作出的预判断。[4] 倒果为因，去发现可资适用的法律，通过法律推理去验证法律结论是法

---

〔1〕　［美］理查德·波斯纳：《法官如何思考》，苏力译，北京大学出版社 2009 年版，第 100 页。

〔2〕　参见唐丰鹤："整体性的法律论证——兼论疑难案件法律方法的适用"，载《河北法学》2014 年第 1 期。

〔3〕　参见［德］阿图尔·考夫曼：《法律哲学（第二版）》，刘幸义等译，法律出版社 2011 年版，第 91 页。

〔4〕　参见［美］罗伯特·S. 萨默斯：《美国实用工具主义法学》，柯华庆译，中国法制出版社 2010 年版，第 174 页。

官必须要做的。它既满足了裁判文书记载裁判理由的强制性要求，又避免了遭受偏颇或恣意的怀疑。[1] 这种结论先行的方法，哲学称为"假设""试错"[2]，认知心理学称为"逆向作业"[3]，法律方法论称为"结论式的法律发现"[4] "设证"[5] 或"司法假定"[6]。以严格逻辑呈现的法律论证保证了预判断的理性化与正当化，对直觉起到了验证与制约作用，经不起法律验证的直觉会被抛弃。虽然这种验证与制约并不完美，因为法官一旦有了直觉，就容易努力搜寻那些确认而不是不利于预判断的证据，从而导致信息的选择性适用。但是这种结论先行的论证依然具有重要价值：有助于捕获和矫正直觉的差错；提供了司法不可或缺的法律性与正当性；向法律灌输了必要的稳定性与确定性；冲淡了司法决策中直觉的作用。[7] 其次，法官准入制度[8]、合议庭制度[9]、诉讼程序[10] 等

〔1〕 参见［德］卡尔·拉伦茨：《法学方法论》，陈爱娥译，商务印书馆 2003 年版，第 5 页。

〔2〕 参见［英］卡尔·波普尔：《历史决定论的贫困》，杜汝楫、邱仁宗译，上海人民出版社 2009 年版，第 70 页。

〔3〕 参见［美］Kathleen M. Galotti：《认知心理学（第三版）》，吴国宏等译，陕西师范大学出版社 2005 年版，第 251 页。

〔4〕 参见［德］阿图尔·考夫曼：《法律哲学（第二版）》，刘幸义等译，法律出版社 2011 年版，第 68 页。

〔5〕 参见郑永流：《法律方法阶梯》，北京大学出版社 2008 年版，第 70~71 页。

〔6〕 参见苏晓宏："法律中的假定及其运用"，载《东方法学》2012 年第 6 期。

〔7〕 参见［美］理查德·波斯纳：《法官如何思考》，苏力译，北京大学出版社 2009 年版，第 103~104 页。

〔8〕 较高的职业准入门槛，渊博的学识、睿智的理性、丰富的经验有助于提高法官直觉的可靠性。

〔9〕 合议庭制度有助于矫正个人偏见。许多学者主张法院多样化，认为合议庭的经验范围越广，越不可能忽略相关考量，同质化虽能带来稳定性，但认识论的孱弱是其必然代价。这种观点与法律职业共同体理念有偏差，但其有一定合理性。参见［美］理查德·波斯纳：《法官如何思考》，苏力译，北京大学出版社 2009 年版，第 108 页。

〔10〕 诉讼程序延长了直觉生效的时间，拓展了对直觉的偏差矫正路径，有利于提高直觉的理性与科学性。

司法内部机制客观上也承担了对法官直觉的偏差控制功能。此外，行业共识、社会共识、文化传统等外部环境对法官的裁判也产生约束作用。卢埃林提出的有助于实现裁判可估量性的 14 个稳定性因素实际上也是限制法官个性施展，保障裁判客观性的因素。整体意义上，裁判结论并不会因为最初是基于法官直觉产生的就必然丧失法律性与正当性，也不会因为裁判做出的个人性与主观性而使裁判丧失民主性与客观性。

　　在疑难案件中，纸上规则缺憾凸显，外部环境激扰力增强，形式推理遭遇困境，法官往往在案件事实与司法经验的指引下，从纷繁复杂的信息中过滤出有用信息，锁定问题本质，形成一个或几个可能的预结论，并在诸多可能性中进行选择。[1] 直觉如灯塔在漆黑海面上指引着法官的思维方向，据此得出预结论，引领疑难案件的推理与论证。疑难案件的裁判关键在于利益权衡，关于权衡与直觉的关系，卡多佐说，"如果你们要问，法官将何以知道什么时候一种利益已超过了另一种利益，我只能回答，他必须像立法者那样从经验、研究和反思中获取他的知识；简言之就是从生活本身获取。"[2] 利益权衡常常只是为人们含混地感知，直觉地把握，很少有细致地分析，"结果是出现了这样一个混合物，人们不了解或者忘记了它的成分。"[3] 就在这种貌似简单的司法直觉中法官完成了复杂的司法权衡，形成了内心确信。就如科恩所言，"它无法令我

　　〔1〕　See Roscoe Pound, "The Theory of Judicial Decision", *Harvard Law Review* 36, 1923, p. 951.

　　〔2〕　〔美〕本杰明·卡多佐：《司法过程的性质》，苏力译，商务印书馆1997年版，第67~68页。

　　〔3〕　〔美〕本杰明·卡多佐：《司法过程的性质》，苏力译，商务印书馆1997年版，第70页。

们不相信，因此，它也为我们的推理提供了前提。"[1] 需要注意的是，虽然法官在论证裁判理由之前已经有了裁判结论，但法官提供的裁判理由并不仅仅是判断完成后的补充性的合理化论证，事实上，法官在形成直觉时，往往已经受到了这些理由的影响了。

（二）基于结论的法律发现

法官基于直觉产生法律判断后，需要倒果为因去发现可资适用的法律。"法律在哪里？""法律是封闭的，还是开放的？"是法官必须面对的问题。法律形式主义将法律看作是一个封闭、自足的规范体系，具有自主性与逻辑自洽性。法律现实主义认为法律体系具有开放性，"书本上的法"并不是"行动中的法"，法律受到政治、道德等诸多社会因素的阐释，裁判应是宏大风格的。随着法学理论的成熟，法律既非绝对封闭，也非绝对开放已成学术共识，然而，法律的真实远不是"相对封闭""相对开放"等几个模糊概念能够阐释清楚的。尼克拉斯·卢曼的社会系统理论对法律封闭与开放状态的阐释在法学界产生了较大影响。

1. 认知开放与运作封闭的法律系统

卢曼将细胞生物学的"自创生"与"结构耦合"概念引入社会系统理论。细胞生物学认为，生命系统是内部运作的封闭性的自创生系统，但同时生命系统又与所处的环境存在着能量交换关系。结构耦合是指"系统与其环境之间，以及两个自创生系统之间的递归的和稳定的互动关系，在此种关系中，二者之间并不互相决定，

---

[1] L. Jonathan Cohen, *The Dialogue of Reason: An Analysis of Analytic philosophy*, 1936, pp. 73~117. 转引自［美］理查德·波斯纳：《法官如何思考》，苏力译，北京大学出版社2009年版，第93页。

但又互相刺激，从而形成了具有共同演化意义的结构漂移现象。"[1] 系统与环境的交换关系受到系统自身的调控与引导，即系统只接受其所需要的东西。[2] 在系统的自主选择中，环境被分成了两类："能够影响系统的因素"与"无法影响系统的因素"。[3] 卢曼认为，现代社会是功能分化的社会，法律系统、政治系统、道德系统都是社会系统的子系统，它们各自分立，各自承担着不同的社会功能。作为整体中的部分，社会的各个子系统之间又互为环境，相互作用、相互影响甚至相互补强，呈现出整体性面貌。

在社会系统中，法律系统凭借自己独特的代码与媒介与政治系统、经济系统、道德系统、宗教系统相分离，但同时其他系统又作为环境对法律系统产生着重要影响。法律系统是独立的且又是联系着的，"运作上封闭、认知上开放"地发挥着稳定规范性预期的功能。[4] 在疑难案件中，法律系统感受到了因规则与环境的张力而导致的来自于"环境的刺激"，产生"系统与环境的共振，随后在系统内部制造了一个信息"，[5] 法官根据自己的经验与直觉判断此信息与法律是否关联，程度如何，进而决定对这些刺激是否做出反

---

〔1〕　Humberto R. Maturana, Erkennen: Die Organisation und Verkörperung von Wirklich-keit: Ausgewählte Arbeiten zur biologischen Epistemologie, Durchgesehene Auflflage, Braun-schweig, 1985, S. 143 ff., 150ff., 243f., 251f. 参见泮伟江："宪法的社会学启蒙——论作为政治系统与法律系统结构耦合的宪法"，载《华东政法大学学报》2019 年第 3 期。

〔2〕　参见［德］Georg kneer, Armin Nassehi:《卢曼社会系统理论引论》，鲁贵显译，台湾巨流图书公司 1998 年版，第 63~65 页。

〔3〕　See Niklas Luhmann, Soziale Systeme: Grundrisse Einer Allgemeinen Theorie Su-hrkamp Taschenbuch Wissenschaft, 5. Auflfl., 1984, S256-265. 参见泮伟江："宪法的社会学启蒙——论作为政治系统与法律系统结构耦合的宪法"，载《华东政法大学学报》2019 年第 3 期。

〔4〕　See Niklas Luhmann, "Operational Closure and Structural Couple: The Differentia-tion of the Legal System", *Cardozo Law Review* 13（1992）, pp. 1419~1441.

〔5〕　参见泮伟江："宪法的社会学启蒙——论作为政治系统与法律系统结构耦合的宪法"，载《华东政法大学学报》2019 年第 3 期。

应以及做出何种反应。比较而言，政治系统、道德系统较容易对法律系统产生刺激，促使法律系统做出回应，实现法律系统的自我成长。需要注意的是，这种回应是法律系统自主决定的，法律系统并不是对环境信息全盘自动地做出回应，而是有选择的。同时，这种回应是法律系统通过自身运作完成的，只有依据系统才能创造出新系统，法律通过自我指涉实现法律的自我创生，既维持了法律系统的自我生产，又维持了法律系统的封闭运作。卢曼的社会系统理论为我们理解裁判的"合法性"与"合理性"的统一、"法律效果"与"社会效果"的统一提供了一套完整的概念框架与工具。

2. 在合法性中实现合理性

法律规范系统作为一种建构性体系，来源于政策、道德、习俗等非法律系统。这里强调法律的非法律性来源，并不是要模糊法律的界限，而是强调在将政策、道德、习俗等非法律因素与法律相区分的同时，存在着在司法中再次将它们引入法律体系的可能。疑难案件是法律规范系统与外界环境的接触点。一个个疑难案件暴露出了法律规范各式各样的不周延，也暴露出了法律规范系统在不周延时对政策、道德、习俗等的虹吸效应。一个个接触点的存在促使法律系统对外部环境保持着必要的"触觉""嗅觉"和"味觉"，促使法律规范系统不断地自我成长。法律规范系统与外部环境既是分立关系又是整体性关系，法律规范系统虽具有一定的独立性，是法律思维的核心，但对法律规范的理解需要从外在环境中汲取营养。法律现实主义关注道德、政策、习俗等社会因素对理解纸上规则的情境性作用，主张法律与社会的互动，主张裁判的宏大风格，把非法律因素作为理解法律的必要社会环境纳入法律规范系统，这就是卢埃林的"真实规则"理论：纸上规则+社会因素=真实规则。弗兰克的 S（stimulus，刺激）×P（personality，个性）= D（decision，结论即预感）公式几乎招致全民非议，但是，如果把"刺激"理解成以法律为核心的刺激，把"个性"理解成包含知识与经验，当然也包含感性与偏见的个体性，这个公式似乎就不那么难以接受了。相信正常情况下的法官在面对案件时，不管他有没有意识到，法律思维一定是案件思维的核心，法律以及围绕在法律周围与法律价值保持同向性的环境才是法官最容易感知到的刺激。同理，不管法治多么不情愿，法官多么努力挣脱，没有一个法官能够完全摆脱个性的困扰。但致力于减少它是我们必须要做的，这也是弗兰克的理想。

政策、道德、习俗等非法律因素进入裁判是间接的而且是有选择的。司法裁判必然要求避免来自于环境因素的直接参与，外部因素只有得到法律的支持才有可能成为裁判的理由。倘若为了追求实质合理性而轻言跨越，放任非法律因素左右司法运行，政治的、道德的逻辑就冲击了法律逻辑，司法裁判就失去它的本分。法律规范的开放是以法律规范的封闭为条件的，外部洞见要进入法律，必须要经历一个"教义学化"〔1〕的过程，把外部因素转码为法律规范的自我描述，在合法性中实现合理性。与此同时，法律规范系统也在外部环境中保持了自己的自主性，实现了自主选择。法律的外部观察应当谨守一定界限，不轻言通约，法律不能因环境的任何风吹草动就翩翩起舞。最终能够进入法律规范系统并对法律规范进行型塑的外部因素一定是符合法律价值的，并受到规范文本的限制。概言之，价值权衡与后果衡量不应当脱离法律秩序，必须在法律系统内部进行，宪法是法律系统的统领，司法应当遵守宪法，宪法应当引领司法。宪法原则与精神是法律规范开放认知的边界，一般部门法的法律文本是法律规范封闭运行的脚本。

在合法性中实现合理性，也就意味着在法律效果中实现社会效

〔1〕　参见张翔："宪法教义学初阶"，载《中外法学》2013年第5期。

果。法律效果是司法裁判的根本追求。司法，顾名思义，主管、操作的是"法"而不是其他什么。依"法"裁判是司法的力量源泉，是司法权威的根本保障，如果没有了合法性基础，司法裁判就无异于民间力量的居间调停。法律从社会中来，到社会中去，是服务于社会的一种工具，必然追求社会效果。法律对社会效果的追求主要通过立法实现，而司法的社会效果则主要通过合法性来实现，法律本身就是社会效果的主要定义者，依"法"裁判是司法实现社会效果的基本路径。我们需要把"合法性（Legitimacy）"与"合法律性（Legality）"区别开来。合法律性侧重于形式评价，是指裁判结论与法律规则相一致。合法性侧重于内容评价，是指裁判与法律目的、法律价值相一致。在简单案件中，合法性与合法律性高度一致，在疑难案件中，合法性与合法律性存在着或弱或强的紧张关系。合法律性是传统法律形式主义的追求，合法性是法律现实主义的追求。[1] 良法善治才是法治，亚里士多德曾说，"法治应该包含两重意义：已成立的法律获得普遍的服从，而大家所服从的法律又应该本身是制定得良好的法律。"[2] 在疑难案件中，司法应该积极追求实质合法性，这不是僭越民主，背离法治，而是增加了司法的分量。疑难案件是繁杂日常，是紧急事务，而立法是历时性活动，是稀缺性资源，在穷尽法律文本所提供的可能含义之前，不应首先考虑以立法修改的方式来完善文本。苏力教授言"我支持制度的追求，但首先得解决具体问题。"[3] 强世功教授也强调，应致力于"从已经确立的法律秩序中生长出新的规则"。[4] 法官应该使案件

---

〔1〕　新法律形式主义也追求"合法性"。

〔2〕　转引自孙春增：《法理学要义》，北京大学出版社 2008 年版，第 125 页。

〔3〕　苏力："面对中国的法学"，载《法制与社会发展》2004 年第 3 期。

〔4〕　参见强世功："宪法司法化的悖论——兼论法学家在推动宪政中的困境"，载《中国社会科学》2003 年第 2 期。

获得最合乎情理的结果，而不仅仅遵守"合法律性"这一法治美德。[1]"合法性"概念表明，实现了合法性也就实现了法律效果与社会效果的统一。

（三）基于发现的法律解释

为了论证直觉判断的正当性，需要找寻可资适用的法律。找法过程中，需要把影响裁判的法外因素"转码"为法律规范的自我描述，这种法律的自我描述是通过法律解释完成的。法律解释不只是对纸上规则的被动说明，而是一种构建行为，一种创造性活动，可以在法律文本基础上实现法律"续造"，以实现法的安定性与正当性的均衡。"书本上的法"是法律续造的客体，围绕着案件与规则的各种因素是法律续造的原材料，而法律解释方法则是法律续造的技术手段，通过法律解释，"书本上的法"与"行动中的法"完成了互相证成。

1. 初阶解释：从文义解释到合宪性解释

关于法律解释，迄今为止，学界最重要的贡献是为司法实践提供了一份包括文义解释、体系解释、历史解释、目的解释、合宪性解释、社会学解释等方法的清单。[2]但是，仅仅依靠这份清单并无力解决法律解释问题，因为不同解释方法可能导致不同解释结果，具体案件应该如何选择是待解问题。缺少了"解释方法如何选择"这一"元规则"，法律解释学就难以功德圆满，我们就陷在了法律解释的困境之中，难以自拔。"排序理论"曾一度影响广泛，认为各种解释方法可以做一个类似元素周期表一样的排序，任何法律条文之解释应首先诉诸文义解释；如果文义解释有复数结果，方能继之以体系解释和历史解释；如果仍不能完成澄清法律文义之疑

---

[1]　参见［美］波斯纳：《法理学问题》，中国政法大学出版社2002年版，第165页。

[2]　参见桑本谦："法律解释的困境"，载《法学研究》2004年第5期。

义，应作目的解释；当这些解释结果都不能明显成立时可作社会学解释。〔1〕对于这个貌似清楚且合理的规则，桑本谦教授"以例说理"进行了批驳，认为"各种解释方法的排序无非是用深奥理论和复杂术语包装了一个傻瓜都能明白的道理。"〔2〕"困境"使得法律解释学难以周延，学界对走出困境多有探讨，但迄今未能发现出路，"困境"还是困境。但是，在法律现实主义那里，似乎不存在"解释的困境"（在司法实践中，不管法官的立场怎样，似乎也都没有被"困境"困住）。法律现实主义的结果取向思维，倒"果"为"因"，"果"在客观上成为法律解释方法选择的依据，哪种解释方法能够成就结果，哪种解释方法就会被选择。手段与目标实现了良性的互动与组合，法律解释体现出了它的论证价值。当然司法实践中存在一果多因的情况，几种解释方法都指向结果，显然我们会自然的按照上述的"排序理论"的"指导意见"来选择最接近形式合法性的解释方法，而且多种解释方法指向同一结果也客观上证明了结果的可靠性。

文义解释、体系解释、历史解释和目的解释是我国目前普遍认可的解释方法。文义解释是从法律条文的通常语义出发阐释规范内涵的方法。不管学术界还是实务界，文义解释都具有特殊地位，有别于其他的解释方法。它最大的特点是没有超越法律条文的字面含义，是最基本、最合"法律"、最没有争议、适用最广泛的解释方法。而其他的解释方法可统称为"论理解释"，在从不同层面、不同角度讲"理"的过程中，往往扩张或缩限了法律条文的字面含义。但是，疑难案件的产生往往与文义解释的失败有关，疑难案件

---

〔1〕 参见梁慧星：《民法解释学》，中国政法大学出版社 1995 年版，第 245～246 页。

〔2〕 桑本谦教授认为治疗感冒的方案排序只是医学常识，是指导性意见，各种解释方法的排序亦是如此。参见桑本谦："法律解释的困境"，载《法学研究》2004 年第 5 期。

需要考量文义解释以外的其他解释方法；体系解释是基于整体性原则，基于法条间的相互联系而阐释法律规范内涵的方法。受法条间必须存在较强内在关联的条件限制，显著意义上的体系解释在司法实践中并不经常发生；历史解释是指探寻立法者立法时的立法原意。我国没有立法理由书制度，也缺乏公开详细的立法史资料记载，历史解释对普通法官而言，往往是雾里看花，缺乏实操性。且历史解释目光指向过去，对转型社会的诸多新型案件也表现出了它的局限性。比较而言，在疑难案件中，目的解释是适用最广、最具经典的法律解释方法。

在疑难案件中，目的解释独具价值。首先，目的解释与正当性相联，具有极强的可接受性。目的是法律之本，拒绝考察法律规则的目的，就难以恰当认识它，只有将法律目的置于法律规则之中，才能达致规则的真实内涵。如在"车辆不准进入公园"的规则面前，"车辆"包括婴儿车吗？要合理地解释这一规则，就需要考量该规则的目的——旨在减少噪音和保障公园安全，此目的会自然的引导解释者做出"该法条所指车辆不包括婴儿车"的解释。其次，目的解释包容性强，适用灵活。目的解释所探求的"目的"，可指个别法律条文之目的，也可指法整体之目的，还可指个别目的与整体目的之互动；可指立法者针对特定事项之具体目的，也可指法律之终极目的，还可指具体目的与抽象目的之共生；可指立法者之主观目的，也可指法律之客观目的，还可指主观目的与客观目的之融合。[1] 再次，法律适用与法律制定之间往往存在较长的时间轴，政治、经济和文化等社会情势随着时间推移会不断变化，新问题适用旧法律是个永恒缺陷，目的解释的方向是面向现在和未来的，一定程度上克服了这一缺陷。因此，目的解释是疑难案件不能忽略的

---

[1]　参见刘国："目的解释之真谛——目的解释方法中的'目的'辨考"，载《浙江社会科学》2012 年第 1 期。

解释方法，诸多疑难案件都是通过目的解释实现了规则的续造。

合宪性解释可以作为疑难案件法律解释的兜底方法。近年来，中央明确提出了"运用宪法"的要求，[1] 加强宪法运用成为我国法治改革的重要一环，司法在这一过程中不可能置身事外。司法中的宪法运用具有宪法依据，[2] 宪法原则与精神是法律基本价值的体现，法官在裁判中必须考虑法律体系的整体和谐，以符合宪法原则与精神的方式来理解、适用法律规则。[3] 不管理论上还是制度上，宪法在司法中的运用都是合理的，我国司法应该进一步探究运用宪法的具体路径和方法。目前，合宪性解释是我国宪法影响司法的核心方式，是打通宪法与其他部门法壁垒的最妥帖的方式，它是宪法的"间接"适用。[4] 由于宪法规范大都是原则性规定，是法律精神的实证载体，因此决定了合宪性解释在具有合法性基因的基础上还具有较强的包容性，在一些在成因、类别、形态方面表现特殊的疑难案件中会体现它的独特价值。因此，我们需要充分挖掘合宪性解释的价值，不仅能为疑难案件的裁判找到更广阔的路径，也为未来的制度设计提供理论与实践准备，以此为起点，还可能催生更多有助于宪法价值与功能实现的方式。

合宪性解释在学界有多种认识。有学者强调合宪性解释是一个选择过程，指法律规则客观上存在多种解释时，应当选择不与宪法

---

[1] 2013 年的《中共中央关于全面深化改革若干重大问题的决定》更是明确提出了"运用宪法"的要求。参见《中国共产党第十八届中央委员会第三次全体会议文件汇编》，人民出版社 2013 年版，第 50 页。

[2] 《中华人民共和国宪法》序言：全国各族人民、一切国家机关和武装力量、各政党和各社会团体、各企业事业组织，都必须以宪法为根本的活动准则。

[3] 参见韩大元："论审判独立原则的宪法功能"，载《苏州大学学报（法学版）》2014 年第 1 期。

[4] 参见上官丕亮："论宪法在普通诉讼中适用的正当性"，载《学习与探索》2008 年第 3 期。

冲突或最符合宪法原则的方案。[1] 它是一种法律适用的优先规则，有时也可以避免法律规则因违宪而被宣布无效。有学者强调合宪性解释就是一个解释过程，是按照宪法精神对法律规则做出合理解释。[2] 它是一种纯粹的法律解释方法，致力于发挥宪法原则对解释法律规则含义的引导作用，也称"基于宪法的解释"。[3] 还有学者认为，合宪性解释既是选择的过程，也是解释的过程。我国的合宪性解释主要指"基于宪法的解释"，是基于宪法基本价值而阐释法律规范的含义，将法律规范的阐释导向宪法精神。[4] 2016 年，最高人民法院发布的《人民法院民事裁判文书制作规范》规定，裁判文书不得援引宪法条文作为裁判依据，但宪法原则和精神可以作为说理阐述。[5] 显然，这一规定肯定了我国合宪性解释的实践效用，[6] 也表明了我国对合宪性解释做了必要限制。[7] "基于宪法的解释"，其目的是确认大前提，增强裁判的说服力，被运用的宪法条文处在裁判文书的说理部分，而不是裁判依据部分。在刑事裁判和行政裁判中是否可以阐述宪法原则和精神，还没有相应的制度规定，不管从制度还是从法理考量，刑事裁判和行政裁判也完全可以通过宪法原则和精神来阐释所适用法律的内涵。如果说，文义解

---

〔1〕 参见陈新民：《法治国家论》，台湾学林文化事业有限公司 2001 年版，第 267 页。

〔2〕 参见黄卉："合宪性解释及其理论检讨"，载《中国法学》2014 年第 1 期。

〔3〕 参见 ［德］克劳斯·施莱希、斯特凡·科里奥特：《德国联邦宪法法院地位、程序与裁判》，刘飞译，法律出版社 2007 年版，第 454 页。

〔4〕 参见刘召成："法律规范合宪性解释的方法论构造"，载《法学研究》2020 年第 6 期。

〔5〕 参见 https://baike.so.com/doc/24727148 – 25635915.html. 最后访问时间：2019 年 8 月 2 日。

〔6〕 参见夏正林："'合宪性解释'理论辨析及其可能前景"，载《中国法学》2017 年第 1 期。

〔7〕 合宪性解释只涉及宪法精神，不对宪法条文进行解释；只出现在裁判文书的说理部分，不将宪法条文作为裁判依据。

释的视野是法律条文，体系解释的视野是该法条与其他法条，历史解释的视野是法律条文的立法原意，目的解释的视野是法律条文的社会功能，那么，合宪性解释的视野则是宪法精神，是整个法体系。宪法是法律解释证明自身合法性的最后依据，合宪性解释是离法律文本较远的解释方法，这也决定了合宪性解释在司法适用中的审慎性。比较而言，我国实务界对合宪性解释的使用较少。由于宪法规范大都是原则性规定，是法律精神的实证载体，因此决定了合宪性解释在具有合法性基因的基础上还具有较强的包容性。转型社会的疑难案件全面的体现着社会的复杂，案件疑难的成因、类别、形态因案不同，不可能期望目的解释或其他任何一种解释方法能够包打天下。在目的解释无能为力的时候或者需要对目的解释补强的时候，合宪性解释可以成为疑难案件的兜底性解释方法，体现它的独特价值。

在疑难案件中，依据宪法精神对模糊的、有歧义的法律规则作出合宪性解释，使法律规则的含义在法律体系框架下得以明确。合宪性解释可能因疑难案件的类型不同而呈现出不同的样态。一般而言，面对法律冲突型的疑难案件，法官可以根据宪法原则与精神选择适合的法律规则，未被适用的法律规则并不因此而失效，它的普遍效力不受影响。面对法律与正义冲突型的疑难案件，法官可以根据宪法原则与精神，限缩或扩充具体法律规则的适用范围，这不是对法律规则的合宪性审查，在其他不导致法律与正义冲突的个案中，法律规则仍然适用。面对法律不明确型的疑难案件，由于法律规范较为抽象，存在一定解释空间，法官应当以宪法原则与精神为指引，在具体个案中"以宪释法"，做出具体明确的解释。面对法律漏洞型的疑难案件，可以适用宪法的平等原则，适用与案件实质相似且已经得到法律规定的规则，在宪法平等权的框架下实现类推适用。或者适用一般部门法中的法律原则，在宪法原则与精神的指引下对法律原则做出具体解释。

2. 二阶解释：社会学解释

社会学解释得益于法社会学的兴起。社会学解释是一种着重于对社会效果预测与衡量以对法条的含义进行阐释的裁判方法。[1]整体而言，社会学解释包含两种含义，一种含义强调它是一种选择方法，在诸多解释方案中选择社会效果最佳的方案。另一种含义强调它是一种解释方法，将社会目的衡量引入法律以阐释法律条文的内涵。第二种意义上的社会学解释与目的解释虽稍有不同但更有诸多重合，[2]因此，第一种意义上的社会学解释更具意义。法律解释是社会产品，必须考虑社会价值，考量社会效果，强调社会适应性，这是社会学解释的价值所在。[3]但是，社会学解释无疑是诸多解释方法中离法律文本最远、开放尺度最大的解释方法，学界把它与法律勾连在"法律条文可能文义范围内"这样的含糊限定里，它的法治基因处在不确定状态，无法从形式上保障法律逻辑。如果允许社会观念随意进入法律，法律就蜕变成一个虚假的外壳，各种因素通过社会学解释的大门都会找到入口，法律就丧失了安定性。如果直接用社会学解释来论证裁判结论，就等于政治、道德等法外理由堂而皇之地作为裁判理由，就意味着"法律规范隐退"[4]，这是社会学解释的隐患，也是我国裁判论证中极少使用社会学解释的原因。但是，只要我们改变法律解释方法之间单一的并联关系，把社会学解释与其他解释方法串联起来，把社会学解释仅仅作为一种选择方法，社会学解释就能作为"二阶解释"成为疑难案件法律解

〔1〕　参见张志铭：《法律解释学》，中国人民大学出版社 2015 年版，第 70 页。

〔2〕　目的解释的"目的"指法律目的，社会学解释的"目的"指社会目的。法律目的与社会目的往往是重合的，只在特殊情况下，如时空原因才可能导致两者背离。

〔3〕　参见时显群："论社会学法律解释方法在司法实践中的运用"，载《贵州社会科学》2017 年第 11 期。

〔4〕　参见陈金钊："法律人思维中的规范隐退"，载《中国法学》2012 年第 1 期。

释的元规则，展现它的活力。一言以蔽之，司法领域的释法争议均在于论证何种解释能够产生最好的裁判结论，社会学解释应该在选择意义上发挥作用。在初阶解释方法不足以相互支撑、彼此印证、形成充分论证的情形下，社会学解释从社会效果出发，通过对社会效果预测，对初阶解释方法做出选择，找到那个"最优"的方案。如若初阶解释方法高度统一地指向某一确定，那社会学解释就没有出现的必要了。在二阶解释模式下，社会学解释发挥着二次论证功能，与初阶解释方法相联系，共同完成法律解释的任务。

社会学解释对转型中国具有重要意义。转型中国的司法治理迫切需要司法把对社会效果的追求提升到法律方法论层面。[1] 如何解决法律与社会之间的永恒紧张是司法史的基本话题，人们试图找寻法律效果与社会效果的统一之道。过于强调法律的独立性会导致法律自绝于社会，失去存在意义。过于强调法律的社会性则会消解法律体系的自治性，使法律失去独立价值。[2] 解决问题的根本进路在于，"法律体系以何种方式在何种程度上向社会开放"。引入非法律因素的社会学解释暗示了"法律最重要的部分包含着规则表面所说的与法院实际上所得出的结论之间的差别"，暗示了它的价值在于疑难案件。[3] 事实上，面对疑难案件，无论法官持法律形式主义立场还是现实主义立场，在法律思维方面都无法回避"社会学解释"，只是法律形式主义把社会学解释藏到幕后，而法律现实主义试图把社会学解释摆在前台（许多时候以"价值权衡"出现）。在疑难案件中，当法官对不同的裁判结论做权衡时，他已经从第一

---

〔1〕 参见杨知文："社会学解释方法的司法运用及其限度"，载《法商研究》2017年第3期。

〔2〕 参见杨贝："法律论证的能与不能"，载《华东政法大学学报》2017年第2期。

〔3〕 参见〔美〕弗里德里克·肖尔：《像法律人那样思考：法律推理新论》，雷磊译，中国法制出版社2016年版，第147~148页。

层次的思考进入到了二阶思考的层次，二阶思考必然指向法律系统之外。"在解释发生分歧时，有必要将背景知识推到前台，在更大视域中找寻不同意见的分歧根源，进而在发生分歧的那一层面重新获取共识。"[1] 社会学解释对形成竞争的法律解释方案进行社会效果考量、权衡与选择，事实上承担的任务是"解释的解释"，即从社会效果的角度解释为什么选择此方案而不是彼方案。以社会效果为标准的选择，化解了不同解释结论之间的冲突，使解释结论指向唯一性。例如，对于某案件，法官在两种方案间摇摆，一种侧重对法条作文义解释，一种侧重作目的解释，最终从社会学解释的角度，通过权衡选择了目的解释方法，法律论证"从内向外"铺开（见图二）。"法律解释，从其根源上看，不是一个解释学问题，而是一个社会学问题。"[2] 通过社会学解释完成竞争性法律解释方法的选择，现实主义裁判范式在法律的框架内汲取了非法律性因素，通过两次解释完成了非法律因素"编码转化"为法律理由的过程，合法性糅合了合理性，实现了"法律效果与社会效果的统一"。

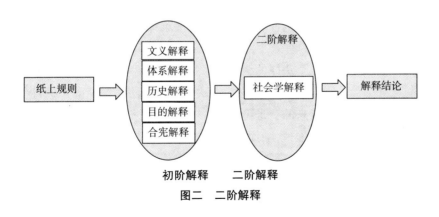

图二　二阶解释

---

〔1〕　Ronald Dworkin, *Law's Empire*, Fontana Press, 1986, p. 245.

〔2〕　桑本谦："法律解释的困境"，载《法学研究》2004 年第 5 期。

有学者认为法律现实主义驳斥法教义学，认为法教义学在疑难案件中无法发挥作用。事实上法律现实主义与法教义学存在着相互补充甚至补强的可能性，两者可以兼容甚至在某种意义上必须兼容。只要追求法的基本确定性与法的权威，就要使裁判符合或至少外观上符合法教义学的要求；只要追求裁判的可接受性，甚至在某些疑难案件面前只要想做出裁判就要追求法律现实主义。法教义学与法律现实主义不仅存在融合的必要性，同时也存在融合的可能性。一方面，法教义学不是概念体系内故步自封的学问，其本身具有"超越"规则的功能；另一方面，法律现实主义的法律证立过程遵循了三段论，追求了理性与合法性。法律现实主义通过目的解释、合宪性解释等初阶解释及社会学解释的二阶解释可以实现对法律背后的道德、政策、习俗等因素的敏感与反应，并从法教义学立场建构出融贯的法律论证。绝大部分疑难案件都可以在法教义学框架内得以解决。

二、论证范式：宏大风格下的正当证明之维

在"法律证立"阶段，法律现实主义主张裁判的宏大风格，主张法律权威与法律正当性的同时兑现。疑难案件的裁判需要满足三个条件：一是逻辑的有效性，法律结论从规则演绎而来，与理性保持一致，保证是一个法律的结论；二是结论的可接受性，法律结论与社会融洽，得到当下人们的基本认可；三是法律结论的可欲性，法律结论是面向未来的，是可欲的。[1] 第一个条件涉及形式正义，主要表现为三段论推理，后两个条件涉及实质正义，可以统称为结论的正当性，需要实践理性作支撑。卢埃林将裁判的宏大风格称为说理风格，虽然卢埃林没有对宏大风格展开细致的讨论，但它的一些还称不上观点的粗放意旨在后来的法律论证理论中得到了表意。

---

〔1〕 可欲性事实上是一种面向未来的可接受性，在判例法国家，价值更为立体，制定法国家也应注重。

（一）正当证明之法律论证

法律形式主义主张裁判有"唯一正确答案"，而且这个答案是可认识的，三段论是其主要证成方式。随着法律形式主义被解构，三段论在论辩方面的不足也被人们普遍认识。"积极地说，逻辑就是'必然'；消极地说，它是取消矛盾。"[1] 逻辑是思想的剪刀，它排除与它们标准相反的思想。[2] 认知世界并非只有逻辑，生活中的结论并不只有不容置疑的必然，人类知识并不总是被逻辑地证明。在对形式逻辑的反思中，在哲学诠释学、分析哲学等思潮的催化下，论证理论得以繁荣。论证就是提出理由以证明结论成立，使人们确信结论是正确或正当的，引致或增强人们对它的信服。就像学者论述的那样，"论证是一种社会的理性的言词活动，通过提出一组主张就某个有争议的观点进行证成（或反驳），旨在增强（或削弱）该观点之于听者或读者的可接受性。"[3] 法律论证有广义与狭义之分，广义的法律论证存在于立法、执法、司法各领域，狭义的法律论证仅指司法领域的论证。学界讨论的法律论证一般指其狭义，指法官证明裁判结论正当性，以使人信服的说理方法。[4] 笔者采狭义之说。

司法裁判与纠纷解决相联系，归根结底是一种判断及论证判断的活动。法治国家的公民不是通过强制力被征服而是通过正当理由被说服，现代法治致力于法律的正当性与法律的效力性的同时兑现。因此，司法如何才能既实现内部的自洽性又实现外部的合理

---

〔1〕　刘培育选编：《金岳霖学术论文选》，中国社会科学出版社 1990 年版，第 516 页。

〔2〕　参见金岳霖：《逻辑》，生活·读书·新知三联书店 1961 年版，第 259 页。

〔3〕　Frans H. van Eemeren and Bob Grootendorst（et al），"Fundamentals of Argumentation Theory：A Handbook of Historical Backgrounds and Contemporary Developments"，*Lawrence Erlbaum Associates*，1996，p. 5.

〔4〕　参见廖义铭：《佩雷尔曼之新修辞学》，唐山出版社 1997 年版，第 348 页。

性，既保证裁判的确定性又保证裁判的正当性，是每一位法官需要
思考的问题。[1] 法律论证的价值是多方面的。首先，法律论证是
验证预结论是否正确或正当的过程，具有验证功能。法官由直觉产
生的预结论"具有可废止性"，直觉结论只有通过法律论证的检验，
才能成为真正意义上的法律结论。[2] 其次，法律论证具有说服功
能，它使得裁判不是简单地宣布结果，而是充分地呈现裁判理由；
使得裁判不仅呈现出法律的约束力与强制力，而且显现出理性的说
服力与感召力。[3] 心理学研究表明，不论理由本身是否成立，给
出理由就比不给理由能够使主张更容易被接受。[4] 法律论证本身
就表达了重视理由的态度，重视表达了尊重，尊重易于产生认
同，[5] 当然，具有说服力的论证更易产生认同。

（二）从内部证成到外部证成

法律论证是要人们确信案件的裁判是正确或正当的，从而使人
们接受裁判。所以"如何使人们确信某一司法裁判是正确或正当
的"就成为法律论证的核心问题。整体而言，法律论证应当沿着内
部证成与外部证成两个维度，形成法律理由与正当理由的组合论
证，以开放的认知视野聚焦法律规则，以封闭的运作方式续造法律
规则，最终把外部证成引向内部证成的论证主干道。

1. 内部证成与外部证成

阿列克西认为法律命题的理性存在两个层面：一为形式理性，

---

[1] 参见［德］哈贝马斯：《在事实与规范之间：关于法律和民主法治国的商谈理论》，童世骏译，生活·读书·新知三联书店2014年版，第246页。

[2] 参见［德］卡尔·拉伦茨：《法学方法论》，陈爱娥译，商务印书馆2003年版，第33页。

[3] 参见陈金钊：《法治与法律方法》，山东人民出版社2003年版，第224页。

[4] 参见［美］埃伦·兰格：《专注力》，徐佳译，中国人民大学出版社2007年版，第7~8页。

[5] 参见杨贝："法律论证的能与不能"，载《华东政法大学学报》2017年第2期。

即前提与结论之间的推理关系必须满足形式逻辑的要求；二为实质理性，即法律推理前提的适切性。相应的，法律论证包含了内部证成与外部证成两条路径：内部证成解决从前提到结论的逻辑有效性，"目的是保证从大小前提到判决结果的推理过程合乎逻辑"；外部证成论证的是大小前提的适切性，"目的是给前提本身提供正当性依据"。[1] 内部证成是一个演绎推理，结论隐含于前提之中。[2] 演绎推理并未产生新知识，它契合了"依法裁判""法的安定性"等法治基本理念，因而被法学界奉为圭臬。但是仅有内部证成的法律论证是不可靠的。演绎推理只能表明推理过程成立，而不能确定结论的正确，"就像数学一样，它探讨的是概念间的关系而不是概念与事实的对应关系，而法律制度不能不关心经验真理的问题。"[3] 在疑难案件中，大小前提常常是争议性的，尤其在事实与规则的涵摄上可能存在着完全不同的判断，逻辑不能提供前提的选择标准。如果前提不可靠，逻辑再正确，结论也是不可靠的。"所有的斯巴达人都很聪明；苏格拉底是斯巴达人；因此，苏格拉底很聪明。"这一可以成立但并不可靠的三段论表明了内部证成作用的有限性，[4] 法律论证必须注重外部证成。麦考密克提出的"二阶证立"理论与阿列克西的内部证成与外部证成异曲同工，麦考密克指出，从规则、事实到结论的演绎推理属于初步证立，如何在相互对立的裁判可能之间做出选择是二阶证立。

---

〔1〕 参见［德］罗伯特·阿列克西：《法律论证理论——作为法律证立理论的理性论辩理论》，舒国滢译，中国法制出版社 2002 年版，第 273 页。

〔2〕 参见［英］尼尔·麦考密克：《法律推理与法律理论》，姜峰译，法律出版社 2005 年版，第 20 页。

〔3〕 参见［美］理查德·A. 波斯纳：《法理学问题》，苏力译，中国政法大学出版社 2002 年版，第 69 页。

〔4〕 参见［美］理查德·A. 波斯纳：《法理学问题》，苏力译，中国政法大学出版社 2002 年版，第 55 页。

早在 20 世纪中叶，英国哲学家图尔敏的《论证的使用》一书就对形式逻辑进行了反思与批判，提出了不同于形式逻辑的实质逻辑，提出了论证的"法律学模型"，这一模型被学界称为"图尔敏模式（Toulmin Model）"（见图三）。[1] 图尔敏模式在法律论证领域产生了重大影响，也得到了阿列克西的内部证成与外部证成理论的呼应。

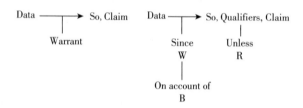

图三　论证的图尔敏模式

图三中的左图是图尔敏模式的基本模式，表明论证有三个最基本的要素组成：主张（Claim），资料（Data）[2]，理据（Warrant）。右图是图尔敏模式的完整模式，添加了支撑（Backing）、限定（Qualifiers）和反驳（Rebuttal）。根据法律思维特性及我国法学界的用语习惯，参照学界的研究成果，[3] 笔者把图尔敏模式转换、

〔1〕　See Stephen Toulmin, *The Uses of Argument*, Cambridge：Cambridge University Press, 1999, p. 97~107.

〔2〕　图尔敏在 1979 年版的《推理导论》中对模式做了一些修改，把 Data 改为 Ground，即把"资料"改为"根据"，这种修改使模式更具一般性。我国学界引介的大都是 Data 版，笔者也采用了这一描述。

〔3〕　参见谢小庆：举例简介图尔敏论证模型，载 http：//www.szhgh.com/Article/o-pinion/xuezhe/2018-04-30/168790.html，最后访问时间：2021 年 6 月 16 日；雷磊："法律论证中的权威与正确性——兼论我国指导性案例的效力"，载《法律科学（西北政法大学学报）》2014 年第 2 期；武宏志："论证的图尔敏模式"，载《华南师范大学学报（社会科学版）》2003 年第 5 期；黄金华："证人证言质证的论证模型研究"，载《理论月刊》2013 年第 11 期。

翻译为法律论证的图尔敏模式（图四）。

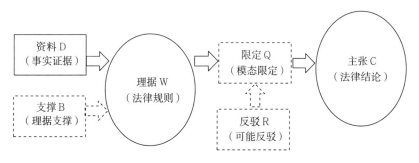

图四　法律论证的图尔敏模式

　　法律论证的图尔敏模式涉及六个要素，基本过程是：资料 D 与支撑 B 共同论证了理据 W 的正当性，在接受了反驳 R 之后，经过限定 Q，使主张 C 得以成立。具体而言：①主张 C，即法律结论，是指试图通过法律论证证明其正当性的法律决定。主张蕴含着可争议性，为了应对主张可能受到的质疑，主张的提出者必须对这一主张给予辩护，于是法律论证就出现了。②资料 D，即事实证据，是指用来证明主张 C 的事实根据，它是法律论证的起点。主张的提出者通常面对的第一个质疑是"主张 C 是建立在什么事实上的？"事实或者资料（Data）就是主张的事实根据（Ground）。③理据 W，即法律规则，也称作"法律依据"，是连接事实与结论的桥梁。主张的提出者通常面对的第二个质疑是"为什么资料 D 能够得出主张 C？"理据 W 一般具有"如果 D，那么 C"的形式。因为理据 W 的存在，所以资料 D 能够得出主张 C。④限定 Q，即模态限定，是指从事实和法律到结论的担保强度。事实与法律构成的前提对主张 C 的支持有着不同的强度，有时候它能够将我们引向完全的确定，结论是"必然的"，有时候则是实验性的，结论是"可能的"或"可推定的"，"必然""可能"等模态量词指明了担保的强度。

⑤支撑 B[1]，即理据支撑，是指对理据 W 的进一步证立与支持。当理据 W 本身存有质疑时，就需要引入支撑 B 对理据 W 提供附加支持，它要回答的问题是"为什么理据 W 是可靠的?""为什么理据 W 可以适用于资料 D?"在传统逻辑中，这种支援一般是不存在的，因为它假定大前提是不容置疑的。⑥反驳 R，即可能的反驳，是指阻止从理据 W 得出主张 C 的因素。实现从事实、法律到主张的跳跃，有时会受到某种阻碍，当某些条件成就时理据 W 不得不被驳回，"反驳 R"表示理据被驳回的条件，反驳的作用在于制约结论的模态。

　　图尔敏模式中从事实证据 D 与法律规则 W 推导出法律结论 C 的过程即是内部证成，解决的是法律结论的逻辑有效性问题，是法律论证的主干道，是法律论证的基本模式与基本框架。[2] 而支撑 B、反驳 R 与限定 Q 则属于外部证成，是论证大小前提本身的正确性或正当性及其程度问题。[3] 它是主干道上的分支，起着畅通主干道入口甚或堵塞主干道入口的作用。任何裁判在理论上都包含着外部证成和内部证成两个维度，只是在简单案件中，由于对前提正确性的极大共识，外部论证过程可能被忽略和省略。图尔敏模式在论证领域受到了极大追捧，当然也遭受了不少批评，图尔敏本人对该模式也不断地修正，可以说图尔敏模式一定不是最完善的论证模式，但是它打破了数理逻辑对社科论证的桎梏，它至少向我们提供了这样一种图景：法律论证得出的结论只是一种价值性判断；法律论证并非仅止于逻辑推理的有效性，也包括内容的正当性；应注重支撑、限定以及反驳三个拓展因素对主张的支援或限制；所有与主

---

〔1〕 图尔敏也用另一个英文词 Supporting 表示支撑。
〔2〕 即图三中的基本模式，图四的实线部分。
〔3〕 即图三中的完整模式比基本模式增加的因素，图四的虚线部分，除了支撑 B 与反驳 R 外，还应注意限定词的存在。

张有关的因素都可以在论证中找到自己的位置，发挥自己的作用；三段论依然是论证模式的形式框架，实质论证是在逻辑框架下运行的。

2. 外部证成的核心地位

简单案件裁判的正确性主要表现为三段论的逻辑推理，只要满足了逻辑的有效性也就满足了决定的可接受性与未来的可欲性。法官不需要论证大小前提的适切性，因为这种适切性是不言自明的，不涉及竞争性事项。如法律规定"进口蔬菜纳税，进口水果免税"，某人进口了橘子，"橘子属于水果"是不言自明的常识，案件适用"进口水果免税"的规则不会带来任何异议与阻碍，因此裁判结论的证立主要体现为三段论的内部证成。而疑难案件，事实或规则往往存在着竞争性事项，三段论只能保证形式逻辑的有效性，并不能保证结论的正当性。不管内部论证采用的推理形式多么完美，如果论证的前提是虚假的或不适合的，其结论必然失去可接受性。结论的正当性证明中，必须包含前提的适切性。如在"进口番茄案"中，"番茄属于水果还是蔬菜"存有争议，存在着"进口蔬菜纳税"与"进口水果免税"两个规则的竞争性选择问题。该案的关键在于"番茄属于水果还是蔬菜"这一外部证成，而司法三段论仅仅是在外部证成基础上的必然逻辑。显然，疑难案件法律论证的重心是外部证成，外部证成构成了法律论证的主题。

根据图尔敏模式，外部证成主要体现在法律规则的选择与解释（支撑 B），法律规则的例外（反驳 R），法律结论的担保强度（限定 Q）三个方面。其一，有的疑难案件，法律规则的认知是可争议的，主张提出者需要对法律规则进行选择、解释甚或填补并对此做出证立，即用支撑 B 对理据 W 做证立与支持。如进口番茄案中，证明"番茄属于蔬菜"，应适用"进口蔬菜纳税"的规则即是此种证立。其二，有的疑难案件，案件事实处在边缘地带或价值冲突地带，使得法律规则的适用理性遭遇危机。如机动车开进公园是为了参加某一公益展览，出租车司机闯红灯是为了将重病患者快些送往医院……在这类案件中，主张提出者需要论证理据 W 是否被驳回，驳回的理由是什么，即反驳 R。如用实质理由——"规则的制定目的与参加公益展览的机动车的例外性"驳回形式理由——"机动车不得进入公园"的规则适用，得出"参加公益展览的机动车可以进入公园"的结论；用实质理由——"生命权的价值位阶及挽救生命的紧迫性"驳回形式理由——"闯红灯应处罚"的规则适用，得出"出租车司机为救人闯红灯不处罚"的结论。其三，有的疑难案件，事实与法律构成的前提对主张 C 的支持不是必然的，即限定 Q 不是完全的确定性而是实验性的，主张提出者需要对"可能性"或"可推定性"的可接受性进行论证。当然，有的疑难案件的疑难形态可能是全方位的，而且这三种情况也一定不是疑难案件的全部形态，但不管什么形态，疑难案件的疑难主要表现为衡量与选择之难，其核心解决路径是利益权衡。

疑难案件的裁判离不开衡量与选择，而利益权衡离不开社会因素，外部证成既需要法律理由又需要正当理由，既涉及逻辑推理又涉及实践理性，既是规则的但又常常超出规则。美国穆勒诉俄勒冈案件（Muller v. Oregon）中的"布兰代斯摘要"清晰地表明了这一点。由于洛克纳案在先，作为律师的布兰代斯知道，要打赢这场与洛克纳案性质相同的官司，光靠逻辑几乎不可能。在该案中，布兰代斯利用了社会科学成果和医学文献资料，论证了女性健康对社会的特殊意义，超时工作对女性健康的损害，成功唤起了法官与民众对该问题的关注。美国联邦最高法院一致认为，《俄勒冈最高工时法》有效。[1] 布兰代斯用现实主义思维唤起了法官的现实主义关

---

〔1〕 See Muller v. Oregon, 208U. S. 412（1908）.

照，捍卫了女性在最高工时方面的权益。外部证成"是法律体系向外部环境打开的一扇门"，外部因素经由原则或解释的栈道渡入法律体系内部。[1] 法律理由中的目的解释、合宪性解释事实上已不是法律文本的字面解释了，而是合理的、可接受的实质内容的解释，它容纳了法律体系之外的社会因素。外部证成将社会因素作为裁判理由的理由纳入了法律论证体系，用大小前提周围的非法律因素，型构着大小前提，最终使法律规则和案件事实呈现一种对这些外部因素来说是可欲的状态。

3. 外部证成的内部归依

外部证成因为涉足了法律的外在环境，环境中的各个因素都可能被涉及，就会出现法官不经意间以个人的道德判断或其他什么判断取代了公共的法律判断的可能。[2] 事实上，担心"法治"变"法官之治"是人们对法律现实主义的最大担忧。法律论证的融贯性可以为外部证成提供理性约束，严守"法官判断"取代"法律判断"的"方便之门"；"认知的开放，运作的封闭"模式把正当理由支撑下的外部证成汇入到了法律理由支撑的内部证成，逻辑的有效性与结论的可接受性、可欲性可以一体实现。

外部证成往往不是一条论证线，而是一个论证面，是一个理由的合集。如果说法律发现阶段的直觉是一种整体性的直觉，是"格式塔"，那么在法律论证阶段，在"以乐代言"的过程中，裁判理由必然要走向一种精细化。"引入的社会因素自身的合理性""引入的社会因素与本案的关联性""援引这种因素得出的结论比不援引这种因素或援引其他因素得出的结论更具有可接受性"等方面都需

---

〔1〕 参见杨贝："法律论证的能与不能"，载《华东政法大学学报》2017 年第 2 期。

〔2〕 See Aleksander Peczenik, "Jumps and Logic in the Law: What Can One Expect from Logical Models of Legal Argumentation?" *Artificial Intelligence and Law* 4 (1996), p. 325. 参见侯学勇："融贯论在法律论证中的作用"，载《华东政法大学学报》2008 年第 4 期。

要论证。对于理由的合集，各个理由之间应当形成相互支撑的关系，形成一个融贯的网络结构，以整体方式证成结论。[1] 一个没有其他任何理由支持的理由不能成为可靠的理由，论证体系越融贯，证成的内容就越具有正当性。[2] 关于论证的融贯性标准，有学者总结道："①它是逻辑上无矛盾的；②它拥有高度的无矛盾可能性；③它的组成信念彼此之间有着相当数量相互强烈逻辑蕴涵的关系；④只有少数无法说明的异常状况；⑤它提供了相对稳定的理解方式，此种理解方式能持续满足上述条件；⑥它满足了观察的要求。"[3] 满足了上述条件的法律论证在较大程度上能够防止"法律判断"变"法官判断"的任性与恣意。

一个合理判决的证成力来自两大力量，一是适用于案件的法律规则形式上的力量；二是呈现于或蕴含于法律规则的实质理由的力量。在司法裁判中起作用的实质理由主要有三种类型：①目标理由。实质理由所证立的裁判结论会实现良好的社会目标。[4] ②公正理由。裁判结论与社会正义、道德评价相一致。[5] ③上述两种理由与形式相联系的理由。在制度程式中实现裁判结论服务社会目标或与社会正义相一致。[6] 许多法律现实主义者忽视了实质理由

---

[1] 参见侯学勇："融贯论在法律论证中的作用"，载《华东政法大学学报》2008年第4期。

[2] See Aleksander Peczenik, "*The Passion for Reason*, *The Law in Philosophical Perspectives-My Philosophy of Law*", Luc J. Wintgensed, Kluwer Academic Publishers, 1999, p. 190.

[3] 参见颜厥安："规范、论证与行动——法认识论论文集"，元照出版有限公司2004年版，第96页。

[4] See Robert S. Summers, "Two Types of Substantive Reasons: The Core of a Theory Common Law Justification", *Cornell Law Review*, Vol. 63, 1978, pp. 717~718.

[5] See Robert S. Summers, "Two Types of Substantive Reasons: The Core of a Theory Common Law Justification", *Cornell Law Review*, Vol. 63 (1978), pp. 718~722.

[6] See Robert S. Summers, "Two Types of Substantive Reasons: The Core of a Theory Common Law Justification", *Cornell Law Review*, Vol. 63 (1978), pp. 722~724.

的第三种类型，忽略了形式理由对实质理由的容纳性。事实上，规则作为"法律"的资格不仅依赖于其由权威机关制定，更是依赖于民众根据社会正义作出的可接受性判断。[1] 司法裁决要成为理性的，就必须诉诸法律目的、法律价值，它们本身就是法律的一部分。[2] 实质理由是法律内在固有的事物，而不是法律以外的东西。法律规则的内涵绝不像看交通信号灯一般简单，在"认知的开放，运作的封闭"模式下，通过通达的解释和准确的适用可以把裁判的可接受性与可欲性以逻辑的方式实现。

（三）从独白论证到对话商谈

法律形式主义的"唯一正确"观念已被法学界解构，但是我国司法实践中法律论证的整体风格依然沿袭"唯一正确"式的独白风格：论证是线性的，从理由指向结论，没有博弈，没有妥协，直接把论证引向那个"就在那里"的答案。尤其是裁判文书的风格，更多是在表明法院的态度，体现一种"权威发布"。法律现实主义认为疑难案件的裁判核心在于权衡，裁判的合理性与可接受性才是疑难案件可触及的司法追求。疑难案件的论证重心不在于结论的唯一正确，而在于论证裁判结论是我们可认识的最佳决策。现代商谈理论认为，这种最佳决策的认识不应是法官个人的，而应是一种理性对话的产物。

1. 对话商谈中的理性

疑难案件裁判的客观性只能是一种较弱意义上的"客观性"，即由"合理恰当"理由所支撑的可接受性。[3] 当对裁判的关注点

---

〔1〕　See Neil MacCormick, *Legal Reasoning and Legal Theory*, Clarendon Law Series, Oxford：Oxford University Press, 1994, p. 62.

〔2〕　参见强世功：《法律的现代性剧场：哈特与富勒论战》，法律出版社 2006 年版，第 119 页。

〔3〕　既非完全的不确定，但也不是科学意义上的确定。参见［美］波斯纳：《法理学问题》，苏力译，中国政法大学出版社 2002 年版，第 9 页。

从"唯一正确"转向可接受性时，法律论证的重心也就从赫拉克勒斯式[1]的独白视角转向对话商谈的交往视角。为了保证结论的相对客观，疑难案件的裁判应当努力将利益衡量与后果权衡置于广泛的、稳定的共识之上，通过司法商谈促进共识达成。哈贝马斯等人的商谈论证理论注重司法程序提供的对话情境，主张合议庭、陪审员、原告、被告、辩护人、公诉人、社会公众等不同角色应承担起自己的责任，通过"真实、真诚、平等、自由"的对话商谈达致"交往理性"。[2]

哈贝马斯提出了以"主体间性"为基础的交往理性，认为论证是一个理性的争辩过程。[3] 哈贝马斯的主体间性是指"个体在保持个体化基础上的社会化和在社会化基础上的个体化。"[4] 是主体之间既独立又兼容，既排斥又吸引的状态，主体在博弈中追求合作，在合作中容忍博弈。[5] 哈贝马斯认为，法律规则的正当性并不取决于认识的正确性，而取决于法律主体之间的有效言语沟通，依赖于它是在商谈过程中被合理地接受的。[6]"合法的决定并不代

---

〔1〕 赫拉克勒斯是德沃金笔下的一位理想化的"哲学家法官"，他有超人的技能、耐心、专业素养及敏锐。

〔2〕 参见陈伟："司法确定性的寻求——析哈贝马斯的'程序确定性'理论"，载《法律科学》2011 年第 1 期。

〔3〕 参见童世骏："没有'主体间性'就没有'规则'——论哈贝马斯的规则观"，载《复旦学报（社会科学版）》2022 年第 5 期；高鸿钧、马剑银主编：《社会理论之法：解读与评析》，清华大学出版社 2006 年版，第 284 页。

〔4〕 ［德］于尔根·哈贝马斯：《现代性的哲学话语》，曹卫东译，译林出版社 2004 年版，第 390 页。

〔5〕 参见李伟迪："商谈理论对立法及司法工作之启迪"，《检察日报》2011 年 11 月 14 日，第 3 版。

〔6〕 参见［德］哈贝马斯：《在事实与规范之间：关于法律和民主法治国的商谈理论》，童世骏译，生活·读书·新知三联书店 2003 年版，第 127 页。

表所有人的意愿，而是所有人讨论的结果。"〔1〕哈贝马斯主张通过实质商谈来使诉讼参与者开放自己的视域并进入他人的理性，平等、真诚地交换意见，对案件事实和法律适用进行商谈式澄清，在各方观点的博弈、承认与妥协下形成裁判结论。阿列克西、佩策尼克、麦考密克等学者从理性实践论辩、转化、融贯等方面进一步发展了哈贝马斯的商谈理论，丰富了法律论证的谱系。

商谈理论存在固有缺陷，它面临的最大挑战是"真实、真诚、平等、自由"的"商谈情境"何以从想象变为叙事，而且它太多的关注了理性的主观来源。就像学者评价的那样，商谈理论一往情深的"撞在了历史唯物主义的南墙上"，〔2〕是"关于司法过程的理论神话"。〔3〕尽管商谈理论存在过于理想、过于主观的因素，有待于从认识论到方法论的进一步探索，但是，它对商谈理性的追求，对商谈论证价值的发掘确有重要的启发意义。商谈论证契合了法律现实主义的"宏大风格"，主张不同的方法论立场，不同的理论目标，不同的角色视域都要持开放态度。〔4〕只有商谈主体在开放的视域下平等的商谈，在商谈中博弈，在博弈中妥协，才能形成交涉性合意，才能收获共识性正义。

现在的法庭审理，主要强调了当事双方的对立性，强调了"对

---

〔1〕 ［德］哈贝马斯：《公共领域的结构转型》，曹卫东等译，学林出版社 1999 年版，第 23 页。

〔2〕 参见李伟迪："商谈理论对立法及司法工作之启迪"，载《检察日报》2011 年 11 月 14 日，第 3 版。

〔3〕 参见桑本谦："法律论证：一个关于司法过程的理论神话——以王斌余案检验阿列克西法律论证理论"，载《中国法学》2007 年第 3 期。

〔4〕 参见［德］哈贝马斯：《在事实与规范之间：关于法律和民主法治国的商谈理论》，童世骏译，生活·读书·新知三联书店 2003 年版，第 8~9 页。

抗"，而较少重视双方之间的商谈沟通。[1] 法庭"对抗"是获得公正判决必不可少的路径，但我们不能使这种斗争精神发展到过分危险的境地。[2] 面对复杂问题，讨论是消除有限理性影响，集中有限能力，增加做出最佳选择概率的有效方法。[3] 面对疑难案件，在法庭内构建一种充分竞争、博弈与妥协的商谈机制，以商谈主体的视域融合取代单个主体的封闭冥思，以商谈的可逆转性取代结论的不可逆转性，以商谈主体的重叠共识取代单个主体的结论专断，以开放的商谈论证取代赫拉克勒斯式的独白论证确有必要。同时，现代司法是一个系统，是一套制度，在疑难案件中，我们可以最大限度地把司法系统、司法体制的潜能发挥出来。我国目前的大合议庭、审判委员会、上级请示等制度设计为妥洽的共识性方案的获得提供了助力，我们需要完善的是在制度设计下做到真正意义的"实质商谈"。

除了司法场域内各主体的商谈外，还有一类不容忽视的商谈主体——社会公众。疑难案件的裁判不应仅仅是法官或法院自我编程的过程，它应是"公共性再生产的过程"，[4] 民主社会的法律本就是社会公共理性的产物，法律需要契合社会的实际情感与需求。"一个社会的正义观念正是由主流的公众意见来界定的，法律如果

---

〔1〕 有学者认为，当事双方由于存在根本利益冲突，所以不存在商谈可能。笔者认为两者之间虽有利益冲突，观点对立，但依然存在一定程度的沟通与协作可能。即使商谈难以达成共识，但在致力于达成共识的过程中，理性会逐步显现，结论的可接受性会极大增强。我国司法注重了商谈沟通在调解中的作用，而对其在法律论证中的作用未给予重视。

〔2〕 参见 [美] 杰罗姆·弗兰克：《初审法院——美国司法中的神话与现实》，赵承寿译，中国政法大学出版社 2007 年版，第 86~87 页。

〔3〕 参见 [美] 詹姆斯·费伦："作为讨论的协商"，载陈家刚选编：《协商民主》，上海三联书店 2004 年版，第 7 页。

〔4〕 参见吴英姿："司法的公共理性：超越政治理性与技艺理性"，载《中国法学》2013 年第 3 期。

冲撞了主流的公众意见就几乎等于被钉在了正义的十字架上。"[1]
卡多佐曾论述道，法官要把握时代的哲学、信念与追求，并努力将
其客观化并进入法律。[2]在法院为疑难案件寻找紧急出口时，如果
认为有必要，可以启动公共商谈机制，主动吸纳社会公众讨论中的
信息与思路，[3]并将其导入正常的司法程序加以确认，使判决建
立在公共理性基础之上。

　　需要强调的是，公共理性不等于一般意义上的民意，公共商谈
不等于民意决定裁判。在我国，民意与司法的关系存在一定的交往
偏差，存在着民意不当干预司法的现象。某些社会热点案件，公众
的话语涌入司法场域，不经意间，汹涌的民意可能会湮没司法的专
业，以民主的名义取消法治。一般意义上的民意具有即时、随意、
自由的特征，公众往往缺乏系统的信息、深度的思考、理性的分析
与坚定的判断，经常依靠着并不周全的信息，裹挟着未经审慎的情
绪化。显然，这种意义上的民意是司法的有害物，不是商谈机制下
的公共理性。民意是理性与非理性的交织物，未必至善，但必须回
应。对于民意的非理性因素，只有循环往复的实质商谈可以消解与
抑制，从繁复的民意中涤洗出公共理性，而互联网时代为公共商谈
打开了方便之门，提供了现实可能。与公众实质商谈的过程实际是
公众不同意见沟通、交流与竞争的过程，也是大众价值观念与专业
技术理性的碰撞、承认与融合的过程。如果案件裁判简单"屈从"
于民意，裁判的本质依然是独白式的，只是独白视角变成了公众，
公众视角在"交往"中成为"压制性视角"，而其他主体则沦为了

〔1〕　桑本谦："法律解释的困境"，载《法学研究》2004年第5期。
〔2〕　参见〔美〕本杰明·卡多佐：《司法过程的性质》，苏力译，商务印书馆1997
年版，第54页。
〔3〕　也包括法学界及其它案件相关专业领域内的讨论，这两类讨论显然与普通公
众的讨论不同，具有更多的专业性与理性。

"空视角"，这不是实质意义的对话商谈。实质商谈不是任何一方凭借优势的话语特权，而是建立在信息充分基础上的多元视角间平等、自由的沟通、博弈与妥协。只有通过真正的实质商谈，才可以过滤被裹挟的情绪，呈现出公共理性，并形成民意与司法的"共情"，增强专业意见的公众认同感。

民意不当干预司法的现象使得我国学界对"裁判可接受性"概念的认知发生了漂移，在最为通常的认知里，人们把"裁判可接受性"与司法奴性联系起来，把对"裁判可接受性"的追求看作是司法对民意的被动屈从。而事实上，"裁判可接受性"有其规范含义，笔者第五章已有论述。首先，可接受性离不开民意的支持，但它不是民意本身；离不开公众的认可，但它不是曲意迎合。如果民意能够直接取代法律，那么就真的意味着法律死亡了，案件的决定因素不再是法律，而是当事人的社会动员力，当事人的工作不再是寻求法律支持，而是如何引发民意同情。[1] 其次，可接受性是"理性的认可"不是"短暂的掌声"，它既要经得起理性的拷问，也要经得起时间的检验。如美国著名的布朗诉托皮卡教育委员会案[2]，法院推翻了"隔离而平等"的传统观念，认为"隔离即不平等"，从而做出了"融合且平等"的判决。该判决遭到了诸多公众的抵制与批评，但是，由于该判决契合了社会现实，与公众的潜在追求相契合，因而它经得起质疑。随着时间的推移，批评的声音越来越小，直至它被认为是一个伟大的判决。因此，在商谈机制中恰当安放公众视角，司法与民意形成良性互动，达成经由法律商谈的理性共识才是裁判可接受性的坚实保障。

一旦法官必须或被期望立基于社会因素的考量来裁判案件，他就必须评估裁判结果所带来的社会效应，为了全面客观地评估裁判

---

〔1〕 参见陈景辉："裁判可接受性概念之反省"，载《法学研究》2009 年第 4 期。

〔2〕 See Brown v. Board of Education of Topeka. 347U. S. 483（1954）.

后果，就必须仰赖实证社会科学的指引。[1] 法律现实主义重视实践经验对规则内涵的塑造，强调社科经验研究。定性分析与定量分析是新法律现实主义倡导的两种经验研究进路。在司法实践中，法律论证大都是定性分析，定量分析较少使用。随着数据时代的到来，大数据技术为定量分析提供了技术便利。面对某些特殊的疑难案件，法庭可以采集与本案相关的社科经验、后果预测等数据信息，以社科实证资料作为支撑，实现对司法裁判更多要素、更多维度的深度刻画，实现后果衡量从"宏大叙事"转为"精耕细作"，从"形而上"转为"形而下"。[2] 由于社科资料的资助，裁判会最大程度上反映共识性理性，契合社会现实，裁判将不是"法官之治"，而是一种与时俱进的务实的维护多数人意志的行动，为裁判的可接受性增加了一份保障。

2. 裁判文书中的商谈

我国的裁判文书主要呈现独白式的"唯一正确"模式，只有"合意"没有"博弈"，只有"合意结论"没有"合意描述"。美国的《法官写作手册》指出，一般情况下，裁判文书是法院同法律职业共同体及整个社会连接、沟通的主要方式，裁判文书是法院权威的源泉，因此，裁判文书不仅要宣告结论，还必须全方位地呈现可接受的、合理的裁判理由与根据，向社会解释判决的合理性，努力让社会认可该判决，这是裁判文书的重要任务。[3] 为了展现疑难案件裁判的利益权衡，为了体现对话商谈的说服价值，裁判文书

---

〔1〕　See Walter W. Cook, "Scientific Method and the Law", William W. Fisher et al. (eds.), *American Legal Realism*, p. 249.

〔2〕　需要注意，"后果"是多元的，有社会后果、政治后果、经济后果，有直接后果、间接后果，有短期后果、长远后果。大数据技术对于疑难案件只是一种辅助技术，在具体案件中，要不要使用大数据技术，要预测哪一类或哪几类后果，预测结果如何使用，最终还应由法官根据具体情况斟酌确定。

〔3〕　转引自王洪："逻辑能解法律论证之困吗?"，载《政法论坛》2019 年第 5 期。

应当避免"论证虚化"，努力实现"论证实质化"，论证模式也应从"唯一正确"转向"对话商谈"。

裁判文书在内容上应该公开外部证成，公开利益权衡。法律商谈必然离不开法律规则，但却不是仅仅固守法律规则的封闭空间。[1] 疑难案件裁判往往需要在法律适用中再次打开各类论据的包裹，[2] 在法律商谈中发生作用的，除了法律规则，还有内在于法律的道德的、伦理的、经验的、实用的理由。[3] 利益权衡离不开非法律因素，为了增加裁判的可接受性，裁判文书应该公开这些权衡。如"泸州继承案"，除了生效判决的结论外，法官也可以用"遗嘱继承优先"规则作为裁判理由得到与生效判决完全相反的结论。但是法官为什么没有这么做，而是适用了"公序良俗"原则？这一至关重要的权衡与抉择，本案的判决书并没有说明也未加以论证，这为该案持续多年的讨论预留了伏笔。其实这一选择是有权衡理由的，这一理由没有写进判决的唯一原因就是它不是一个法律理由而是一个道德考量，是后果取向的考量。上文在阐述外部证成时已经表明了笔者的立场，通过"开放的认知，封闭的运作"，道德、情理等考量是可以转码为法律理由，实现形式论证与实质论证的统一。

裁判文书在形式上应该对少数意见开放，列出不同裁判意见，尤其是反对意见。司法裁决通常由多数票来决定，多数票可以克服分歧，但不能消除分歧，不必然能说服少数派，只能说明少数派确

〔1〕 参见［德］哈贝马斯：《在事实与规范之间：关于法律和民主法治国的商谈理论》，童世骏译，生活·读书·新知三联书店2003年版，第569页。
〔2〕 在立法过程中，这些论据已经进入了法律，为现行法律提供了合理性。
〔3〕 参见［德］哈贝马斯：《在事实与规范之间：关于法律和民主法治国的商谈理论》，童世骏译，生活·读书·新知三联书店2003年版，第348页。

实是少数意见。[1] 普通法系国家的判决书一般由三部分组成：判词、并存意见、异议。判词是指根据法庭的一致意见或多数意见形成的裁判结论及其理由；并存意见是指个别法官认同裁判结论，但对裁判理由持有异议或有增减；异议是指反对裁判结论及其理由，另有主张。这种裁判文书模式的价值在于：其一，有利于裁判的正当性追求。防止错误的最好方式就是让对立观点完全展开，在对话中发现最优，在争议中构建论证，在论证中呈现结论。通过对不同裁判意见的陈述，疑难案件的裁决会再一次接受理性检验，最大程度保证裁判的正当性。其二，有利于裁判的确定性追求。"秘密的工具不是可靠的工具"，应该努力使用清晰的方法。[2] 不同裁判意见的陈述把疑难案件的矛盾与矛盾解决的路径展现于外，容易使它受到检视与传承，容易在将来的案件中发挥指引功能，客观上为未来判决提供了可预测性。其三，有利于法律的发展。法律不是超验的存在，仅仅是处在探索过程中的一种理性，是社会在某一阶段达成的共识，它是暂时的、可更正的。司法裁决也只是一场正在进行的讨论中的一个中间休止符，少数派完全可以相信，将来他们可能有机会用更好的论据来赢得多数。裁判文书列出不同裁判意见的意图，"就是把那些在类似情况下将有可能说服一个未来法庭的多数法官的论据记录在案。"[3] 美国首席大法官休斯指出，反对意见体现了法律反思精神，也可能代表未来智慧，它为未来的裁判矫正法院的错误提供了助益。[4] 事实上，普通法系国家的判决中列出的

---

〔1〕　参见［德］哈贝马斯：《在事实与规范之间：关于法律和民主法治国的商谈理论》，童世骏译，生活·读书·新知三联书店 2003 年版，第 108 页。

〔2〕　See Twining, *Karl Llewellyn and the Realist Movement*, London: Weidenfeld and Nicolson, Ltd, 1985, p. 365.

〔3〕　参见［德］哈贝马斯：《在事实与规范之间：关于法律和民主法治国的商谈理论》，童世骏译，生活·读书·新知三联书店 2003 年版，第 218 页。

〔4〕　转引自王洪："逻辑能解法律论证之困吗？"，载《政法论坛》2019 年第 5 期。

许多反对意见后来成为普通法的重要规则，增益了法治的理性建构。

　　以裁判文书说理为标志的法律论证已经成为我国司法改革的重要内容，近些年，我国裁判文书的质量发生了质的变化。但是，案多人少的现实因素，论证技能尚待加强的技术原因[1]，导致法官论证说理的内在意愿并不强烈，裁判文书外在表现仍有遗憾。"裁判文书最重要的是判断，而不是论证"的观念仍占据主导地位，法官对法律论证只是初步自觉。[2] 有人说，法官应该对每一个想听或必须听的人说理。[3] 显然，这种观念是极具价值的，裁判文书应当充分说理，并应当以大多数人听得懂的语言、可接受的理由说理。随着司法改革的深入，我国司法实践中也出现了诸多示范性裁判文书。如 2013 年的奇虎 360 诉腾讯滥用市场支配地位案（中国互联网反垄断第一案）的一审判决书长达 80 页、近 5 万字，最高人民法院的终审维持判决书也长达 3 万多字。[4] 裁决文书对案件争议的焦点问题进行了充分论证，在知识产权法领域产生了重大影响。[5] 再如我国司法实践中出现了说理方式的诸多有益尝试：有

----

　　[1]　法律论证不仅是意识问题，更主要的是技术问题。中国法学应该加强对法律论证的研究，推动法律论证技术的发展；法律院校应该加强法律思维训练，使学生掌握法律解释、法律推理、法律论证的复杂技术；司法机关应该探索制定法律论证规则与方法，推动法律论证实践。

　　[2]　参见王松："民事判决书主文的表述方法"，载《法律适用》2009 年第 9 期。

　　[3]　B. S. Markesinis, Learning from Europe and Learning in Europe, in B. S. Markesinis ed. , The Gradual Convergence：Foreign Ideas, Foreign Influences, and English Law on the Eve of the 21 Century, Oxford： Oxford University Press, 1994. 转引自周赟："作为提供一种行动理由的立法——立法本质的社会学解释"，《求索》2019 年第 2 期。

　　[4]　参见秦川："80 页判决书终结 3Q 大战：腾讯不构成垄断，360 败诉"，载 http：//news. sohu. com/20130329/n370933266. shtml，最后访问时间：2019 年 8 月 2 日。

　　[5]　本案的裁判文书风格与上文讨论的"射阳县医疗事故损害赔偿案"的裁判文书风格类似。面对疑难案件，这种裁判文书风格是值得提倡的，这种"麻烦"是值得自找的。当然，相信绝大多数疑难案件也并不需要如此大的麻烦，效率与公平可以兼顾。

的裁判文书中公开不同意见；有的裁判文书留有附语；有的引入判后答疑制度。上述方式所涉内容大都是外部证成，目的是增强裁判的说服力，增强裁判的可接受性。这些示范性文书代表了我国裁判文书改革的新趋势。

第七章
常情常理常识融入裁判的范式具体：从范式到制度

    常情常理常识是指人类社会在长期发展过程中逐步形成的，为社会成员普遍认同的基本情感、基本道理和基本经验。[1] 它植根于社会生活，来源于民间自发，是社会理性、大众价值观的典型体现。常情常理常识普遍地影响着社会活动，在任何领域都能感受到它的力量，司法领域也不例外。对法律现实主义裁判范式的研究，其中的一个着力点就是常情常理常识的司法运用。司法裁判一定是法律化的，但也是常情常理常识化的，违背常情常理常识的司法裁判，社会是不可接受的。法律现实主义裁判范式必须关注常情常理常识与裁判的关系，常情常理常识应该在何种程度上运用于裁判？常情常理常识运用于裁判如何面对正当性拷问？当法律与常情常理常识相冲突时，如何在法治框架内实现法律与常情常理常识的融合？这都是法律现实主义裁判范式致力解决的问题，也是当代中国司法不容忽视的迫切问题。

---

〔1〕 参见贺卫方、陈忠林："中国法治应该怎样向前走"，载《检察风云》2008 年第 22 期。

一、常情常理常识化：一种司法观

当代中国司法在迈向专业化的过程中附生着精英化趋向，"依法裁判"附生着严格规则主义趋向，"合情合理不合法，依法办"成为司法共识。司法往往强调对法律负有义务，鲜少强调对社会负有责任。法律移植与法律现代化叠加了我国法律与常情常理常识的游离，"情、理、法"的冲突成为中国司法不容忽视的问题。法律与常情常理常识相冲突的案件，"法律化"的司法运作因与公共意见不协调而经常招致业内外的批判与指责，甚至引发公共讨论，因此，国家层面近些年来反复强调司法应注重"法律效果和社会效果相统一""努力让人民群众在每一个司法案件中感受到公平正义"，并明确"全面依法治国最广泛、最深厚的基础是人民"的历史经验。但是，"朴素化"的司法运作也会带来新的问题，会导致法律逃逸与司法随意，最终损害法治。严格规则主义与朴素规则主义之间的竞争对抗从未停止，两者的融合之道需要我们认真地对待。

（一）何为"常情常理常识"

现代汉语词典解释"常"为："一般、普通、平常""不变的、固定的"等含义。学界一般认为"常"有三层含义：一是"普通"（Common），即为广大民众所普遍认同，不是个别人或少数人的看法；二是"基本"（General），即是相对抽象的概括，是指导人们行为的准则，不是对具体人、事、物的指导或评价；三是"稳定"（Permanent），即说明是经过了社会实践长期检验的，不是一时的民意与看法。常情、常理、常识是指社会成员普遍认同的基本情感、基本道理和基本经验。[1] 反映了人性最本原的形态，是人类经验的累积与传承，是经过历史长河淘洗的为社会成员普遍认同的基本认知，它是人类社会实践活动赖以进行的基石，在潜移默化中

---

[1]　参见贺卫方、陈忠林："中国法治应该怎样向前走"，载《检察风云》2008年第22期。

维系着人与人之间的沟通与协调。正是常情常理常识的这种属性使它成为司法实践中不容忽视的力量。

何为"常情"？现代汉语词典对"常情"的解释是"通常的心情或情理"。[1]"情"在汉语中有多种含义。汪雄涛曾经考察了中国古代的"情"字，认为"情"有四种含义：普遍意义的感情、功利假定的性情、事理的人情世故、具体的案情。[2] 林端教授分析认为，"情"既具有客观层面的含义，如事情、情况、情节等；也具有主观层面的含义，如感情、心情、亲情、人之常情等。[3] 日本学者滋贺秀三也分析认为，"情"既有"情节、情况"等事实含义，也有"平凡人之心"的人性内涵，还有"人与人之间的友好关系"的人伦意义。[4] 概言之，"情"字有主、客观多重含义，可指人际关系中的人情，家庭伦理中的亲情，现实世界中的事情、社会发展的实情等不同面向。但在当代中国法学视域中，"常情"之"情"主要是指人情的维度。何谓人情？《礼记·礼运》有云："喜、怒、哀、惧、爱、恶、欲，七者弗学而能。"也就是说，法学视域中的"常情"是指一个社会自发形成的，普遍遵循的基本情感，是一种地方性文化共识，强调主观情感的可接受性。需要注意的是，我们日常所说的"法不容情"的"情"主要指私人感情，并非"常情"之"情"。

何为"常理"？现代汉语词典对"常理"的解释是"通常的道

---

〔1〕 参见《现代汉语词典（第6版）》，商务印书馆2012年版，第148页。

〔2〕 参见汪雄涛："明清判牍中的'情理'"，载《法学评论》2010年第1期。

〔3〕 参见林端：《韦伯论中国传统法律——韦伯比较社会学的批判》，三民书局2004年版，第87页。

〔4〕 参见[日]滋贺秀三："清代诉讼制度之民事法源的概括性考察"，王亚新、范愉、陈少峰译，载王亚新、梁治平编：《明清时期的民事审判与民间契约》，法律出版社1998年版，第36~38页。

理"。[1] 常理一般来源于人们对事物发展规律的普遍认识，具有大众性、广泛性的特征，具有相当的客观性。"常理"也有多种含义，可以指天理，即人类社会遵循的一般规律，是客观性最强的一种常理；可以指公理，即人们广泛推崇的行为规则，也具有较强的客观性；还可以指公道，即民众普遍认同的公共利益、社会公德等，与天理、公理相比，其客观性相对较弱。整体而言，"常理"虽具有一定的主观性，但更具有相当的客观性，它来源于人们对事物发展规律的普遍认识，具有较强的可接受性。人们常说"事理人情"，"理"一般强调事情之理，"情"则强调人性之情，"理"与"情"具有相对的独立性，但是，"理"与"情"又难以彻底区分，两者往往是重合相通的。尤其是中国语境下的"理"主要是以"情"为核心的。戴震曾说：圣人治天下，体民之情，遂民之欲，"理"是"情"的一种合理化表达。

何为"常识"？现代汉语词典对"常识"的解释是"普通知识"。[2] 常识是人类处理人与人、人与自然之间关系的基本经验，是人们对事物的一种普遍理解，是一种日常见识。常识虽不及科学知识那样精确，但它是社会群体对经常发生的现象和事实的概括，是隐含于我们感觉背后的关于感觉的内在结构和外在联系的理性基础，具有一定的稳定性和规范性。常识存在于社会生活的各个领域，包括科学常识、行业常识、生活常识等诸多方面。遵循经验法则是人类社会的生存之道，是处理社会问题的必然方法，而常识是经验法则中最核心的内容，当然，常识的获得及其运用也是通过经验法则来实现的。这决定了常识对我们社会生活的不可或缺性，常

---

[1]　中国科学院语言研究所词典编辑室编：《现代汉语词典》，商务印书馆2012年版，第147页。

[2]　中国科学院语言研究所词典编辑室编：《现代汉语词典》，商务印书馆2012年版，第148页。

识是人们日常生活赖以进行的知识源泉，是人们日常行为最基本的精神装备，是人们实践判断最基本的考量。[1]

常情、常理、常识三者之间既有相对独立性，又有密切关联。违背常识，必违背常情、常理；违背常理，一般也违背常情。常情、常理、常识均具有如下特征：①都是人们在长期的社会生活中形成的共识，而不是经过系统学习与训练习得。②都具有大众性、普遍性，是社会群体的普遍认识，具有较强的客观性。③都具有经验特征，其获取与运用已经超越了直觉，具有了一定的概括和归纳属性。④可能是普适性的认知，也可能是地方性或民族性的认知。⑤虽是抽象的概念，但是以非系统化、非专业化的方式记录，并未达到规范性表达的高级认知状态。也就是说，常情常理常识具有本质的文化性、种类的多元性、地域的局限性、形式的广泛性、实践的活化性、结果的认同性等特点。[2] 它是从人的本性出发，是对社会群体生存和发展的外部空间、条件、关系等的认识。但是，它已不再是一种纯粹的外在认识，而是通过日常生活的耳濡目染，已经融入了社会群体的潜意识，这意味着，在一定程度上，常情常理常识具有了不可剥夺性。它是一定地域中的人们生存、发展的本性需求与客观世界、现实生活的有机融合，是一种具有普遍性的、内在的是非观与价值观。

（二）常情常理常识与法律的辩证关系

法律是常情常理常识在规范层面的升华。法律不是无本之木、无源之水，法律与常情常理常识具有源流关系，常情常理常识是立法源泉。法谚云，"人类受制于法律，法律受制于情理"。一定意义上，常情常理常识就是法律应遵循的"法之理"。中国古代法家思

〔1〕 参见李醒民："知识、常识和科学知识"，载《北方论丛》2008 第 1 期。
〔2〕 参见张庆立："民间法融入刑法之障碍破除与实现路径——揭开刑法中常情常理常识之面纱"，载《南华大学学报（社会科学版）》2019 年第 1 期。

想家慎到言，"法，非从天下，非从地生，发于人间，合乎人心而已。"[1] 现代立法更是如此，在民主立法框架下，公众理性会将常情常理常识带入法律，立法对常情常理常识的关照更为寻常与广泛。从根本上讲，立法者制定法律不是闭门造车，而是在纷繁复杂的社会万象中找出规律性或规定性的线索，常情常理常识就是孕育法律的线索。法律从常情常理常识中吸取营养，甚至直接记载和表达常情常理常识，可以说，法律就是对常情常理常识的"规范表达"。在应然面向上，立法应当经得起常情常理常识的检验，不符合常情常理常识的立法是不存在的。

常情常理常识是法律的内在支撑。管子云，"人主之所以令行禁止者，必令于民之所好，而禁于民之所恶"。[2] 商鞅则言，"法不察民情而立之，则不威"。[3] 常情常理常识的广泛熟识性、普遍认可性带来了法律的正当性与可接受性。仔细考察社会公众的守法形态，就会发现，生活中的普通公众不会去刻意学习法律，所拥有的法律知识也非常有限，但绝大多数公众在生活中都是守法的，违法犯罪者极少，究其原因，就在于法律体现了社会最基本的价值观，即符合常情常理常识。陈忠林曾说，"关于这个问题，我希望大家做个社会调查：看 100 个公民中有多少能说出 5 条以上的具体法律规定。同时，我也请法律工作者认真想一下：对多少条法律规定的理解在理论上是没有争议的。"[4] 斯宾诺莎曾论述道，不论是在自然状态下，还是在国家状态中，人都是按照自己的本性法则行事的。[5] 而人的本性法则是指常情常理常识。普通公众一般不需

---

[1]　《慎子·逸文》

[2]　《管子·形势解》

[3]　《商君书·壹言》

[4]　陈忠林：《刑法散得集》，法律出版社 2003 年版，第 37~38 页。

[5]　[荷] 斯宾诺莎：《政治论》，冯炳昆译，商务印书馆 1999 年版，第 25 页。

要研读法律，只要在社会生活中按照常情常理常识这种最基本的规则行动，就不会违反法律。法律的力量来源于两个方面：外在的国家强制力与内在的内容正当性，而常情常理常识就是法律的内在支撑，是法律的力量源泉。

法律与常情常理常识亦具有矛盾性。虽然法律与常情常理常识具有源流关系，但是，一旦经过了立法程序，法律就被界定为"新知识"，就突破了原有的常情常理常识身份，就被置于了"常情常理常识"范畴之外，具有了独立性。由于法律的建构性，立法的过程渗透进了人类的主观能动性，因此法律也时常会有意无意的对常情常理常识绕道而行。当代中国，法律移植与急剧的法律现代化转型更是加剧了两者的疏离，有的时候，这种疏离会达到人们不能接受的程度。司法如何应对这种疏离，如何解决两者的冲突，就是一个问题。当法律与常情常理常识冲突时，司法会面临着"常"与"法"的两难取舍，就出现了职业化司法与大众化司法两种立场。职业化司法认为，法治社会，一断于法、依法裁判；大众化司法则认为，常情常理常识是法律的基石，裁判不得以任何理由违背常情常理常识。

（三）职业化司法与大众化司法

职业化司法认为，法律的发展史，就是法律工作日趋专业化、专门化的历史。[1] 现代法治社会，法律知识具有"专业性"，司法工作具有"职业性"，司法裁判应该贯彻法律职业理性而非大众朴素理性，"法律理性"是一种特殊理性，它不同于常情常理常识化的大众理性。如果允许司法适用常情常理常识，那么司法的国家性、专业性、权威性就荡然无存，司法等同于民间调停。职业化司法还认为，常情常理常识因不具有明确标识性、严格规范性，而无

---

〔1〕 〔美〕理查德·A. 波斯纳：《法理学问题》，苏力译，中国政法大学出版社2002年版，第7页。

法直接转化为构成要件和法律后果，如果允许司法适用常情常理常识，司法的确定性、严谨性、逻辑性就会丧失。职业化司法基本等同于本书论述的法律形式主义。比较而言，大陆法系的司法采取职业化司法的倾向较为明显，成文法社会的司法主要以案件证据、法律规范、演绎推理为法律武器，侧重于专业化、精英化、技术化的关注。

大众化司法认为，法律是为社会服务的，即法律是为人服务的，因此立法、执法、司法、守法等各个法律运行环节都应当符合人性，以人性为出发点和归宿，而常情常理常识是人性的基本表达。因为常情常理常识是人类行为的根本法则，因此，与常情常理常识作对的"司法产品"，就不是合格的产品，置常情常理常识于不顾，甚至违背常情常理常识的司法裁判，就不是真正的司法。大众化司法还认为，对法律的认知应该是开放的，法律不是僵化的教条，而是生活中的"活"的法，对法律的认知，蕴含着常情常理常识化解读。大众化司法基本等同于本书论述的法律现实主义。比较而言，英美法系的司法采取大众化司法的倾向较为明显，判例法社会的司法主要以区别的技术，归纳、类比推理为法律武器，而且采取陪审团制度，司法侧重于对大众化、朴素化、普遍化规律的把握。

我国的司法改革与司法实践表明，走专业化、职业化路径是司法发展的必然，但与此同时，重视常情常理常识的运用也是司法发展的必须。近些年来，我国司法重视强调"法律理性"，努力提升法律职业的专业化水平。但是，我国司法在迈向专业化、精英化的同时，也附生着严格规则主义趋向，"合情合理不合法，依法办"成为司法共识，在"专业化"的过程中衍生出了"社会性"的不当缺席，情、理、法冲突成为社会问题。不论社会的法治化程度多高，法律体系的科学性精度多强，司法行为都不可能仅仅依靠法律——这种外生型规则来调整。不论是制定法国家的"以法律为准绳",还是判例法国家的"遵循先例",法律都需要在实施环节同常情常理常识再沟通,并相妥协。人们的行为与判断(包括司法)必然依赖于常情常理常识这种内生型规则及内在化控制。我国的法律移植、法治现代化叠加了法律与常情常理常识的游离广度与幅度,中国司法需要在专业理性的基础上渗透大众理性,需要在法律的框架内关照常情常理常识,以实现"法律效果和社会效果的统一"。

二、司法遵循常情常理常识的价值、风险与求解

(一) 司法遵循常情常理常识的价值逻辑

司法不是独立于社会的活动,司法职业化、专业化水平的提升并不意味着司法大众化、朴素化特征的消亡,法律与司法都需要有稳定的、共识的文化价值体系作为支撑。常情常理常识是人类最朴素、最广泛的是非观,唯有符合常情常理常识的司法才具有可触及性和亲近感。[1] 依法裁判并非机械裁判,唯有尊重民众的朴素情感,反映社会的普遍正义的裁判,才是可接受性的裁判。我们几乎不能被认为是选择了常情常理常识,毋宁说,是常情常理常识自然地约束着我们。[2] 司法应该注重法律与社会价值观的协调,注重法律与常情常理常识在司法层面的再沟通。司法遵循常情常理常识,具有内在的理论逻辑,外在的制度逻辑与独特的现实逻辑。

1. 司法循"常"的理论逻辑

常情常理常识是人类最基本的是非判断标准,也是司法裁判的底色。作为大众的普遍经验,常情常理常识是一个地区、一个民族

---

〔1〕 参见舒国滢:"从司法的广场化到司法的剧场化——一个符号学的视角",载《政法论坛》1999 年第 3 期。

〔2〕 参见〔英〕F. A. 海耶克:《不幸的观念——社会主义的谬误》,刘戟锋、张来举译,东方出版社 1991 年版,第 12~13 页。

最具共识、最为稳定的文化要素。作为对社会价值的基本认知，常情常理常识也是法治建设的价值基础，违背常情常理常识的立法很难得到社会许可，违背常情常理常识的司法也很难具有社会可接受性。沈家本曾云，"律者，民命之所系也。其用甚重，而其义至精也。根极于天理民彝，称量于人情世故，非穷理无以察情伪之端，非清心无以祛意见之妄。"[1] 具体来讲，司法循"常"的理论逻辑在于：其一，司法者裁判案件的"直觉"必然渗透常情常理常识。作为社会共同的行为规范、伦理标准，普通公众与法律职业者都会潜移默化地受到常情常理常识的影响。其二，在事实认定方面，作为对现实生活一部分的案件事实的认定，离不开经验法则，离不开常情常理常识的运用。常情常理常识是证据间的纽带，是证据链的润滑剂，有助于事实认定本身，也有助于事实认定的可接受性。如在"于某走私、贩卖、运输、制造毒品案"中，针对被告人于某提出"其与王某电话联系仅因买卖海鲜而非贩卖毒品"的辩解理由，判决书论证道，"其与王某的通话记录显示二人多次在深夜联系，显然与买卖海鲜的常理不符，且被告人于某未提供证据佐证其辩解，故本院对其上述辩解理由依法不予采纳。"[2] 本案中，常理的运用解决了证据的冲突与选择问题，对案件事实的认定亦具有可接受性。其三，在法律适用方面，对法律规范的解释与选择也离不开常情常理常识。法律虽然是国家的强制规范，但阐发的是社会之理，法律不是条文本身，而是条文所承载的意义，对法律文本意义的理解离不开社会价值观，离不开常情常理常识判断。简言之，常情常理常识具有指导法律解释、解决法律冲突、弥补法律漏洞的功能。

常情常理常识是司法理性的支撑力量。司法所适用的法律虽然

---

〔1〕　转引自霍存福："中国传统法文化的文化性状与文化追寻——情理法的发生、发展及其命运"，载《法制与社会发展》2001 年第 3 期。

〔2〕　参见山东省烟台市芝罘区人民法院（2015）芝少刑初字第 145 号刑事判决书。

是人定法，但是人定法必须尊重自然秩序、自然理性。罗门说，即便是怀疑论者的行动，也仿佛存在着自然法或客观主义这样的东西，他总是默默地信奉着普通的男男女女的常识。[1] 司法只有遵循常情常理常识，才能维系它应有的社会性，裁判结果才不会违背大众共识，才具有可接受性。在法律与常情常理常识激烈冲突的案件中，司法活动必须对这种冲突给予关注，并对结论进行充分的论证。结论可能是多样的，或倾向合法性或强调合理性或适度调和，但绝不能对冲突置之不理、机械操作，否则就会造成当事人、社会公众对法律或司法的误解与不信任。常情常理常识对司法理性的支撑主要表现在以下几方面：其一，应对僵化性。由于抽象的法律规则缺乏灵活性，面对特殊、复杂的案件，司法者运用常情常理常识可以获取司法裁判的灵活性，增加司法裁判对社会正义的回应性。其二，应对模糊性。由于语言的模糊性，法律规则常常无法明确表达面对具体案件的法律后果，模糊性为法律规则提供了巨大的解释空间，常情常理常识的运用可以起到权衡与选择的作用，增加法律解释的合理性。其三，应对空缺性。"有一百条法律，却有一百零一个问题"，法律漏洞必然存在。在司法实践中，面对法律漏洞，常情常理常识作为大众认知和社会价值认同能够起到补充作用。

2. 司法循"常"的制度逻辑

司法民主要求司法循"常"。人民民主是社会主义的生命，司法民主是社会主义民主的重要一环。党的十八大以来，党中央提出了"全过程人民民主"的理念，而司法民主是"全过程人民民主"在司法工作中的体现，能够确保司法决策的民主性与科学性。立法活动事实上就是将社会生活中的事实状态在归纳化、类型化的基础

---

〔1〕［德］海因里希·罗门：《自然法的观念史和哲学》，姚中秋译，上海三联书店2007年版，第121页。

上表明国家立场的活动，而社会主义国家的立场就是人民意志。普通公众在社会生活中主要以常情常理常识作为判断是非的标准，因此，常情常理常识也是人民意志最根本的体现。民主立法最大程度上实现了法律对常情常理常识的吸纳，一定意义上，立法就是代表人民的国家立法机关将人民所秉持的常情常理常识通过立法程序转化为法律的过程。党的十八届四中全会提出，"健全立法机关和社会公众沟通机制，开展立法协商，充分发挥政协委员、民主党派、工商联、无党派人士、人民团体、社会组织在立法协商中的作用，探索建立有关国家机关、社会团体、专家学者等对立法中涉及的重大利益调整论证咨询机制。拓宽公民有序参与立法途径，健全法律法规规章草案公开征求意见和公众意见采纳情况反馈机制，广泛凝聚社会共识。"由上述分析可知，法律必须符合常情常理常识，唯有如此，法律才能体现人民意志，发挥调整公众行为、解决社会冲突的作用。但是，法律是建构性产物，立法活动总会存在这样那样的不周延，它可能在无意之中与常情常理常识背道而驰，与人民的意愿相分离。"有的法律法规未能全面反映客观规律和人民意愿，针对性和可操作性不强。"[1]因此，司法过程要建立一种再民主机制，使公众的意见在司法中得到制度性的补充与完善。

公平正义要求司法循"常"。公平正义是人类的共同价值追求，是中国特色社会主义的本质要求。党的十九届六中全会通过的《中共中央关于党的百年奋斗重大成就和历史经验的决议》强调，"保障和促进社会公平正义，努力让人民群众在每一项法律制度、每一个执法决定、每一宗司法案件中都感受到公平正义。"司法公正是保障社会公平正义的最后一道防线，对社会公正具有引领作用，而司法不公则对社会公正具有致命的破坏作用。如培根所说，一次不

---

〔1〕 参见 2014 年 10 月 23 日中国共产党第十八届中央委员会第四次全体会议通过的《中共中央关于全面推进依法治国若干重大问题的决定》

公正的审判，其恶果甚至超过十次犯罪。因为犯罪虽是无视法律——好比污染了水流，而不公正的审判则毁坏法律——好比污染了水源。[1] 深化司法体制改革，一个重要目标就是促进司法公正，提高司法公信力，让司法发挥维护社会公平正义最后防线的作用。但是，什么是公平正义，却是一个难题。"正义具有一张普罗透斯的脸，变幻无常，可随时呈现不同形状并具有极不相同的面貌。"[2] "在不同发展水平上，在不同历史时期，不同思想认识的人，不同阶层的人，对社会公平正义的认识和诉求也会不同。"[3] 虽然公平正义没有共同一致的标准，但它却绝不虚无，整体而言，社会的正义观念是由主流的公众意见来界定的，常情常理常识就是公众意见的一种表达。司法注重常情常理常识的运用，有利于司法裁判渗透进大众理性与社会正义，保留应有的烟火气，有利于提高司法公信力。

定分止争要求司法循"常"。在当代构建和谐社会的宏观场域下，我国司法要求服务于和谐社会，司法不仅要"定分"还要"止争"，要在谦抑的司法权中实现能动的司法效果，要将司法裁判与社会治理结合起来，案结事了，胜败皆服。[4] 司法循"常"是司法工作坚持群众路线的体现，能够使司法活动贴近公众生活，实现法律效果与社会效果的统一。对于所有案件而言，常情常理常识

〔1〕 See W. Aldis Wright M. A. , *Bacon's Essays and Colours of Good and Evil with Notes and Glossarial Index*, London：MacmillanCompany，1899，p. 222.

〔2〕 ［美］E. 博登海默：《法学：法律哲学与法律方法》，邓正来译，中国政法大学出版社 1999 年版，第 252 页。

〔3〕 转引自旗帜网，载 http：//www. gongwei. org. cn/n1/2020/0628/c433095-31761522. html，"坚持公正司法，努力让人民群众在每一个司法案件中感受到公平正义"，中共中央文献研究室编：《习近平关于全面依法治国论述摘编》，中央文献出版社 2015 年版。

〔4〕 参见江国华：《常识与理性——走向实践主义的司法哲学》，生活·读书·新知三联书店 2017 年版，题记。

可以成为裁判说理的有效补充，让裁判说理在刚性的法律逻辑中渗透进柔性的常情常理常识。对于疑难案件而言，常情常理常识的运用更有价值，在认知与选择的十字路口，常情常理常识可以指引思维的方向，在法律的空缺地带，常情常理常识可以填补规则的缺失。当案件的疑难集中于事实认定时，面对薄弱的或矛盾的案件证据，常情常理常识不仅可以提供价值论指引，而且可以提供方法论指导，依据大众理性作出推断，使某些难以决绝的关键性或细节性事实问题得到有效解决。当案件的疑难集中于法律适用时，常情常理常识可以指引法律解释，解决法律冲突，补充法律漏洞，并确保司法裁判不悖离常情常理常识。

3. 司法循"常"的现实逻辑

司法循"常"具有特殊的中国语境：法律移植的影响还在消解。由于我国是法治后发国家，也由于法律全球化的时代大背景，法律移植是我国当代立法活动的核心路径。通过法律移植，我们学习、借鉴了法治发达国家的法治理念与法律制度，促进了我国法治建设的快速发展。但是，法律移植也使得我国司法常常面临"西方的法律"与"中国的文化"，"庙堂之高的国家法"与"江湖之远的民间法"的二元冲突，存在着移植法律与本土文化的融合问题。法律移植的本土化是一个系统工程，不仅是立法时的考量，也需要在法律实施过程中进一步调适。移植的法律与本土社会适宜与否，法律的外延与内涵融洽与否，法律的内涵是否需要调适，法律实施最有发言权。法律移植是自上而下的立法，主要由社会精英设计完成，是建立在现代化情结基础上的。而常情常理常识是自下而上的规则，是在漫长的社会生活中形成的带有地方文化的规则，有着深厚的制度土壤。移植的法律概念、理念可能会忽视概念、理念背后的利益与条件，可能会水土不服，而常情常理常识则渗透着社会的独特性与细腻性，根植于每一个人的内心。法律移植使得中国司法常常面临法律秩序与社会秩序的冲突，被移植法律的内涵与外延常常变得分离，为满足本土社会秩序的要求，法律的内涵往往需要进一步融合与创造。[1] 因此，在司法实践中，运用常情常理常识对移植法律进行进一步调适显得尤为必要。

司法循"常"具有特殊的民族需求："情—法"传统文化从未真正离开。情、理、法三位一体是中国传统司法的文化精神，"情理"是传统司法解决纠纷的重要准则。当法与情发生冲突时，传统司法宁可"舍法取情"，也不"以法伤情"。像贺卫方教授所言，传统司法在判案过程中继承了儒家的天理人情高于逻辑差异的传统，从不"专决于明而失人情"，主张"官司不当以法废恩"。[2] 传统司法一定程度上是以"人"为逻辑起点的，把当事人看作是存在于现实伦理中的具体个体，而非法条中的抽象个体，根据当事人在伦理关系中的不同身份而适用不同法律，根据当事人所处的生活情境及情感关系进行自由裁量。中国传统司法的"情—法"文化，极富韧性、影响深远，"重实体轻程序""重结果轻过程"的司法传统没有因现代法律体系的建立而瞬间改变。而且，"情—法"文化有糟粕也有精华，不能以废了事。清末沈家本主持的法律变革中，"礼教派"与"法理派"发生了激烈争辩，但在"情—法"文化上，两派则高度一致。"法理派"的代表人物沈家本也主张，"无论旧学、新学，不能舍情理而别为法也。"[3] 事实上直到今天，"情—法"文化作为一种成熟的、有渗透力的传统文化，依然根植于公众的潜意识里，在实体正义与程序正义，社会正义与法律正义之间，我国公众始终都偏向于前者。有研究表明，"当法院的民事

---

〔1〕 参见刘思达："法律移植与合法性冲突——现代性语境下的中国基层司法"，载《社会学研究》2005年第3期。

〔2〕 参见贺卫方："中国古代司法判决的风格与精神——以宋代判决为基本依据兼与英国比较"，载《中国社会科学》1990年第6期。

〔3〕 〔清〕沈家本：《寄簃文存》，商务印书馆2015年版，第210页。

案件审判程序没问题，但对判决结果很不满意时，公众选择上诉或申诉的比例最高（66.9％）。"[1] 法律是一种外生型规则，而常情常理常识是一种内在认识。[2] "法合人情则兴，法逆人情则竭。情入于法，使法与伦理结合，易于为人所接受；法顺人情，冲淡了法的僵硬与冷酷的外貌，更易于推行。"[3] 如果司法对人的伦理情感、对情境的独特性完全忽视，往往导致"案结事不了"。现代法律体系是以人的行为作重心，具有高度抽象化、普遍化与类型化的特征，追求了法律的统一性、普遍性与平等性，也排除了法律对人们思想的规制，具有重大进步意义。但是，现代法律体系也一定程度上忽视了个人的独特性，忽视了行为人所处的独特伦理秩序与生活利益。在现代法律体系下，司法遵循常情常理常识，可以弥补法律对具体个人的遗忘，对案件独特情境的忽视。[4]

　　司法循"常"具有特殊的时代需求：社会转型期的新旧跃迁。我国正在经历一场全面而深刻的社会转型，社会转型带来了经济增长、活力复苏、社会进步等积极面向，也带来了社会结构失衡、利益冲突加剧、矛盾冲突高发等消极面向。"社会转型必然导致新旧规范、社会机制、价值观念等方面的冲突与矛盾，社会张力表面化，社会的稳定性降低。"[5] 社会转型期，需要一种富有弹性的社会控制机制，以此来释放社会能量，缓解社会张力，减少社会冲

　　〔1〕　郑飞："司法文化的社会化与大众化——基于9省市实证调研与数据挖掘的分析"，载《证据科学》2015年第2期。

　　〔2〕　张晋藩：《中华法系的回顾与前瞻》，中国政法大学出版社2007年版，第154页。

　　〔3〕　张晋藩：《中国法律的传统与近代转型》，法律出版社2009年版，第25，115页。

　　〔4〕　参见李德嘉："传统情理司法的逻辑起点及其现代性"，载《学习与实践》2018年第6期。

　　〔5〕　向德平、陈琦："社会转型时期群体性事件研究"，载《社会科学研究》2003年第4期。

突，化解社会矛盾。[1] 法律形式主义面对复杂多变的社会矛盾，日趋多元的利益纷争，不仅表现出司法能力的不足，而且在化解矛盾的过程中一不小心还会引发新的矛盾。而常情常理常识具有内在的教化作用，它依靠人的内心确信来约束、调整、评价人的行为，解决社会矛盾。在特殊的疑难案件中，裁判在依法的基础上充分运用常情常理常识的力量对复杂纠纷矛盾进行调整，硬控制与软控制相结合，能够维系司法与社会生活的协调，取得最佳的司法效果。

（二）司法遵循常情常理常识的困境风险

几乎所有人都认为常情常理常识是司法裁判自然的组成部分，是司法裁判的基石，但是，实践的司法者却往往有意无意的忽略它，较少把它做为坚实的"裁判之基"，当案件的合法性与合理性发生冲突时，"合法不合理"的判决屡见不鲜。这种理论与实践的背反有其深层的逻辑。制度研究要注重"病理性"针对，也要探寻实践机制的"生理性"条件。司法运用常情常理常识的目标导向与实践机制之间存在着某种紧张关系，司法者需要面对具体实践的各种困境阻却，司法行为也具有潜在的偏误与风险。

1. 司法循"常"的实践困境

司法循"常"需要面对常情常理常识如何实现规范化的问题。虽然常情常理常识在现实生活中是"可感"的，我们很容易感知到它的存在，但是如果作为一种规范来考量与适用它时，就会发现它远没有我们想象的那么清晰。常情常理常识本身是抽象概念，但其内涵与外延只有在具体化的生活中才能得以表达与把握，只有立基

---

[1] 富有弹性的社会控制体系具有以下几个方面的特征：第一，社会控制系统内不同规范之间必须保持协调；第二，社会控制系统内不同规范之间应当在功能上兼容；第三，社会控制体系应当随着社会变迁不断地做出适应性调整。参见向德平、陈琦："社会转型时期群体性事件研究"，载《社会科学研究》2003 年第 4 期。

于具体化事实，才有其确切意义，离开了具体场景，常情常理常识往往难以界定。在规范化立场上，常情常理常识具有自发性、隐蔽性与非实定性的特征，其标准模糊，难以做规范化表达，这与规范的概括性、统一性相矛盾，其确定性与客观性也难以保障。也就是说，在规范化立场上，常情常理常识虽是针对不特定的事实，但却无指引与评价的具体结构，司法循"常"必须面对常情常理常识的不确定性、模糊性，甚至自相矛盾的"结构不良"问题，必须克服认知、运用的本体障碍。

　　司法循"常"需要面对常情常理常识如何保障客观化的问题。常情常理常识是一定地域人们的共同经验，具有普遍意义，在本质上具有客观性。但是常情常理常识又是非实定的，规范化标准模糊，这意味着不同的人基于不同的生活环境、专业领域、认知水平，对它的理解会有不同，于是对它的认知与运作就具有了较强的主观色彩。常情常理常识的运用往往与个人的碎片化思维、个体性判断交织在一起，扩大了判断的延展性与随意性，司法裁判的法律性与正当性受到威胁。有刑法学研究团队对运用"常理"说理的裁判文书进行实证研究发现，运用"常理"说理得出的结论绝大多数不利于被告人。该研究团队表明，"这种结论只是一种对客观趋势的描述，未必代表着法官说理的一种主观倾向。"但同时该研究也认为，如果对"常理"说理运用不当，"则可能发生规避证据裁判原则、未能排除合理怀疑、作出有罪推定甚至导致冤假错案等严重后果。"[1] 该研究指出的问题确实需要警惕，也确实有其内在的根源与逻辑。概言之，因常情常理常识的非实定性，同一个问题，不同的主体会有不同的判断，甚至出现截然相反的结果，增加了裁判的随意性与不确定性。运用常情常理常识会带来更大的主观性，不确定性是司法循"常"必须考量的问题。

司法循"常"需要面对常情常理常识如何契合现代化的问题。文明是个流变的概念，一直处在发展之中。常情常理常识是以往思想观念的沉淀，是人们对过去经验的总结，是过去的先进思想与价值观念，它有着历史长河中的荣光，有着时代选择的惯性，也有其历史惰性的一面。常情常理常识并不是默认可靠的，并不总是与时代相契合，它与现代先进思想之间存在某种程度的紧张关系。比如，中国传统思想具有"重人治轻法治、重权威轻民主、重集权轻分权、重经验轻制度"等特征，这些传统思想存在于常情常理常识之中，而它们与现代法治精神却是背道而驰的。[2] 社会的进步总是在"变"中得以实现，如果社会只注重守"常"，恐怕我们今天还停留着原始社会，因此，与现代法治精神完全背离的常情常理常识就不能成为法律的遵循。概言之，常情常理常识具有双重属性，既具有现实性，又具有落后性，司法遵循常情常理常识，首先需要

---

〔1〕 该研究团队发现，"常理"被用于肯定观点时，它更多地用于肯定控诉机关或被害人的观点，从而得出采信控诉方主张的结论，而较少用于肯定辩护方观点（约占9.52%）。而当"常理"被用于否定观点时，它更多地用于否定辩护方观点（约占75.8%），从而形成回绝辩护方主张的说理结论，而较少用于否定控诉机关或被害人的观点。该现象表明，在运用"常理"进行裁判说理时，无论是从肯定还是否定观点的角度看，被告人及其辩护人的观点、理由大多数情况下都不被支持与采信，实践中法官更倾向于运用"常理"以回绝辩护主张。样本分析发现，运用"常理"说理得出的结论大多数不利于被告人（约占90.75%），较少有利于被告人（约占8.19%），或对被告人既非有利也非不利（约占1.07%）。参见谢进杰、邓慧筠："刑事裁判说理中的'常理'"，《中山大学学报（社会科学版）》2019年第3期。

〔2〕 参见侯雷："对中国传统行政文化的扬弃与创新"，载《行政与法》2005年第12期。

在认识论上加以评判，何者为是，何者为非，何者应该遵循，何者应该抛弃，这是一个难以标准化的问题。[1]

司法循"常"需要面对常情常理常识如何面对"依法裁判"追问的问题。司法的本质是依法裁判，裁判说理的首要依据是法律规范与法律逻辑。常情常理常识的运用如果混乱无序、缺乏规制，就会将生活思维与法律思维混为一谈，就会将司法裁判等同于民间调停，失却法律的国家性、司法的专业性，导致法治理论与司法水准的倒退。司法遵循常情常理常识，必须面对"法律至上""依法裁判""罪刑法定"等现代法治理念的追问，必须实现两者的妥帖与融洽。如何处理法律与常情常理常识的关系，如何实现常情常理常识的遵循与"依法裁判""罪刑法定"的统一，是个老问题，也是个大难题，这是司法循"常"的最大实践困境。上述四方面的实践困境增加了司法循"常"的实践难度，也增加了司法风险，成为司法循"常"的阻却事由。而且，要在司法实践中实现常情常理常识的价值，不仅需要突破实践困境，还要面临司法循"常"的风险挑战。

2. 司法循"常"的风险挑战

司法循"常"可能导致法律规则的隐退。常情常理常识在司法中的运用是把双刃剑，恰当地运用有利于裁判的可接受性，但如果运用不当则可能损伤法律逻辑。如果我们将司法与常情常理常识的关系进行对应性分析，就会发现司法运用常情常理常识存在着目的与手段之间的紧张关系，存在着"过"与"不及"两个敌人。"不及"就是指机械地依法裁判，它可以解决司法权滥用问题，但却可能导致裁判僵化，可能因为缺乏对特殊性的关注而导致司法正义缺席，在最终意义上背离司法目的。"过分"则指"法治"变成了

---

[1]　参见那声润："市场经济建设时期传统文化的扬弃"，载《学术交流》2008年第11期。

"常情常理常识之治",变成了"法官之治",导致司法的随意性,人们将承受司法恣意之苦。这种目的与手段的紧张关系意味着,假如为了实现司法公正,司法制度为常情常理常识预留了充分空间,那么制度设计所期望的目标仍然只是一种可能而非必然。因为常情常理常识的运用,在解决司法裁判机械、僵化的同时,又产生了一个新问题、新风险:可能会为司法者在裁判中输入自己的偏私与偏见打开方便之门,进而偏离司法循"常"的预设,导致法律规则的隐退。

司法循"常"可能导致司法确定性的逃离。首先,常情常理常识在裁判中的价值,因案件的不同而不同。简单案件中,因为事实清楚、法律明确,常情常理常识的价值只是隐形的;而在证据不充分、法律不明确的疑难案件中,常情常理常识的价值则是显性的。但是,这种简单与疑难的判断是由司法者主观做出的,难以做到明确、统一。其次,面对法律与常情常理常识冲突的疑难案件,司法者需要进行裁判结果的"合法性"与"合理性",裁判行为的"稳健性"与"有效性"的权衡。法律化的裁判结果有助于树立法律权威,且稳健性高,司法者更乐为之,朴素化的裁判结果能够让公众直观地感受到个案的公平正义,客观上有助于"案结事了"。两种裁判路径均有可能成为权衡后的选择,且均有其正当性,不同的司法主体面对相似案件可能会做出不同选择。最后,面对法律与常情常理常识冲突的疑难案件,即使司法主体都选择了注重常情常理常识的朴素化思维,也会因常情常理常识的非实定性而产生不同的认知,渗透较强的主观性,进而导致司法确定性流失。

司法循"常"可能面临法官之治的挑战。如果在司法机制上明确常情常理常识的价值与运用,就意味着赋予了司法者更多的判断、斟酌和选择权,也意味着给予了司法者更大的自由裁量权。司法者的主观裁量空间过大,法治就有被颠覆的危险,这也是司法始终对自由裁量权怀有戒备的原因，也是严格规则主义对常情常理常识等社会性认知保持距离的根源。拥有较大自由裁量权的司法主体在实现裁判灵活性、针对性的同时，也把裁判的客观性和公正性置于了不稳定状态。常情常理常识的运用可能成为己见、偏见甚至成见的运输通道，也为徇私枉法打开了"方便之门"。即使司法者最真诚地运用，对常情常理常识的理解也可能是错误的，可能与大众认知相反，可能已经过时，可能是不完整的，可能在不该适用的场合而加以运用，这都是司法循"常"必须面临的风险挑战。

（三）司法遵循常情常理常识的求解原则

在职业化背景下，司法对常情常理常识关照不足的宏观现实下，我们强调常情常理常识对裁判的价值，呼吁司法者的关注。但是这种呼吁与关注绝不能走向另一个极端。常情常理常识在司法中有不容忽视的价值，也有与生俱来的局限，我们必须正视它的正效能与负效应，在依法裁判的框架内，确保常情常理常识运用的恰当与有效，在合理限度内、在形式正义中实现实质正义。整体来讲，不具有明确标识性、严格规范性的常情常理常识，在司法中的运用需要遵循辅助补强、惯习性论证、可接受性增强、教义学化等原则，这是在常情常理常识的价值与风险之间寻求最大交换值的求解路径。

1. 功能：辅助补强

首先，常情常理常识不能作为裁判依据，而只是作为裁判理由，其定位是辅助功能。虽然常情常理常识代表了社会的普遍认知，具有社会可接受性，但在其未被立法正式纳入并转化为法律之时，终究只是一种未被制度化的"经验"与"法则"，不能直接作为裁判依据。司法只能以法律规则、法律原则为依据，以法律解释、法律推理、法律论证为手段，运用常情常理常识。在司法实践中，裁判可以把常情常理常识纳入目的解释、合宪性解释的空间，通过论理解释完成常情常理常识"编码转化"为法律理由的过程，在合法性里糅入合理性。裁判也可以把常情常理常识纳入社会学解释的领地，完成竞争性法律解释方法的选择，解决不同解释结论之间的冲突，使解释结论指向唯一，实现"法律效果与社会效果的统一"。

其次，即使在裁判理由体系中，常情常理常识也只是作为补充性说理，以补强法律论证为目的。裁判说理的主体是法律论证，常情常理常识不能成为裁判说理的主力军，不能突破证据与法律，更不能超越法理，否则，常情常理常识的运用就事与愿违，反而挫伤司法裁判的说服力。完整意义的法律论证由内部证成与外部证成两个层面组成：内部证成解决从前提到结论的逻辑有效性，目的是保证从大小前提到判决结果的推理过程合乎逻辑；外部证成论证的是大小前提的适切性，目的是给前提本身提供正当性依据。[1] 合理判决的证成力来自两大力量：一是适用于案件的法律规则、法律逻辑形式上的力量，即内部证成的力量；二是蕴含于法律规则、证据链背后的实质理由的力量，即外部证成的力量。常情常理常识是外部证成的重要因子，外部证成将常情常理常识作为裁判理由的理由纳入法律论证体系，用常情常理常识型构着大小前提，最终使法律规则和案件事实呈现一种对这些外部因素来说是可欲的状态。

最后，常情常理常识的显性运用只出现在"常"与"法"交涉与博弈的且具有道德面向或社会面向的疑难案件中。其一，这类案件与市民社会关联密切。一般来讲，民事案件是运用常情常理常识最为常见的领域，因为民事裁判与市民社会具有天然的关联性，借助生活经验、公序良俗、大众认知、经验法则来裁判说理就具有了相当的必要性。而刑事案件则是运用常情常理常识最引人关注的

〔1〕 参见［德］罗伯特·阿列克西：《法律论证理论：作为法律证立理论的理性论辩理论》，舒国滢译，中国法制出版社2002年版，第273页。

领域，刑事裁判关乎公民的人权、自由与生命，是最严格、最严谨的司法活动，究竟多大程度上允许运用常情常理常识，常情常理常识的运用应该呈现怎样的形态，一直是学界的关注点也是争议点。刑事裁判的定罪量刑应该有最严谨的法律依据，最严密的法律论证，但是它也不是"除了从法典上抄下来的理由，再也没有其他根据了。"[1] 贴近日常生活的犯罪类型，如人身伤害、侵犯财产等类型犯罪，借助生活经验、公序良俗、大众认知、经验法则来说理亦具有明显的必要性与正当性。其二，这类案件必须是疑难案件。在事实认定方面，常情常理常识的显性运用主要发生在：①案件证据信息不充足，难以相互印证，导致事实认定困难。②当事人的主观状态不明确，判断处于两可之间。在事实认定疑难的情形下，常情常理常识能够对证据证明力、主观状态认定起到"补强"作用，能够强化司法者对事实认定的确信。在法律适用方面，常情常理常识的显性运用主要发生在：①法律对案件呈现的事实状态没有对应性规定。即在穷尽了现有法律规则时，可以借用法律原则等载体适用常情常理常识。②"依法裁判"的结果明显违背常情常理常识时。即在法律推理的结果具有明显的不可接受性，背离社会正义时，可以借助法律原则或法律解释的空间来实现常情常理常识的运用。

2. 本体：惯习性论证

首先，融入裁判的常情常理常识不能"不证自明"。从我国裁判文书网阅读相关裁判文书，发现我国司法实践中裁判文书论及常情常理常识时一般采用笼统表述方式，即没有对事实及常情常理常识进行具体描述，而是直接以"常情常理常识"之名笼统表述。如某判决书写道："被告人当庭翻供，但其辩解明显不符合常理，本

---

〔1〕　参见［德］马克斯·韦伯著，张乃根译：《论经济与社会中的法律》，中国大百科全书出版社1998年版，第62页。

院不予采信。"〔1〕 对于该被告人的当庭翻供及其辩解理由为何不符合常理，不符合何种常理，裁判文书并没有提及。裁判文书多采用笼统表述的原因是常情常理常识的不言自明性，司法者认为常情常理常识"众所周知，不证自明"。笔者认为，结论的正确性决定于前提的正确性，裁判说理依据的前提必须是经得起推敲的。虽然常情常理常识具有一定的不言自明性，在日常生活推理中，可不对其进行具体描述，但是司法裁判是细致、严谨的活动，要排除一切合理怀疑，因此常情常理常识在司法中的运用要有严密的逻辑论证，只有经过严密的逻辑论证，基于常情常理常识的论证才能起到锦上添花的作用。如某判决书这样援引常理："对于原告人主张赔偿住宿费的请求，经查，原告人及被害人家属大多是禅城区人，办理被害人丧事期间可各自回家居住，按常理不应产生住宿费损失，且原告人亦不能提供证据证明亲属为了办理被害人丧事而产生住宿费损失，故对该项诉讼请求不予支持。"〔2〕 该判决书把常情常理常识融入进了对相关事实的具体描述中，比较而言，这种描述型的说理方式具有较强的说服力。概言之，司法者运用常情常理常识进行裁判说理时，应该采取具体描述型的表述方式，将常情常理常识融合于具体案情中，置于特定语境下，结合具体事实进行阐述。具体来讲，要做到以下三点：一是对相关的事实细节、证据信息进行具体说明；二是对特定常情常理常识进行充分阐释；三是论证常情常理常识与试图说明的事实有本质联系。

其次，融入裁判的常情常理常识应当具有惯习性。常情常理常

---

〔1〕 参见广东省深圳市南山区人民法院（2014）深南法刑初字第 1425 号刑事判决书。

〔2〕 参见广东省佛山市中级人民法院（2014）佛中法刑一初字第 10 号刑事附带民事判决书。转引自谢进杰、邓惠筠："刑事裁判说理中的'常理'"，载《中山大学学报（社会科学版）》2019 年第 3 期。

识不是个人的认知，也不是部分人的标准，而是一般人的可接受性，是一个相对客观的标准。司法运用的常情常理常识必须是具有共识性、普遍性的"真"常情常理常识，要经得起追问与检验。这里需要妥恰处理两个问题：一是避免裁判受大众情绪、公共舆论的不当干扰。尽管社会舆论往往承载着普遍认同的"常情常理常识"，但也可能夹杂着随意性的情绪与认知，司法者不能无视社会舆论，但也不能被舆论绑架，司法运用常情常理常识必须基于对常情常理常识的准确把握与合理认知。二是避免裁判受司法者个人情感、偏见的不当干扰。在司法实践中，司法者需要用自己的客观观察与主观认知去运用常情常理常识，在此过程中，应努力避免将个人的"情、理、识"误认为是一般意义上的"常情常理常识"，避免把常情常理常识的运用变成个体活动。常情常理常识认知不当的"南京彭宇案"曾经产生了极大的消极影响，就代表了这种警示。[1]只有真正的常情常理常识才具有可接受性。如"刘某乙故意伤害案"的判决书对常理的运用就具有较强的说服力："其辩护人主张刘某甲4天后，发现耳部受伤，与常理不符，不能排除他伤的可能性。经查，被害人刘某甲受伤后即陈述耳鸣，辛庄卫生院门诊病历亦记载头晕耳鸣，头部疼痛，后其即到招远市人民医院就诊，在4天后进行耳部检查，发现耳膜穿孔，符合常理，故辩护人的辩解，无事实依据，本院不予采纳。"[2] 此判决论证运用的常理就具有惯

---

〔1〕　2006年的南京彭宇案，一审法官以"如果不是彭宇所撞，彭宇就不会去扶，正是由于彭宇扶了老太太，故老太太乃彭宇所撞"，认定彭宇撞了老太太的事实成立。可见，在一审法官眼中，"学雷锋、做好事"并非常情常理常识，相反，"不学雷锋、做好事"乃常情常理常识。一审法官以自己的主观认知判断，冠以"常情常理常识"的名义融入裁判，受到了多数人的批评与指责。

〔2〕　参见山东省招远市人民法院（2017）鲁0685刑初第165号刑事附带民事判决书。转引自谢进杰、邓惠筠："刑事裁判说理中的'常理'"，载《中山大学学报（社会科学版）》2019年第3期。

习性，具有较强的说服力。

3. 目标：可接受性

司法循"常"的核心目标是增强裁判的可接受性，将裁判置于稳定、广泛的社会共识之上。笔者所在的课题组曾于 2016 年对我国裁判可接受性的状况进行过实证分析，用数据呈现了 2005～2014 十年间我国裁判可接受性的发展轨迹与整体现状，得出的结论是：裁判可接受性十年来的发展速度低于我国法治的整体发展速度，裁判可接受性应进一步发掘可能的提升路径。随着法治进程的深入，应该从影响裁判可接受性的微观因素着手，充分发掘微观因素的潜能，着眼于方法论研究，走集约化道路，探寻形而下路径，进而打通宏观因素间接作用力发挥的任督二脉。司法权威一定是建立在公众对司法裁判自觉接受基础上的，只有真诚地接受，才有真正的定分止争与案结事了。大法官汉德曾说，"法官的权威和超然都取决于一个假定，即法官说出了社会公众的心声。"[1] 曾有其他研究表明，裁判的可接受性低，当事人的服判力不足的重要原因是裁判思维只注重自上而下的官方知识，而排斥自下而上的民间知识。[2] 事实上，常情常理常识蕴含着最大程度上的大众共识和公共理性，司法对常情常理常识的运用，可以补充自下而上的民间知识，可以将裁判置于合理性之上，赢得社会认同，增强服判力。

在司法实践中，案件双方对常情常理常识的运用会更为主动、更为普遍。一方面是因为常情常理常识来源于民间，植根于生活，受众更广；另一方面是因为当事人为谋取利益最大化而往往进行穷尽式说理。比较而言，司法者对常情常理常识运用的积极性与主动性并不强。一是因为司法者的裁判行为被更严格地限制于法律系统

---

〔1〕 转引自田雷："法官如何决策？——司法行为研究的文献综述"，载陈金钊、谢晖主编：《法律方法》2009 年第 0 期。

〔2〕 参见储槐植、宗建文等：《刑法机制》，法律出版社 2004 年版，第 171 页。

与法律逻辑下，司法者的头上有"依法裁判"的紧箍咒。二是因为常情常理常识的运用会增加案件说理的复杂性。笔者认为，裁判可接受性是司法公信力的生成前提，说理本身就比不说理更具有说服力，司法应注重运用常情常理常识的说理。面对当事人及其律师在庭审及法律文书中运用常情常理常识说理的情形，裁判者采纳与否都要给予回应，只有这样，才能保证裁判的可接受性。

4. 运用：教义学化

法教义学与社科法学的争论持续经年。法教义学是内部视角，以法律规范为中心，以规范分析为基本方法；社科法学是外部视角，以法律规范与其它社会事实之间的关系为研究对象，以社会科学方法作为法学研究方法，强调以社会事实为中心。[1] 在法学界，法教义学与社科法学的话题正在由"之争"走向"对话"。事实上，没有社科法学的法教义学是空洞的，没有法教义学的社科法学是盲目的，社科法学与法教义学不是纯粹的矛盾关系，两者是表象的分歧，深层的对话，两者可以而且必须实现双向互补。司法现实强调对社会效果的追求，而法治中国又需要把社会效果的追求提升到法律方法论层面。常情常理常识是一个外部视角，其基本立场是社科法学的，常情常理常识要进入司法裁判，必须要经历一个"教义学化"[2] 的过程，将外部洞见转码为法律的自我描述，在合法性中实现合理性。

顾名思义，法教义学是以对一国现行实在法秩序保持确定的信奉为基本前提的，尊重法律体系与逻辑是法教义学的基本特征。[3]

---

〔1〕 参见谢晖："论法学研究的两种视角——兼评'法教义学和社科法学'逻辑之非"，载《法学评论》2022 年第 1 期。

〔2〕 参见张翔："宪法教义学初阶"，载《中外法学》2013 年第 5 期。

〔3〕 参见［德］乌尔弗里德·诺依曼："法律教义学在德国法文化中意义"，郑永流译，载郑永流主编：《法哲学与法社会学论丛》，中国政法大学出版社 2002 年版，第 17 页。

法教义学强调法律的自洽性，强调以法律规则、原则、概念为基础，以法律解释、法律推理等法律自身的方法为手段，来阐释与适用法律。[1]法教义学并不是封闭的、僵化的存在，它固然具有相对的稳定性，但同时也表现出流动性的一面。[2] 法教义学并不割裂法律与其他社会事实的联系，也承认法律文本可能存在漏洞与冲突，只是它认为通过法律自身的原理与逻辑完全能够应对漏洞与冲突，法学能够为解决冲突、填补漏洞提供稳定的规则完善机制。也就是说，法教义学认为司法可以实现对现有法律制度的某种突破，但是这种突破属于"法学上的发现"。

通常意义上，常情常理常识是裁判应有的权衡，但是这种权衡是外部视角的，常情常理常识的运用最终需要法律方法论的支持，需要经历"教义学化"的过程。司法裁判应该将常情常理常识引入到法教义学中，把常情常理常识转换为"法学上的发现"，在法律框架下勉力作出具有可接受性的判决。也就是说，法律效果与社会效果相统一，在操作层面应该体现为"社会效果统一于法律效果"。具体而言，其一，常情常理常识进入裁判是间接的。法律规范的开放以法律规范的封闭为条件，常情常理常识只有得到法律的支持，转换为"法学上的发现"，才有可能成为裁判的理由。倘若为了追求实质合理性而放任常情常理常识左右司法运行，生活逻辑就取代了法律逻辑，司法裁判就失却了它的本分。其二，常情常理常识进入裁判是有选择的。常情常理常识的运用应当谨守一定界限，不轻言通约，最终能够进入法律系统并对法律规范进行重构的常情常理常识一定承载着法律价值，阐释着法律精神。

---

〔1〕 参见卜元石："法教义学：建立司法、学术与法学教育良性互动的途径"，载张双根、田士永、王洪亮主编：《中德私法研究》第 6 卷，北京大学出版社 2010 年版；许德风："法教义学的应用"，载《中外法学》2013 年第 5 期。

〔2〕 参见许德风："法教义学的应用"，载《中外法学》2013 年第 5 期。

三、常情常理常识融入司法的现实主义裁判范式

在法律与常情常理常识相契合的简单案件中，常情常理常识所起的作用是隐形的，它潜藏在司法者的判断里，司法者做出的"法律规定与案件事实相匹配，结论具有可接受性"的直观判断，其标准就包括常情常理常识。简单案件中的常情常理常识作用机理与日常生活的作用机理无异，在这里不做探讨。本部分重点探讨法律与常情常理常识存在明显冲突时，常情常理常识的运用机制，即司法者明显感到依法裁判的结论不合理时的运用机制。整体而言，在法律与常情常理常识相冲突的案件中，常情常理常识的司法运用是后果主义的，其裁判应遵循现实主义裁判范式。裁判活动需要经历"基于直觉的法律结论""基于结论的法律发现""基于发现的法律解释""基于解释的法律论证""基于论证的对话商谈"五个思维驿站。在法教义学上，借助目的解释、合宪性解释等"初阶解释"与社会学解释的"二阶解释"共同完成常情常理常识向法律因素的"转码"，实现法律的包容性成长，完成法律证立。

（一）初点与终点：基于直觉的法律结论

人类有两种认知机制：一是"理性—分析"认知机制，这是一种推理认知机制，人能够自觉地运用知识，有意识地解决问题，并能对这一过程进行清晰地觉察与表达，是一种明言的、逻辑的、步步推进的严格推理形式。二是"经验—直觉"认知机制，这是一种直觉认知机制，人对信息的处理是整体化的，很大程度上是无意识的，是直接完成的，这一过程少有言语的参与也难用言语清晰表达，是一种无言的、压缩化的思考形式。[1] 人类以推理和直觉两种认知机制或平行或交互的来认知世界，许多严谨的判断往往需要

---

〔1〕 See Wim De Neys, "Bias and Conflict: A Case for Logical Intuitions", *Perspectives on Psychological Science*, vol. 7, 2012, pp. 28~38.

"对熟识形态的骤然认知"与"搜索般的推理过程"的相辅相成。[1] 常情常理常识融入裁判就是在推理和直觉两种认知机制的相互作用下实现的。直觉用来发现，推理用于证明。司法者面对案件首先会基于经验形成一种直觉判断，在司法直觉中，常情常理常识潜入了司法者的思维，随后，在直觉的指引下，司法者会进行细致的分析与推理，常情常理常识被清晰地觉察与表达，并参与到明言的、逻辑的法律论证中。在法律与常情常理常识相冲突的案件中，常情常理常识会被显性的运用于司法裁判的实质推理中。

常情常理常识融入裁判的初点是司法直觉。直觉是诸多判断背后的秘密推手，以严谨著称的法律判断亦是如此。[2] "就像在大多数决定中一样，直觉在司法决定中扮演着主要角色。"[3] 直觉是建立在人的本能、阅历、经历基础上的几乎无意识的思维方式，常情常理常识在司法直觉这种非刻意的状态下以经验的身份进入司法者思维，并经历一个非刻意的信息加工过程，最终以感觉的方式形成判断。在我们的认知里，直觉往往被打上了无规则、非逻辑的烙印，事实上，直觉经常是可靠的，并不必然是理性的敌人，并不排除逻辑，而是压缩了逻辑或省略了某些逻辑步骤。[4] 在法律与常情常理常识相冲突的疑难案件中，直觉如漆黑海面上的灯塔指引着司法者的思维，使司法者从纷繁复杂的信息中过滤出有用信息，锁

〔1〕 参见［美］赫伯特·西蒙：《人类活动中的理性》，胡怀国、冯科译，广西师范大学出版社2016年版，第33页。

〔2〕 参见苏晓宏、刘新慧："法律职业视域下司法直觉探究"，载《学术探索》2017年第6期。

〔3〕 ［美］理查德·波斯纳：《法官如何思考》，苏力译，北京大学出版社2009年版，第100页。

〔4〕 参见张成敏：《案史：西方经典与逻辑》，中国检察出版社2002年版，第232页。

定问题本质，形成一个或几个可能的预判断，并进一步做出选择。[1] 带有常情常理常识推理的直觉开启了裁判思维的大门，有了直觉，分析才有了方向。

常情常理常识通过法律论证被正式运用于裁判。司法直觉并不必然导向良好决策，它只是思维的初点，能否走到终点，成为裁判结论，取决于直觉能否经得起"合法性"与"理性"的检验。基于直觉产生判断，是人类认知的必然反映，也是有风险的预判断，它压缩了推理过程，掺杂了个人的情感与偏见。因此，直觉仅仅是裁判活动的起点，要成为结论必须经得起法律论证的检验。在后果主义裁判范式下，司法者倒果为因，从直觉出发，去发现可资适用的法律资源，通过构建常情常理常识与法律的内部勾连，通过相关实质推理与形式推理来验证预判断的准确性，这是司法的核心程序。当然，这一过程也可能导出相反的结果，即直觉被法律论证否决，如果这样，司法者将开启另一轮直觉与分析过程。总之，有了分析，直觉才有名分。以严谨逻辑呈现的法律论证保证了预判断的理性与正当，能够对直觉起到验证与制约作用，从而保证常情常理常识运用的严谨性与科学性。

（二）开放与封闭：基于结论的法律发现

司法者基于经验而产生司法直觉后，需要倒果为因去发现可资适用的法律。在法律发现的过程中应遵循两个原则：一是对法律系统的开放认知，二是对法律系统的封闭运作。通过立法活动，法律系统已经与常情常理常识相分离，法律系统已经凭借自己独特的代码，具有了封闭性与独立性。与此同时，内发型的常情常理常识会永远作为法律系统的生存环境而对其产生着影响。法律系统在"认

---

[1] See Roscoe Pound, "The Theory of Judicial Decision", *Harvard Law Review 36*, 1923, p. 951.

知上开放"，在"运作上封闭"地发挥着稳定规范性预期的功能。[1] 也就是说，法律规范独立于常情常理常识，但对法律规范的理解需要从常情常理常识中汲取营养。

在对法律的开放认知中，常情常理常识融进了法律系统。法律系统作为一种建构性体系，来源于常情常理常识，这里强调法律的渊源，不是要模糊法律与常情常理常识的界限，而是强调在将法律与常情常理常识相区别的同时，存在着在司法中再次将它们关联起来的可能。一般情况下，常情常理常识的运用是通过立法完成的，法律本身就是常情常理常识的主要载体，依"法"裁判是司法遵循常情常理常识的基本路径。但是，法律所设定的行为模式是基于一般人、一般事的考量，是高度概括的抽象设定，例外主体与特殊情形往往被忽略。同时，法律也会因为法律移植、法律现代化等原因而对常情常理常识关照不足。在法律适用中，总会面临法律与常情常理常识相冲突的情况。在法律与常情常理常识出现紧张关系的疑难案件中，常情常理常识的运用就成为一个新问题。法律不仅是"律"，还是"法"，"法"应该是常情常理常识化的，良法善治理念下的"合法性"包含着法律与常情常理常识的交融。当法律与常情常理常识出现矛盾时，司法应当在法律体系内通过法律原则、法律解释等技术予以修正或补充，需要在已有的法律秩序中生长出新规则以实现裁判的合法性，而不是忽视这种特殊性。对疑难案件特殊性的忽视就是对"合法性"的忽视。

常情常理常识的司法运用应基于法律系统的封闭运作。法律规范的开放要以法律规范的封闭为条件，司法裁判不得以"合法不合理"为由违背常情常理常识，但是常情常理常识化的判决必须首先是法治化的。常情常理常识要进入司法，必须要经历一个"教义学

〔1〕 See Niklas Luhmann, "Operational Closure and Structural Couple: The Differentiation of the Legal System", *Cardozo Law Review 13*, 1992, pp. 1419~1441.

化"的过程，把常情常理常识转码为法律的自我描述，在"法律效果"中实现"社会效果"。而且法律的外部观察需要谨守法律价值界限，不轻言通约，不脱离法律秩序。能够进入法律系统并型构法律的常情常理常识一定是承载着法律价值的，倘若为了追求实质合理性而放任常情常理常识左右司法，那么生活逻辑就冲击了法律逻辑，司法就失去了本分。[1] 疑难案件是法律规范系统与外界环境系统保持联系的敏感点，法律与常情常理常识相冲突的疑难案件露出了法律规范的不周延，也展现出了法律解释、法律推理、法律论证的方法论价值。通过法律解释、法律推理、法律论证的法教义学过程，与法律价值、法律精神相契合的常情常理常识作为理解纸上规则的必要社会环境被"教义学化"的融入了法律规范系统。

（三）初阶与二阶：基于发现的法律解释

为了论证司法直觉的正当性，需要找寻可资适用的法律。法律与常情常理常识相冲突的案件在找法的过程中，往往需要把影响裁判的常情常理常识"转码"为法律规范的自我描述，这种法律的自我描述一般是通过法律解释来实现的。法律解释不是对纸上规则的被动说明，而是一种构建性创造，通过法律解释可以实现常情常理常识对法律的"续造"。法律解释往往是倒"果"为"因"的思维，"果"在客观上指引了法律解释方法的选择，目标与手段实现了互动。在各种法律解释方法中，常情常理常识融入法律一般是通过目的解释、合宪性解释、社会学解释完成的。在法律与常情常理常识相冲突的案件中，通过目的解释、合宪性解释的"初阶解释"与社会学解释的"二阶解释"，可有效实现常情常理常识与法律的融合，实现法的安定性与正当性均衡。

目的解释与合宪性解释可以作为"初阶解释"实现常情常理常

---

[1] 参见侯学勇："融贯论在法律论证中的作用"，载《华东政法大学学报》2008年第4期。

识融入司法的教义学化。在常情常理常识融入司法的路径中，目的解释是适用最广、最具经典的解释方法。目的解释与正当性相联，具有极强的可接受性。事实上，只有在法律目的的指引下认识法律规则，才能达致规则的真实内涵。目的解释所探求的"目的"一定是常情常理常识化的。司法者对法律目的的认识是主客观的统一，它离不开司法者的法律思维、法律逻辑、法律经验，也离不开司法者对常情常理常识等生活经验的认知。目的解释能够把常情常理常识"转码"为法律规范的自我描述，实现常情常理常识运用的教义学化。合宪性解释可以作为常情常理常识融入司法的兜底方法。合宪性解释的视野是宪法精神，是整个法体系，这决定了合宪性解释在具有合法性基因的基础上还具有较强的包容性，决定了合宪性解释在疑难案件中的独特价值，也决定了合宪性解释在常情常理常识融入司法方面的广阔运行空间。转型中国，法律与常情常理常识相冲突的疑难案件的类别与形态多样，在目的解释无能为力的时候或者需要对目的解释进行补强的时候，合宪性解释可以成为疑难案件的兜底性解释方法。

社会学解释可以作为常情常理常识融入法律的"二阶解释"。社会学解释是一种着重于社会效果预测与衡量的阐释方法。桑本谦教授说，"法律解释，从其根源上看，不是一个解释学问题，而是一个社会学问题。"[1]社会学解释的正当性在于，法律是社会产品，必须考量社会效果与社会适应性。但是社会学解释的法律基因是不稳定的，单一的社会学解释很难保证法律逻辑。司法如果允许社会学解释的随意出入，法律就蜕变成一个虚假的外壳，各种社会因素会通过社会学解释找到入口，法律就丧失了独立性与安定性。在法律与常情常理常识相冲突的案件中，如果直接用社会学解释来

---

〔1〕 桑本谦："法律解释的困境"，载《法学研究》2004年第5期。

论证裁判结论，就等于常情常理常识堂而皇之的成为裁判依据，就意味着"法律规范隐退"。[1] 这是社会学解释适用的巨大风险，也是影响社会学解释广泛适用的阻却事由。但是，如果把社会学解释仅仅作为一种选择方法、作为"二阶解释"存在，社会学解释就既能展现它的活力，又能保证它的法律性。在法律与常情常理常识相冲突的疑难案件中，司法裁判的疑难主要在于释法争议，在于论证何种解释能够产生更好的裁判结论，社会学解释可以也应该在这一意义上使用。事实上，面对法律与常情常理常识相冲突的疑难案件，法律思维无法回避"社会学解释"，"在解释发生分歧时，有必要将背景知识推到前台，在更大视域中找寻不同意见的分歧根源，进而在发生分歧的那一层面重新获取共识。"[2] 社会学解释事实上承担的是"解释的解释"，使解释结论指向唯一的功能。通过初阶解释与二阶解释的共同作用，法律与常情常理常识相冲突的疑难案件完成了常情常理常识"编码转化"为法律理由的过程，合法性糅合了合理性，在"法律效果"中实现了"社会效果"。

（四）内部与外部：基于解释的法律论证

在法律与常情常理常识相冲突的案件中，裁判论证需要满足两个条件：一是逻辑的有效性，法律结论从法律规定演绎而来，保证是一个法律的结论，即实现形式正义；二是结论的可接受性，法律结论与社会价值观相融洽，得到人们的基本认可，即实现实质正义。现代法治致力于法律的效力性与正当性的同时兑现。因此，法律论证如何既实现法律内部的自洽性又实现法律外部的合理性，既

---

〔1〕 参见陈金钊："法律人思维中的规范隐退"，《中国法学》2012 年第 1 期。

〔2〕 Ronald Dworkin, *Law's Empire*, Fontana Press, 1986, p. 245. 参见钱一栋："规则至上与后果主义的价值理由及其局限——从法教义学与社科法学之争看当代中国司法哲学"，载《甘肃政法学院学报》2018 年第 4 期。

保证裁判的确定性又保证裁判的正当性，是司法者需要思考的问题。[1] 整体而言，法律论证沿着内部证成与外部证成两个维度，形成法律理由与正当理由的组合论证，以开放的认知视野聚焦法律规则，以封闭的运作方式续造着法律规则。常情常理常识是司法者进行外部证成的资源之一，外部证成是一种实质性论证，其论证逻辑往往蕴含着常情常理常识的运用。当然，外部证成必将引入内部证成的主干道，实现形式正义。

首先，常情常理常识通过外部证成进入法律论证。在法律与常情常理常识相冲突的案件中，事实的认定或法律的适用往往存在着竞争性事项，法律论证的重心是外部证成。外部证成既需要法律理由又需要实质理由，既涉及逻辑理性又涉及实践理性，既是法律的但又常常超出法律。外部证成是法律体系向常情常理常识开放的通道，常情常理常识通过外部证成的栈道，型构着大小前提，作为裁判理由的理由进入法律论证体系。法律理由中的目的解释、合宪性解释事实上已不是法律文本的字面解释了，而是合理的、可接受的实质内容的解释，它经过了常情常理常识的筛查，容纳了常情常理常识的说理。司法实践中，常情常理常识在裁判文书中的说理方式有肯定式、否定式与描述式等表达方式，如"符合人之常情""符合常理"属于肯定式表达方式，"有悖常理""不符合常理"属于否定式表达方式，"根据常理分析……"属于描述式表达方式。[2]通过外部证成，常情常理常识型构着大小前提，进入了法律论证体系。

其次，外部证成需要归依于内部证成。一个合理判决的证成力

---

〔1〕 参见［德］哈贝马斯：《在事实与规范之间：关于法律和民主法治国的商谈理论》，童世骏译，生活·读书·新知三联书店 2014 年版，第 246 页。

〔2〕 参见谢进杰、邓慧筠："刑事裁判说理中的'常理'"，载《中山大学学报（社会科学版）》2019 年第 3 期。

来自两大力量，一是适用于案件的法律规则形式上的力量；二是呈现于或蕴含于法律规则的实质理由的力量。外部证成因为涉足了法律的外在环境，环境中的各个因素都可能被涉及，就会出现司法者不经意间以个人的道德判断或其他什么判断取代了公共的法律判断的可能。[1]常情常理常识化就存在着取代法律化的风险，因此，在对法律"认知开放"的基础上，必须经得起法律"封闭运作"的考验，必须把正当理由支撑下的外部证成汇入到了法律理由支撑下的内部证成的主干道，使逻辑的有效性、结论的可接受性一体实现。事实上，常情常理常识可以经由法律原则或法律解释的栈道渡入法律体系内部。

（五）对话与商谈：基于论证的对话商谈

法律与常情常理常识相冲突的疑难案件，裁判的客观性只能是一种较弱意义上的"客观性"，即由"合理恰当"理由所支撑的可接受性。其裁判核心在于权衡，论证重心而在于论证裁判结论是我们可认识的最佳决策，而不在于结论的唯一正确。这种最佳决策的认识不应是个人的，而应是一种理性对话的产物。面对复杂问题，讨论是充分运用有限理性，集中有限信息，做出最佳判断的有效方法。[2]为了保证法律与常情常理常识相冲突的疑难案件结论的可欲性，案件的裁判应当努力将利益衡量与后果权衡置于广泛的、稳定的共识之上，通过司法商谈促进共识达成。

面对法律与常情常理常识相冲突的疑难案件，在法庭内应构建一种充分竞争、博弈与妥协的对话与商谈机制。以商谈主体的视域融合取代单个主体的封闭冥思，以商谈的可逆转性取代结论的不可

---

〔1〕　See Aleksander Peczenik, "Jumps and Logic in the Law: What Can One Expect from Logical Models of Legal Argumentation?" *Artificial Intelligence and Law 4*, 1996, p. 325. 参见侯学勇："融贯论在法律论证中的作用"，载《华东政法大学学报》2008年第4期。

〔2〕　参见［美］詹姆斯·费伦：《作为讨论的协商》，载陈家刚编：《协商民主》，上海三联书店2004年版，第7页。

逆转性，以商谈主体的重叠共识取代单个主体的结论专断，以开放的商谈论证取代赫拉克勒斯式的独白论证。司法的独立与独断是建立在程序开放基础之上的，当事人、证人、鉴定人等案件参与人可以通过法律程序中表达权，把自己对常情常理常识的理解带入司法，促使司法者的常识考量。商谈机制应该扩大法律论证对常情常理常识的开放程度。在商谈的内容上，应建立常情常理常识论证的回应制度。如果一方当事人提出了常情常理常识方面的论证，另一方当事人要做出抗辩，裁判文书也要做出回应；面对法律与常情常理常识的冲突，裁判文书要对选择或融合做出论证。在回应与论证的方式上，应采取具体描述式表达方式，不能简单的以"不予采纳""不符合常理"这种笼统式表达方式给予回应与论证。在商谈的形式上，可以充分利用人民陪审员制度、审判委员会制度等体制设计为妥洽的共识性方案的获得提供助力。当然，这些制度还需要完善，需要在现有制度设计下做到真正意义的"实质商谈"。

　　除了司法场域内各主体的商谈外，还有一类不容忽视的商谈主体——社会公众。法律与常情常理常识相冲突的疑难案件，其裁判不应仅仅是法官或法院自我编程的过程，它应是"公共性再生产的过程"。[1] 民主社会的法律，从根源上讲，就是社会公共理性的产物，法律需要契合社会生活的实际情感与现实需求。卡多佐曾论述道，法官要把握时代的哲学、信念与追求，并努力将其客观化并进入法律。[2] 在司法为法律与常情常理常识相冲突的疑难案件寻找紧急出口时，如果认为有必要，可以启动公共商谈机制，吸纳社会公众讨论中的有效信息与思路，并将其导入正常的司法程序加以确

---

　　〔1〕 参见吴英姿："司法的公共理性：超越政治理性与技艺理性"，载《中国法学》2013 年第 3 期。

　　〔2〕 参见 ［美］本杰明·卡多佐：《司法过程的性质》，苏力译，商务印书馆 1997 年版，第 54 页。

认，使判决建立在常情常理常识之上。"一人之智，不如众人之愚；一目之察，不如众目之明。"司法审判应从实质上了解大众民意，"通达民情，反映民意，凝聚民智"应落到实处。司法与公众实质商谈的过程实际上是各种不同意见沟通、交流与竞争的过程，也是大众价值观念与专业技术理性的碰撞、承认与融合的过程。当然，常情常理常识不等于一般意义上的民意，公共商谈不等于民意决定裁判。民意是常情常理常识的载体，但也具有即时、随意、自由的特征，公众往往缺乏系统的信息、深度的思考、理性的分析与坚定的判断，经常依靠着并不周全的信息，裹挟着未经审慎的情绪化。但是通过公共商谈机制，通过循环往复的实质商谈，常情常理常识的惯习性、与案件的关联性能够得到确认，民意中的非理性因素能够得到消解与抑制。互联网时代为公共商谈机制的建立提供了现实可能。当然，这种重要的公民意志的表达需要进行必要规制，要以实名形式、真实身份发表言论，以防止虚拟网络空间带来的随意性。

四、常情常理常识融入裁判的制度支撑

精英意识与大众观念，职业判断与大众理性的对立与撕裂，带来了司法改革的精神困境，我国的司法制度设计也呈现了"问题—解决问题—新问题—再解决问题"的否定之否定往复。我国司法改革的进程及趋势表明，职业化一定是司法的主色和前提，大众化则是对司法职业化的补充和纠偏，在实现职业化的基础上，要为大众化留下适度的制度空间，以便把大众观念与大众理性引入司法，以矫正法律不可避免的偏误。法律与常情常理常识的冲突，代表了精英意识与大众诉求的碰撞，案件的裁判应该努力寻求两者的统一与融合，在法律效果中实现社会效果。这种统一与融合的实现，其根本不在于理论的指引，而在于制度的支撑，只有稳固的制度支撑，法律与常情常理常识的融合才不是一句空话。在我国现有司法体制下，人民陪审员制度的实效化、司法听证制度的规范化可以提供这种制度支撑。

（一）人民陪审员制度实效化

陪审制度是指司法机关在案件审理过程中吸收普通公众参与的制度，其制度核心是司法民主。我国的人民陪审员制度是司法民主、群众路线的制度化表达，是常情常理常识融入司法裁判的首要制度支撑。借助人民陪审员制度，可以防止司法因过度职业化而发生偏离朴素正义的危险。在事实认定上，人民陪审员制度有助于案件事实的准确认定。职业法官由于长期的职业思维会在不同程度上游离于普通人思维，职业思维在认定案件事实方面并非都是有利的，因为职业思维容易按照"一贯理性"的标准而不是普通人的心态来衡量案件事实，会误认为所有社会人都会像法律人一样的合逻辑、合理性。而陪审员则更明了"普通人的混乱和谬误"，对某些案件的事实认定可能更接近客观真实。[1] 在裁判结论上，人民陪审员制度也有助于实质正义与形式正义的沟通。比较而言，职业法官更关注形式正义和程序公正，严格地受法律的束缚，而陪审员更关注实质正义，对结果的追求更灵活，更接近自然正义。"非专业的参与者拥有取自法院当地社会环境的非正式的经验知识，而专业参与者则拥有通过系统的法律教育和专业训练获取的正式的技术性知识。"[2] 人民陪审员可以与职业法官形成互补，实现过程与结果的兼顾。尤其当案件的形式正义与实质正义存在明显冲突时，人民陪审员制度会给司法活动注入社会公众的价值观，现实主义考量会在一定程度上纠正因过分关注形式正义而造成的偏差。[3]

---

〔1〕 参见［美］哈罗德·伯曼编：《美国法律讲话》，陈若桓译，三联书店1988年版，第41页。

〔2〕 ［英］麦高伟、杰弗里·威尔逊：《英国刑事司法程序》，姚永吉等译，法律出版社2003年版，第263页。

〔3〕 参见丁以升："司法的精英化与大众化"，载《现代法学》2004年第2期。

新中国成立以后，仿效前苏联的陪审模式，建立了人民陪审员制度，但是该制度只在 1954 年《宪法》颁布后有过短暂辉煌，其余大多数时期一直处于萎靡状态。直至 20 世纪 90 年代，人民陪审员制度开始复苏，受到国家的高度重视，地位不断被强化，在制度构建方面也逐步完善。[1] 但在实践方面，人民陪审员制度功能的发挥迄今不理想，"陪而不审、审而不议、议而不决"的问题长期存在，被诟病为"徒具政治象征意义的制度装饰。"[2] 法学界一度把产生上述问题的原因归结为人民陪审员的法律素养欠缺，进而提出了提高人民陪审员法律素养的求解路径，这一讨论加剧了人民陪审员的"精英化"。研究显示，普通陪审员在司法实践中的作用十分有限，基本是形式性的，但是专家陪审员的作用发挥则是实质性的，甚至出现与普通陪审员完全相反的现象：专家意见起着决定性作用，法官作为某一领域的外行，往往服从于专家的专业知识与优势话语权。[3] 笔者认为，人民陪审员与专家辅助人员是两回事，人民陪审员制度的设计核心是实现司法民主，而不是获取专业知识，一石两鸟固然是好事，但必须要守住制度初心。"人民陪审

---

〔1〕 2004 年 8 月 28 日第十届全国人民代表大会常务委员会第十一次会议通过了《全国人民代表大会常务委员会关于完善人民陪审员制度的决定》（已于 2018 年 4 月 27 日废止）；2010 年 6 月 29 日，最高人民法院发布《关于进一步加强和推进人民陪审工作的若干意见》。2018 年 4 月 27 日，第十三届全国人大常委会第二次会议通过了《中华人民共和国人民陪审员法》；2019 年 4 月 24 日，最高人民法院公布了关于适用《中华人民共和国人民陪审员法》若干问题的解释；2020 年 8 月 11 日最高人民法院、司法部印发了《〈中华人民共和国人民陪审员法〉实施中若干问题的答复》。《人民陪审员法》确立了"以随机抽选制为主"的选任模式，突出强化了陪审员来源的人民性、代表性和广泛性。

〔2〕 参见王翔："'去精英化'抑或'再精英化'——'压力分摊'下人民陪审员选任的实践逻辑"，载《社会学研究》2022 年第 6 期。See He，Xin，"Double Whammy：Lay Assessors as Lackeys in Chinese Courts"，*Law&SocietyReview*，Vol. 3，2016.

〔3〕 参见刘晴辉："关于专家在民事诉讼中地位的思考——以专家陪审模式为视角"，载《社会科学研究》2009 年第 1 期。

员"，顾名思义，强调司法的人民性，其制度核心是实现司法民主。[1] 制度实效的衡量标准应该是司法审判能否"更集中地通达民情，反映民意，凝聚民智"。[2] 如果案件审理需要某一方面的专业知识，可以通过专家咨询制度来实现。[3] 为了充分实现司法民主，人民陪审员制度应该体现出"大众"色彩，而不是"精英"色彩，对陪审员的任职资格不做过高要求，职业不做过多限制，以使尽可能多的普通公民有资格参与司法审判。这也是国际社会的通行做法，比如在文化程度方面，日本的陪审员仅要求完成初中教育，[4] 法国的参审员要求可用法语读写即可，[5] 美国的陪审团成员仅要求能用英语完成陪审任务即可，[6] 我国香港地区的陪审团成员仅要求"对在有关的法律程序进行时将予采用的语言所具有的知识，足以令他明白该等法律程序"。[7]

2018 年我国制定了《中华人民共和国人民陪审员法》，该法的立法指导思想与立法倾向均指向了人民陪审员的"大众化"与

---

〔1〕 最高人民法院《关于进一步加强和推进人民陪审工作的若干意见》指出：实行人民陪审员制度，是人民群众在司法领域依法参与管理国家事务的一种重要的、直接的形式，是健全社会主义民主政治制度的重要内容，是我国社会主义司法民主的重要体现，也是我党的群众路线在人民司法工作中的具体体现。

〔2〕《最高人民法院关于进一步加强和推进人民陪审工作的若干意见》指出：充分发挥广大人民陪审员在司法审判领域中联系群众、熟悉群众、代表群众等方面所具有的独特优势，让普通公民协助司法、见证司法、掌握司法，充分体现司法的民主功能，可以更集中地通达民情，反映民意，凝聚民智，在更大程度上实现人民民主。

〔3〕 现代社会，涉及特殊领域专业知识的案件越来越多，往往需要求助于专业人员的帮助。如英美法系国家的专家证人方式，大陆法系国家的专家鉴定人方式。

〔4〕 参见［美］英格拉姆·韦伯："日本新陪审制——在保留大陆法系司法传统的框架内赋权公众"，屈文生、李润编译，载《江西社会科学》2011 年第 8 期。

〔5〕 参见施鹏鹏："法国参审制：历史、制度与特色"，载《东方法学》2011 年第 2 期。

〔6〕 See Juror Qualification, Exemptions and Excuses, 载 http：//www. uscourts. gov/FederalCourts/JuryService/JurorQualificaitons. as-px，最后访问日期：2017 年 3 月 10 日。

〔7〕 参见《香港陪审团条例》第 4 条。

"平民化"，也为常情常理常识融入司法裁判提供了制度路径。整体而言，《人民陪审员法》相较于此前的《全国人民代表大会关于完善人民陪审员制度的决定》，有三方面的显著变化：其一，提高了陪审员选任年龄，从 22 岁提高到了 28 岁，强调了对生活阅历，社会经验的重视，意图让更多了解社情民意的公民选任人民陪审员。其二，降低了对学历的要求，从大专下降到了高中，强调了对平民性、大众性的重视，意图让更大范围的公民有机会加入到陪审员队伍。其三，改变了选任方式，由"组织推荐"变成了"随机抽选"为主，目的是改变人民陪审员由行业精英构成的现状，吸收普通公众，兼顾社会各阶层，进一步拓宽公众参审的广泛性和代表性。[1]这"一升一降一随机"突出体现了我国陪审员制度从"精英化"向"大众化"的转向，也突出体现了常情常理常识等社会规范进入司法实践的可能。虽然《人民陪审员法》合理定位了人民陪审员的职能，通过"一升一降一随机"的制度调整，致力于实现陪审员结构的"去精英化"，让更广泛的普通公众享有成为陪审员的机会，但是，有研究表明，《人民陪审员法》实施以后，在实效上依然没有实现"大众化"的制度目标，实践逻辑与理论逻辑，实践样态与制度设计之间还存在着偏差。该研究发现，截至 2022 年 1 月，全国共有人民陪审员 31.6112 万人，平均年龄 45.2 岁；高中、大专、本科学历占 84.7%；来自党政机关（含基层干部、社区工作者）与事业单位的占 62%。学历、职位地位、综合素质较高的人依旧在陪审员队伍中占据相当的比重。[2]笔者也做了相关调研，调研结

---

〔1〕　随机抽选制能够保证普通公民入选陪审员的机会均等，从而回归人民陪审员制度大众化初心。参见"司法部有关负责人就《人民陪审员选任办法》答记者问"，中国政府网，载 http://www.gov.cn/zhengce/2018-08/27/content_5316794.Htm。最后访问时间：2019 年 10 月 12 日。

〔2〕　参见王翔："'去精英化'抑或'再精英化'——'压力分摊'下人民陪审员选任的实践逻辑"，载《社会学研究》2022 年第 6 期。

论与上述结论基本相似：人民陪审员"大众化"与"平民化"的制度设计目标在实践中还未完全实现，制度化的转向还需在实践中得到有效回应，需要多种具体制度的支撑。实际效果与原初目标存在偏差的原因是多方面的，其中一个重要原因就是人们对人民陪审员制度的定位还不够清晰，导致制度运行偏离了制度初心。新中国成立之初，司法被定性为"人民"司法，[1]奠定了平民化、大众化的司法格局。在这种司法格局下，陪审制度的实质价值并不明显，因为法官的是非观、价值观与普通公众差别不大，谈不上"职业理性"与"职业偏见"。但是，新世纪之交的司法改革开启了法律职业化之路，在法律职业化程度越来越高的今天，陪审制度的价值日益凸显，让陪审制度富有实效显得尤为紧迫。

如何让陪审制度富有实效？比较而言，在陪审团制度下，陪审的作用是稳定的，因为其垄断了对案件事实的认定权，而在参审制下，陪审的作用则是不稳定的，富有弹性。在参审制下，陪审员可以发挥与法官一样的作用，与职业法官一起既就案件事实又对法律适用作出认定与裁决，在这个意义上，参审制下陪审员发挥的作用比陪审团更大。但是，陪审员作为司法体制外人员，作为法律外行，其在审判体系里的地位与作用很容易被忽视，"陪而不审，审而不议，议而不决"的情况极易出现。如果出现这种情况，陪审就变成了陪衬，陪审制度就流于了形式，在这个意义上，参审制下陪审员发挥的作用可能远没有陪审团大。整体而言，我国的人民陪审员制度属于参审制，陪审员同法官一样，享有认定事实与适用法律的权力。但是，人民陪审员发挥作用的大小有赖于文化环境对陪审员制度的重视程度，制度环境对陪审员的定位保障以及陪审员的自

---

〔1〕 参见许德珩："关于《中华人民共和国人民法院暂行组织条例》的说明"，载《人民日报》1951年9月5日。参见丁以升："司法的精英化与大众化"，载《现代法学》2004年第2期。

我认知。《中华人民共和国人民陪审员法》为陪审制度实效化提供了制度框架与制度保障，也有调研表明，我国公众参与司法的意识非常强烈，全国有超七成的受访者表示"如果有当人民陪审员的机会，自己非常愿意或愿意参与法庭审判。"[1] 我们需要做的可能还有两点：一是进一步明确人民陪审员制度实现司法民主的初心，明确人民陪审员的优势不在于法律知识，也不在于其他专业知识，而在于它的社会性、广泛性。二是细化人民陪审员的具体制度，让人民陪审员真正代表人民，真正参与司法，让人民陪审员制度取得实效。只要人民陪审员制度取得实效，常情常理常识的运用就有了制度保障，也有了实践逻辑。人民陪审员可以发挥在大众思维、朴素理性等方面的优势，使公众的意志在司法审判中得到实质性体现，这是常情常理常识运用的最经济、最畅通的路径。

（二）司法听证制度规范化

听证，源于普通法法系的"自然公正原则"，指听取利害关系人意见的程序，后来逐步发展为听证制度。听证制度在 20 世纪 90 年代引入我国，已经成为我国依法治国，实现民主决策的重要制度。与立法听证、行政听证相比，我国司法听证制度的起步较晚，仍处在探索阶段。司法听证是指在诉讼程序中，司法机关为获取或证实某一事实问题或法律问题的意见，而听取各当事人或相关人陈述的程序及制度。[2] 司法听证的核心精神是听取当事人的意见，但在宽泛意义上，听证也包括听取其他相关人的意见，广义的司法听证是听证理念在司法领域的纵深。[3] 由于听取当事人意见的听

---

[1]　参见郑飞："司法文化的社会化与大众化——基于 9 省市实证调研与数据挖掘的分析"，载《证据科学》2015 年第 2 期。

[2]　参见张弘、魏磊："论司法听证的建构——以刑事诉讼为视角"，载《中国刑事法杂志》2004 年第 2 期。

[3]　参见张昌辉："司法听证：群众参与价值及其运作"，载《政法学刊》2017 年第 4 期。

证精神已经融入现代审判程序，单独研究的价值并不大，而广义的司法听证则是公众参与司法的新渠道，对推进司法民主具有显著价值，本章所说的司法听证是包括社会公众参与的广义听证。党的十八届四中全会通过的《中共中央关于全面推进依法治国若干重大问题的决定》明确规定，"在司法调解、司法听证、涉诉信访等司法活动中保障人民群众参与。"这表明，国家层面已经将司法听证确立为保障公众有效参与司法的重要机制，为我国司法听证制度向纵深发展提供了契机与动力。

法律与常情常理常识相冲突的案件，因案件的裁判富有争议或具有影响性，容易引发社会关注并汇聚成公共舆论，在必要的情形下，司法机关可以就特定案件或特定问题组织司法听证会。这种情形下的司法听证会，要允许更多的主体参与听证，让更多的意见得到表达，有对话有协商，有制衡监督有智慧碰撞，使案件的解决不再是司法机关单方面、封闭式的运作活动，而是包含了各方意见与博弈的对话商谈。一个规范化的司法听证机制，能够成为公众参与司法的新渠道，能够将大众视野、公共见解引入司法。来自社会各方的听证员，客观上承担着民意代表的角色，以其大众理性和常情常理常识判断，对司法机关的职业理性形成弥合与矫正。简言之，司法听证机制能够将法意与民意有机地结合起来，使法律与常情常理常识相冲突案件的裁决获得更多的理性，获得更多的理解与支持，也为类似案件的裁判提供参照。

一个规范化的司法听证机制应当具有向公众保持开放的特质。一般情况下，司法听证的参与人除了案件当事人、利害关系人外，还应包括来自社会层面的人民听证员。司法听证事实上是提供一个公众意见表达的平台，为各种观点、看法搭建一个理性沟通的机会。笔者认为，法律与常情常理常识相冲突案件的司法听证应该将更多的主体引入司法听证，为司法民主作用的发挥提供可能。作为民意代表的人民听证员需要建立在广泛性和代表性基础之上，范围越广泛，代表性越强，发挥民意代言的作用越显著，民意表达在听证过程与结果上的表现越充分。可以聘请对争议案件或争议问题有专业研究的专家、学者，对社会问题有宏观把握的人大代表与政协委员，对现实生活有最真挚感悟的普通公众等各方面人员参与听证会。较广泛的来源与较多样的知识，可以在法律空缺或不周延地带实现法理解读与情理考量的互动，促成民意商谈。[1] 与人民陪审员不同，人民听证员的选择可以带有一定的专业、职业、行业倾向性，选聘部分对所涉问题有专业特长或独到见解的人员参与，实现民主性与专业性的兼顾。比如，面对法律与常情常理常识相冲突的婚姻家庭类案件，可以聘请妇联、街道、社区等对本领域较熟悉的工作人员作为听证员。

法律与常情常理常识相冲突案件的司法听证就是一个民意商谈机制，可以分为两个阶段：第一阶段，当事双方提出各自的主张观点，并在此基础上展开质证与辩论；第二阶段，听证员们进行评议与表决，提出自己的意见与倾向。[2] 来源广泛的听证员决定了观点的多样性，评议可以是独立表达，可以是观点互动，但最终要由分歧走向妥协。人民听证员的评价思维、评价依据及评价意见无疑是带有常情常理常识化的，来自社会各界的人民听证员可以将不同的思维视角带入评议，为评议结果提供公共理性。这种公共理性对于法律职业理性而言，是一种重要的补充资源和平衡力量，避免了单一的职业理性的局限性，能够有效避免因为立法失误或程序僵化而造成个案不正义。通过质证辩论、评议表决两阶段的对话与商

---

〔1〕　参见张昌辉："司法听证：群众参与价值及其运作"，载《政法学刊》2017年第4期。

〔2〕　参见张昌辉："司法听证：群众参与价值及其运作"，载《政法学刊》2017年第4期。

谈，当事人与社会各方的意见会得到充分的表达与回应，待解决案件或问题也会逐步形成共识。法律与常情常理常识相冲突案件的司法裁判，会因为理性商谈的司法听证而获得更大程度的理性共识，更大程度的可接受性和司法公信力。

公信力是司法的生命线，是司法权必备的基础要素。相关研究表明，我国司法公信力的提升并未与司法进步的速度同步，"部分群众对司法的不信任感正在逐步泛化成普遍社会心理。"[1] 此问题也成为我国近些年司法体制改革的着力点。司法公信力不足的原因是多方面的，解决路径也需要多措并举，但其中一个重要路径就是司法民主，不断扩展公众参与司法的渠道，提高公众参与司法的程度。规范化的司法听证可以成为扩展公众参与司法的新渠道。一方面，它有助于职业理性与大众理性的结合，实现法律效果与社会效果的统一，可以通过提高裁判结果的可接受性来提高司法公信力。另一方面，它有助于提高司法的参与度与透明度，公众通过参与司法的亲身体验，能够对法律、对司法有更深刻、更理性的认识，进而增强对司法活动的支持度与信任度。当然，司法听证机制的建立与运行会面临成本、效率等因素的制约，整体而言，司法听证是可选项不是必选项，其运用不宜宽泛，对它的定位也只是对现行诉讼程序的补强。

---

[1] 参见万鄂湘：《现代司法理念与审判方式改革》，人民法院出版社 2004 年版，第 332 页。

结语：无法终结的话题

　　"法"的问题十分复杂又似乎简单，静态与动态、主观与客观、规则作用与人的作用、确定性与不确定性都是相对的。"绝对的静止意味着法律制度的死亡，过度的运动则预示着法律准绳的丧失"。[1] 司法不能固守规则而扼杀社会活力，也不能对社会需求提供橡皮章式的认可。法不是规则本身，也不是社会本身，我们不得不去思考它的样子。经过时代的淘洗，法律现实主义与形式主义都褪去了极端的面貌。法律形式主义并不否认法律规则的缺陷，在规则模糊、存在漏洞时也不会无所作为。而法律现实主义同样具有审慎品格，注重安定性与正当性的双赢。两者均试图在"形式"与"实质"、"合法"与"合理"之间找寻均衡点。但两者的区别依然是根本性的：一个强调法律规则，一个强调法律目的；一个注重体系内的构建，一个注重体系外的批判；一个致力于从内向外突破，一个致力于从外向内渗透；一个关注形式正义，一个关注实质正义。形式主义裁判范式以规则为核心，规则是思维的起点，社会因素的引入是隐蔽的；而现实主义裁判范式则以法律目的为核心，社会效果是思维的起点，社会因素的引

---

〔1〕 陈浩然："'法现实主义'思想与证据制度的变革"，载《政治与法律》2003年第6期。

入是坦诚的。

学术研究存在一种思维惯性，容易撇开对概念、功能等基本问题的探究，就"主义"谈主义。于是就有了类似"不管法律形式主义的内涵是什么，反正它是不好的东西"的认知氛围。法律现实主义的处境更是如此，我国学界对它的深度探究较少而否定批判颇多，它未经绽放就已经凋谢。虽然我们事实上"都成了现实主义者"，但却都自觉地逃避现实主义的标签。许多时候，我们反对的现实主义并不是现实主义本身，而是"穿着形式主义外衣的现实主义"甚或是"行政化的司法""任性与恣意的司法"。[1] 现实主义裁判范式与它们虽有亲缘，但绝不能混为一谈。笔者的目的极其简单，只是试图通过对法律现实主义思想的梳理与检视，阐明"法律现实主义并不很糟"；只阐明疑难案件单纯从法律规则出发的思维与论证是徒劳的，疑难案件的裁判必然涉及利益权衡与后果考量，必然投入现实主义的怀抱，这并不意味着裁判失去了法律性与确定性，"法治"就变成了"法官之治"，宪法原则应该起到它应有的作用。当然，现实主义裁判范式永远不能取代形式主义裁判范式，它只是增加了法治的分量，提供了更为真实、更为完整的司法图景。两者在理论与实践中的争论将持续上演，我们将时时面临是形式主义还是现实主义的迷茫。此外，疑难案件的现实主义裁判范式是一个复杂体系，它几乎是法理学的完整实践场景，是一片荆棘丛，我们也将面临诸多形而下的困惑。虽然荆棘满地，但前路定然光明。

---

[1] 我国主流的学术观点还是较为青睐法律形式主义，希望通过法律形式主义，塑造规则意识，克服实践中存在的司法权滥用，权力干预司法、民意干预司法等顽疾，认为法律现实主义正是滋生这类顽疾的温床。笔者认为，我国司法实践中存在的司法权滥用、司法权受到不当干预等问题与法律形式主义或现实主义并无必然联系，法律形式主义不能避免也不能解决这些顽疾，法律现实主义亦不是此类问题的必然温床，甚至还会有所作为（笔者第六章第二部分）。

参考文献

一、中文著作

1. 张乃根：《西方法哲学史纲》，中国政法大学出版社2002年版。

2. 张文显：《二十世纪西方法哲学思潮研究》，法律出版社1996年版。

3. 吕世伦主编：《现代西方法学流派（上、下卷）》，中国大百科全书出版社2000年版。

4. 沈宗灵：《现代西方法理学》，北京大学出版社1992年版。

5. 何勤华、严存生编著：《西方法理学史》，清华大学出版社2008年版。

6. 刘星：《西方法律思想：传说与学说》，广西师范大学出版社2019年版。

7. 朱景文主编：《当代西方后现代法学》，法律出版社2002年版。

8. 苏力：《法治及其本土资源》，中国政法大学出版社1996年版。

9. 舒国滢：《法哲学沉思录》，北京大学出版社2010年版。

10. 梁慧星：《民法解释学》，法律出版社1995年版。

11. 张志铭:《法律解释学》,中国人民大学出版社 2015 年版。

12. 齐延平:《自由大宪章研究》,中国政法大学出版社 2007 年版。

13. 周汉华:《现实主义法律运动与中国法制改革》,山东人民出版社 2002 年版。

14. 苗金春:《语境与工具——解读实用主义法学的进路》,山东人民出版社 2004 年版。

15. 付池斌:《现实主义法学》,法律出版社 2005 年版。

16. 孙新强:《法典的理性——美国〈统一商法典〉法理思想研究》,山东人民出版社 2006 年版。

17. 张芝梅:《美国的法律实用主义》,法律出版社 2008 年版。

18. 王田田:《斯堪的纳维亚现实主义法学研究》,中国社会科学出版社 2015 年版。

19. 涂纪亮:《从古典实用主义到新实用主义——实用主义基本观念的演变》,人民出版社 2006 年版。

20. 于晓艺:《最忠诚的反叛者:弗兰克法律现实主义思想研究》,中央编译出版社 2014 年版。

21. [法] 高宣扬:《实用主义和语用论》,上海交通大学出版社 2017 年版。

22. 焦海博:《法律信仰的神话:美国工具主义法律观研究》,清华大学出版社 2017 年版。

23. 周国兴:《情景感与确定性:卢埃林的法哲学》,中国法制出版社 2018 年版。

24. 徐梦醒:《法律论证规则研究》,中国政法大学出版社 2017 年版。

25. 李亚东:《法律解释规则研究》,中国社会科学出版社 2019 年版。

26. 苏力：《也许正在发生：转型中国的法学》，法律出版社2004 年版。

27. 江国华：《常识与理性——走向实践主义的司法哲学》，生活·读书·新知三联书店 2017 年版。

二、中文论文

1. 范愉："新法律现实主义的勃兴与当代中国法学反思"，载《中国法学》2006 年第 4 期。

2. 邓矜婷："新法律现实主义的最新发展与启示"，载《法学家》2014 年第 4 期。

3. 孙新强："论普通法的'宏大风格'"，载《法制与社会发展》2007 年第 1 期。

4. 孙新强："卢埃林现实主义法理学思想"，载《法制与社会发展》2009 年第 4 期。

5. 陆宇峰："美国法律现实主义：内容、兴衰及其影响"，载《清华法学》2010 年第 6 期。

6. 陆宇峰："'事实怀疑论'的浅薄与深刻——弗兰克法律现实主义再解读"，载《江汉论坛》2014 年第 10 期。

7. 陆宇峰："'规则怀疑论'究竟怀疑什么？——法律神话揭秘者的秘密"，载《华东政法大学学报》2014 年第 6 期。

8. 孙启东、范进学："弗兰克法律现实主义观述论"，载《山东社会科学》2007 年第 3 期。

9. 曹祐："论法律的确定性与不确定性"，载《法律科学（西北政法大学学报）》2004 年第 3 期。

10. 龚睿："主观与客观的互动：如何认定案件事实"，载《云南大学学报（法学版）》2005 年第 2 期。

11. 柯岚："法律方法中的形式主义与反形式主义"，载《法律科学（西北政法学院学报）》2007 年第 2 期。

12. 陈平:"美国现实主义法学评析",载《遵义师范学院学报》2002 年第 4 期。

13. 刘剑:"'规则怀疑论'者的规则观——评卡尔·卢埃林的《荆棘丛》",载《社会科学论坛》2006 年第 2 期。

14. 刘剑:"可估量性:经由传统而实现的'神话'——评卡尔·卢埃林的《普通法传统》",载《河北法学》2007 年第 1 期。

15. 张娟:"卢埃林关于法学研究的思想",载《中南大学学报(社会科学版)》2010 年第 5 期。

16. 张娟:"什么是法律现实主义——庞德、卢埃林、弗兰克之争",载《西南政法大学学报》2010 年第 5 期。

17. 于晓艺:"弗兰克现实主义的司法观",载《中国海洋大学学报(社会科学版)》2011 年第 6 期。

18. 于晓艺:"弗兰克命题之证伪",载《中国海洋大学学报(社会科学版)》2012 年第 5 期。

19. 秦策:"霍姆斯法官'经验'概念的方法论解读",载《法律适用》2006 年第 11 期。

20. 张芝梅:"法律中的逻辑与经验——对霍姆斯的一个命题的解读",载《福建师范大学学报(哲学社会科学版)》2004 年第 1 期。

21. 李忠夏:"宪法教义学反思:一个社会系统理论的视角",载《法学研究》2015 年第 6 期。

22. 孙海波:"通过裁判后果论证裁判——法律推理新论",载《法律科学(西北政法大学学报)》2015 年第 3 期。

23. 孙海波:"疑难案件否定法治吗——依法裁判立场之重申",载《政治与法律》2017 年第 5 期。

24. 孙海波:"疑难案件裁判的中国特点:经验与实证",载《东方法学》2017 年第 4 期。

25. 任彦君："刑事疑难案件中结果导向思维的运用"，载《法学评论》2012 年第 2 期。

26. 陈坤："疑难案件、司法判决与实质权衡"，载《法律科学（西北政法大学学报）》2012 年第 1 期。

27. 李忠夏："功能取向的法教义学：传统与反思"，载《环球法律评论》2020 年第 5 期。

28. 曹晟旻："德沃金对疑难案件问题的探讨及其学理争论——一种知识考古学的分析视角"，载《行政与法》2015 年第 7 期。

29. 王春雷："司法中直觉的影响及其偏差规制"，载《延安大学学报（社会科学版）》2014 年第 5 期。

30. 李安："新老法律现实主义司法直觉的嬗变"，载《杭州师范大学学报（社会科学版）》2014 年第 5 期。

31. 苏晓宏、刘新慧："法律职业视域下司法直觉探究"，载《学术探索》2017 年第 6 期。

32. 张顺："直觉主义法律发现模式及其偏差控制"，载《苏州大学学报》2017 年第 2 期。

33. 齐延平："论西塞罗理性主义自然法思想"，载《法学论坛》2005 年第 1 期。

34. 齐延平："法律解释：法律生命化与法官职业化过程"，载《山东社会科学》2003 年第 1 期。

35. 桑本谦："法律解释的困境"，载《法学研究》2004 年第 5 期。

36. 范进学："'法治反对解释'吗?"，载《法制与社会发展》2008 年第 1 期。

37. 王德志、李猛："论宪法解释中的隐含权力理论——基于宪法解释典型案例的研究"，载《山东社会科学》2021 年第 7 期。

38. 邓正来："中国法学向何处去（上）——建构'中国法律

理想图景'时代的论纲"，载《政法论坛》2005 年第 1 期。

39. 陈金钊："法律人思维中的规范隐退"，载《中国法学》2012 年第 1 期。

40. 王德志："论宪法在我国民事案件中的适用——以新闻侵权案例为例"，载《法学论坛》2004 年第 6 期。

41. 黄卉："合宪性解释及其理论检讨"，载《中国法学》2014 年第 1 期。

42. 夏正林："'合宪性解释'理论辨析及其可能前景"，载《中国法学》2017 年第 1 期。

43. 泮伟江："宪法的社会学启蒙——论作为政治系统与法律系统结构耦合的宪法"，载《华东政法大学学报》2019 年第 3 期。

44. 刘召成："法律规范合宪性解释的方法论构造"，载《法学研究》2020 年第 6 期。

45. 时显群："论社会学法律解释方法在司法实践中的运用"，载《贵州社会科学》2017 年第 11 期。

46. 杨知文："社会学解释方法的司法运用及其限度"，载《法商研究》2017 年第 3 期。

47. 周赟："作为提供一种行动理由的立法——立法本质的社会学解释"，载《求索》2019 年第 2 期。

48. 侯学勇："融贯论在法律论证中的作用"，载《华东政法大学学报》2008 年第 4 期。

49. 夏锦文、徐英荣："裁判文书法理依据蓄积深藏之缘由：以民事疑难案件的裁判为分析对象"，载《法学》2012 年第 10 期。

50. 吴英姿："司法的公共理性：超越政治理性与技艺理性"，载《中国法学》2013 年第 3 期。

51. 唐丰鹤："整体性的法律论证——兼论疑难案件法律方法的适用"，载《河北法学》2014 年第 1 期。

52. 杨贝："法律论证的能与不能"，载《华东政法大学学报》2017 年第 2 期。

53. 郑智航："国家建构视角下的中国司法——以国家能力为核心"，载《法律科学（西北政法大学学报）》2018 年第 1 期。

54. 齐延平："论人工智能时代法律场景的变迁"，载《法律科学（西北政法大学学报）》2018 年第 4 期。

55. 冯洁："人工智能对司法裁判理论的挑战：回应及其限度"，载《华东政法大学学报》2018 年第 2 期。

56. 陈景辉："裁判可接受性概念之反省"，载《法学研究》2009 年第 4 期。

57. 苏力："法条主义、民意与难办案件"，载《中外法学》2009 年第 1 期。

58. 冯玉军："法经济学范式研究及其理论阐释"，载《法制与社会发展》2004 年第 1 期。

59. 厉尽国："民间法范式：建构中国主体性法学的理论尝试"，载《求索》2007 第 4 期。

60. 谢立斌："经济法与宪法的交互作用"，载《中国法律评论》2020 年第 2 期

61. 韩大元："论审判独立原则的宪法功能"，载《苏州大学学报（法学版）》2014 年第 1 期。

62. 上官丕亮："论宪法在普通诉讼中适用的正当性"，载《学习与探索》2008 年第 3 期。

63. 梁洪霞："我国法院实施宪法的角色定位及作用方式"，载《江汉大学学报》2017 年第 5 期。

64. 贺卫方、陈忠林："中国法治应该怎样向前走"，载《检察风云》2008 年第 22 期。

65. 郑飞："司法文化的社会化与大众化——基于 9 省市实证调

研与数据挖掘的分析"，载《证据科学》2015 年第 2 期。

66. 张弘、魏磊："论司法听证的建构——以刑事诉讼为视角"，载《中国刑事法杂志》2004 年第 2 期。

67. 王翔："'去精英化'抑或'再精英化'——'压力分摊'下人民陪审员选任的实践逻辑"，载《社会学研究》2022 年第 6 期。

68. 丁以升："司法的精英化与大众化"，载《现代法学》2004 年第 2 期。

69. 许德风："法教义学的应用"，载《中外法学》2013 年第 5 期。

70. 李醒民："知识、常识和科学知识"，载《北方论丛》2008 第 1 期。

71. 刘剑："卡尔·卢埃林法律职能理论研究"，吉林大学 2006 年博士学位论文。

72. 许庆坤："从法律形式主义到法律现实主义"，山东大学 2007 年博士学位论文。

73. 马聪："霍姆斯现实主义法学思想研究"，华东政法学院 2007 年博士学位论文。

74. 柯岚："从'坏人—预测论'到经济分析法学"，中国政法大学 2007 年博士学位论文。

75. 于晓艺："弗兰克法律现实主义思想根本诉求之探究"，吉林大学 2007 年博士学位论文。

76. 张娟："弗兰克与卢埃林法律思想比较研究"，山东大学 2011 年博士学位论文。

三、翻译论著

1. ［美］卡尔·N. 卢埃林：《普通法传统》，陈绪纲、史大晓、仝宗锦译，中国政法大学出版社 2002 年版。

2. ［美］卢埃林：《荆棘丛——关于法律与法学院的经典演讲》，明辉译，北京大学出版社 2017 年版。

3. ［美］杰罗姆·弗兰克：《初审法院——美国司法的神话与现实》，赵承寿译，中国政法大学出版社 2007 年版。

4. ［美］小奥利弗·温德尔·霍姆斯：《普通法》，冉昊、姚中秋译，中国政法大学出版社 2006 年版。

5. ［美］霍姆斯：《法律的生命在于经验——霍姆斯法学文集》，明辉译，清华大学出版社 2007 年版。

6. ［美］斯蒂文·J. 伯顿主编：《法律的道路及其影响——小奥利弗·温德尔·霍姆斯的遗产》，张芝梅、陈绪刚译，北京大学出版社 2005 年版。

7. ［美］罗斯科·庞德：《通过法律的社会控制》，沈宗灵译，商务印书馆 1984 年版。

8. ［美］罗斯科·庞德：《普通法的精神》，唐前宏、廖湘文、高雪原译，法律出版社 2001 年版。

9. ［美］罗斯科·庞德：《法律与道德》，陈林林译，中国政法大学出版社 2003 年版。

10. ［美］约翰·杜威：《确定性的寻求——关于知行关系的研究》，傅统先译，上海人民出版社 2004 年版。

11. ［美］约翰·奇普曼·格雷：《法律的性质与渊源》，马驰译，中国政法大学出版社 2012 年版。

12. ［美］本杰明·卡多佐：《司法过程的性质》，苏力译，商务印书馆 1997 年版。

13. ［美］本杰明·卡多佐：《法律的成长　法律科学的悖论》，董炯、彭冰译，中国法制出版社 2002 年版。

14. ［美］理查德·A. 波斯纳：《超越法律》，苏力译，中国政法大学出版社 2001 年版。

15. ［美］理查德·A. 波斯纳：《法理学问题》，苏力译，中国政法大学出版社 2002 年版。

16. ［美］理查德·波斯纳：《法官如何思考》，苏力译，北京大学出版社 2009 年版。

17. ［美］罗伯特·S. 萨默斯：《美国实用工具主义法学》，柯华庆译，中国法制出版社 2010 年版。

18. ［美］托马斯·格雷：《美国法的形式主义与实用主义》，［美］黄宗智、田雷选编，法律出版社 2014 年版。

19. ［法］孟德斯鸠：《论法的精神》，张雁深译，商务印书馆 1961 年版。

20. ［美］德沃金：《法律帝国》，李常青译，中国大百科全书出版社 1996 年版。

21. ［英］哈特：《法律的概念》，张文显等译，中国大百科全书出版社 1996 年版。

22. ［美］E. 博登海默：《法理学：法律哲学与法律方法》，邓正来译，中国政法大学出版社 1999 年版。

23. ［美］布莱克：《社会学视野中的司法》，郭星华等译，法律出版社 2002 年版。

24. ［美］理查德·罗蒂：《后形而上学希望——新实用主义社会、政治和法律哲学》，黄勇编，张国清译，上海译文出版社 2003 年版。

25. ［美］威廉·詹姆士：《实用主义：某些旧思想方法的新名称》，李步楼译，商务印书馆 2012 年版。

26. ［德］阿图尔·考夫曼：《法律哲学》，刘幸义等译，法律出版社 2011 年版。

27. ［美］伯纳德·施瓦茨：《美国法律史》，王军、洪德、杨静辉译，法律出版社 2007 年版。

28. ［德］卡尔·拉伦茨：《法学方法论》，陈爱娥译，商务印书馆 2003 年版。

29. ［德］哈贝马斯：《在事实与规范之间》，童世骏译，生活·读书·新知三联书店 2003 年版。

30. ［德］阿列克西：《法律论证理论：作为法律证立理论的理性论辩理论》，舒国滢译，中国法制出版社 2002 年版。

31. ［英］尼尔·麦考密克：《法律推理与法律理论》，姜峰译，法律出版社 2005 年版。

32. ［美］朱尔斯·L. 科尔曼：《原则的实践：为法律理论的实用主义方法辩护》丁海俊译，法律出版社 2006 年版。

33. ［美］布赖恩·Z. 塔玛纳哈，《法律工具主义对法治的危害》，陈虎等译，北京大学出版社 2016 年版。

34. ［美］弗里德里克·肖尔：《像法律人那样思考：法律推理新论》，雷磊译，中国法制出版社 2016 年版。

35. ［美］杰罗姆·弗兰克：《法律与现代精神》，刘楠、王竹译，法律出版社 2020 年版。

36. ［英］威廉·特文宁："谈谈美国的现实主义法学"，仁堪译，载《环球法律评论》1987 年第 4 期。

37. ［英］阿兰·亨特："法学的批判——批判法学理论中的'批判'是什么意思？"，吴玉章、邱水平译，载《环球法律评论》1989 年第 6 期。

38. ［法］布迪厄："法律的力量——迈向司法场域的社会学"，强世功译，载《北大法律评论》1999 年第 2 期。

39. ［美］霍姆斯："法律之道即生存之道——霍姆斯《法律之道》问世百年与中译感言"，许章润译，载《环球法律评论》2003 年第 1 期。

40. ［美］斯图尔特·麦考利："新老法律现实主义：'今非昔

比’”，范愉译，载《政法论坛》2006 年第 4 期。

四、外文论著

1. Karl N. Llewellyn, *Jurisprudence: Realism in Theory and Practice*, Chicago: University of Chicago Press, 1962.

2. Jerome Frank, *Law and the Modern Mind*, New York: Tudor Publishing Company, 1936.

3. G. A. Pocock, *The Ancient Constitution and the Feudal Law: A Study of English Historical Thought in the Seventeenth Century*, Cambridge: Cambridge Univ. Press, 1987.

4. Neil Duxbury, *Patterns of American Jurisprudence*, Oxford: Clarendon Press, 1997.

5. Hofstadter, *Richard: Social Darwinism in American Thought*, Boston: Beacon Press, 1959.

6. Mary Beth Norton, *A People and a Nation: A History of the United States*, Boston: Beacon Press, 1982.

7. Brian Leiter, American Legal Realism, *The Blackwell Guide to Philosophy of Law and Legal Theory*, Oxford: Blackwell , 2005.

8. Brian Z. Tamanaha, *Law as a Means to an End: Threat to the Rule of Law*, Cambridge: Cambridge University Press, 2006.

9. Robert Samuel Summers, *Instrumentalism and American Legal Theory*, Ithaca and London: Cornell University Press, 1982.

10. Morton J. Horwitz, *The Transformation of American Law* 1870 – 1960: *The Crisis of Legal Orthodoxy*, New York: Oxford University Press. USA, 1993.

11. W. Fisher III, M. Horwitz, T. Reed (editors), *American Legal Realism*, New York: Oxford University Press. USA, 1993.

12. G. Aichele, *Legal Realism and Twentieth–century American Ju-*

risprudence: the Changing Consensus, New York: Garland Publishing, 1990.

13. Lawrence M. Friedman, *American Law in the 20th Century*, New Haven, Conn: Yale University Press, 2002.

14. Ronald Dworkin, *Law's Empire*, London: Fontana Press, 1986.

15. R. Susskind, *Expert Systems in Law: A Jurisprudential Inquiry*, Oxford: Clarendon press, 1987.

16. Oliver Wendell Holmes, *The Path of the Law*, 10 Harvard Law Review, 1897.

17. Roscoe Pound, *The Scope and Purpose of Sociological Jurisprudence*, 25 Harvard Law Review, 1912.

18. Roscoe Pound, *Justice according to Law*, 13 Columbia Law Review, 1913.

19. Roscoe Pound, *Administrative Application of Legal Standards*, Proceedings American Bar Association, 1919.

20. Karl N. Llewellyn, *A Realistic Jurisprudence: The Next Step*, 30 Columbia Law Review. (1930).

21. Karl N. Llewellyn, *Some Realism about Realism: Responding to Dean Pound*, 44 Harvard Law Review, 1931.

22. Jerome Frank, *Words and Music: Some Remark on Statutory Interpretation*, 47 Columbia Law Review, 1947.

23. Jerome Frank, *Say It with Music*, 61 Harvard Law Review, 1948.

24. W. Cook, *Scientific Method and the Law*, 13 American Bar Association Journal, 1927.

25. Mark Tushnet, *Critical Legal Studies: An Introduction to Its Origins and Underpinnings*, 36 J. Legal Educ, 1986.

26. Joseph William Singer, *Legal Realism Now*, 76 California Law Review, 1988.

27. M. Zane, *German Legal Philosophy*, 16 Michigan Law Review, 1918.

28. Thomas C. Gray, *Langdell's Orthodoxy*, 45 U. Pitt. L. Rev, 1983.

29. Brian. Z. Tamanaha, *Understanding Legal Realism*, 87 Texas L. Rev, 2009.

30. Catharine Pierce Wells, *Holmes's Influence on Modern Jurisprudence*, Brooklyn Law Review, Spring, 1997.

31. John Henry Schlegel, *American Legal Realism and Empirical Social Science from the Yale Experience*, 28 Buff. L. Rev, 1979.

32. Thurman Arnold, *The Role of Substantive Law and Procedure in the Legal Process*, 45 Harvard Law Review, 1932.

33. Herman Oliphant, *The New Legal Education*, 131The Nation, 1930.

34. Joseph C. Hutcheson, *The Judgment Intuitive: The Function of the 'Hunch' in Judicial Decisions*, 14 Cornell Law Quarterly, 1929.

35. Hanoch Dagan, Roy Kreitner, *The New Legal Realism and the Realist View of Law*, 43 Law & Social Inquiry, 2018.

36. William Twining, *Talk About Realism*, 60 New York University Law Review, 1985.

37. William Twining, *Centennial Tribute: The Idea of Juristic Method: A Tribute to Karl Llewellyn*, 48 U. Miami L. Rev, 1993.

38. Lon Fuller, *American Legal Realism*, 82 University of Pennsylvania Law Review, 1934.

39. Brian Leiter, *Rethinking Legal Realism: Toward a Naturalized*

Jurisprudence, 76 Tex. L. Rev, 1997.

40. Brian Leiter, *Legal Realism and Legal Positivism Reconsidered*, 111 Ethics, 2001.

41. Brian Leiter, *Naturalized Jurisprudence and American Legal Realism Revisited*, 4 Law and Philosophy, 2011.

42. Charles Nesson, *The Evidence or the Event? On Judicial Proof and the Acceptability of Verdicts*, 98 Harvard Law Review, 1985.

43. Ino Augsberg, *Some Realism About New Legal Realism*: *What's New, What's Legal, What's Real?*, 3 Leiden Journal of International Law, 2015.

44. Frank B. Cross, *The New Legal Realism and Statutory Interpretation*, 1 The Theory and Practice of Legislation, 2013.

45. Thomas Schultz, *Arbitral Decision—Making*: *Legal Realism and Law & Economics*, 2 Journal of International Dispute Settlement, 2015.

46. Kaius Tuori, *American Legal Realism and Anthropology*, 3 Law & Social Inquiry, 2017.

后　记

　　本书的写作，先后用了六年。在完成的那一刻，却感觉是一瞬间。迷茫与困顿很容易忘记，耕耘的快乐虽然浅淡却悠长。

　　感谢我的导师齐延平教授。齐老师对学生们的学业一向要求严格，对我这个大龄学生，除了严格外更多了一份严肃。齐老师鼓励我在科研上要多多耕耘、积极探索，拓展学术视野，促进科研与教学相长。于是，我重新审视起教职的责任感与学术的事业心，拉长了自己的学术焦距，有了更远的学术向往。齐老师重视做事的态度，最常说"我们没那么忙……""我们做的事情没那么难……"，我深以为然，这种心态与情态悄悄地改变了我的思维与行为，于是，我常常思索"全力以赴"与"尽力而为"的千里之距，对待学业与工作有了更多的信心与耐心。在本书的写作过程中，齐老师给予的理论上的引领，深刻又细腻；方法上的指导，清晰又详实。已不做学生很多年，早已陌生了来自师长的教诲，蓦然发现，它才是人生中最宝贵的真诚与财富。于是，我改变了自己的教风，我开始对我的学生播撒母爱般的"唠叨"，因为我确信了它的价值。

　　感谢王德志老师、李忠夏老师、郑智航老师，在本书的写作过程中给予的细致指导，提出的宝贵意见和建议。

特别感谢郑老师，给予了不厌其烦的智力支持，他开阔的学术视野、敏锐的学术洞察力，给了我诸多的启发与帮助。感谢单位的同事们，多次以沙龙形式对本书内容进行讨论，倾囊相授他们的才情与智慧，尤其是侯学勇博士、刘建军博士，从书稿框架到具体细节都给予了全方位的技术支持。感谢亲爱的同门，大家相互帮扶的传统让我获益良多，一个个"小小"的建议，一次次无意的闲聊，都常常让我在"山重水复疑无路"时又"柳暗花明"。

　　本书的写作，虽依然粗陋，但我在这个过程中收获了学术成长，也收获了学术习惯。感谢这段路程，感谢路上的每一个人，每一件事。